Annette Danielsen

Verborgene Muster des Himalaya

17 Strickmodelle – inspiriert von einer Reise ins Königreich Bhutan

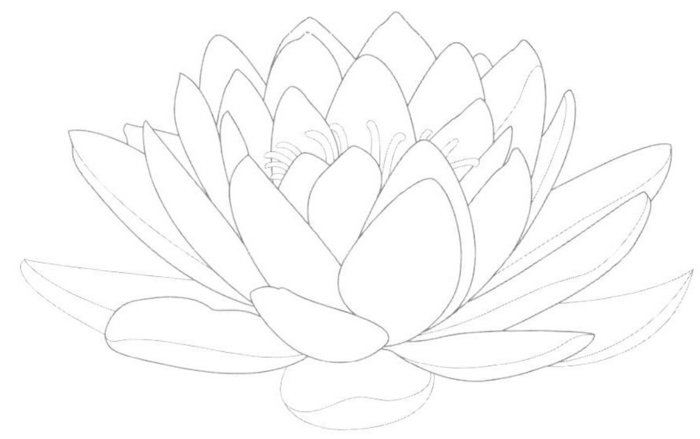

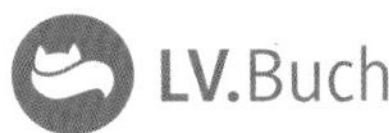

LV.Buch

INHALT

DANK

Ein riesiges Dankeschön an alle, die mich unterstützt haben.
Ohne euch – keine Herausgabe:
Randi, Signe, Sanne, Marianne, Bodil und nicht zuletzt meine Mutter.

DIE VERBORGENEN MUSTER DES HIMALAYA

DER HIMALAYA-OCHSE UND DER UNHEIMLICHE SCHNEEMENSCH

Bhutan stand lange Zeit ganz oben auf meiner Liste der Reiseziele. Die Landschaft, die Kultur und der unverfälschte Buddhismus haben mich angezogen. Ich bin fasziniert davon, dass man in Bhutan den Fortschritt des Landes in Bruttonationalglück misst. Ich habe das in meine eigene Lebensphilosophie eingeflochten: Man sollte sowohl Arbeit als auch persönliche Erlebnisse daran messen, wie viel „Bruttoglück" sie einem schenken.

Alice fällt in ein Kaninchenloch und kommt in einem Märchenland wieder heraus – ich steige in ein Flugzeug nach Nepal und steige in Bhutan aus. Der Flug hinterlässt selbst bei erfahrenen Reisenden einen Kloß im Hals. Das Wetter ist klar, die Sonne steht hoch am Himmel und auf einmal tauchen in 8000 m Flughöhe direkt vor meinem Fenster der Mount Everest, K2 und all die anderen Riesen auf. Die Aussicht ist unvergleichlich und in diesem Moment habe ich das Gefühl, mich an allen oder keinem Ort dieser Welt zu befinden: Ich könnte in Grönland sein, am Südpol oder an einem Wintermorgen in Norwegen. Es fühlt sich an wie ein Ort ohne Namen, ohne Landesgrenzen, ohne unnütze Nichtigkeiten – ein Ort der bewegungslosen Stille. Und dieser märchenhafte Flug ist erst der Vorgeschmack auf das, was in Bhutan auf mich wartet.

Alle 120 Passagiere halten auf der Landebahn inne. Gemeinsam haben wir über die Aussicht gejauchzt, während der Landung die Luft angehalten und nun stehen wir gemeinsam hier und drehen uns mit surrenden Kameras um uns selbst und setzen unsere Füße auf bhutanischen Boden. Auf der anderen Seite des Flughafengebäudes steht unser Guide Tashi und wartet. Er ist mindestens genauso gespannt auf uns wie wir auf ihn. Bei Tashi erweist sich das Sprichwort: „Der Fremde, den man noch nicht kennt, ist ein Freund" als Wahrheit.

Bhutan ist immer noch ein Traum.

ANNETTE DANIELSEN

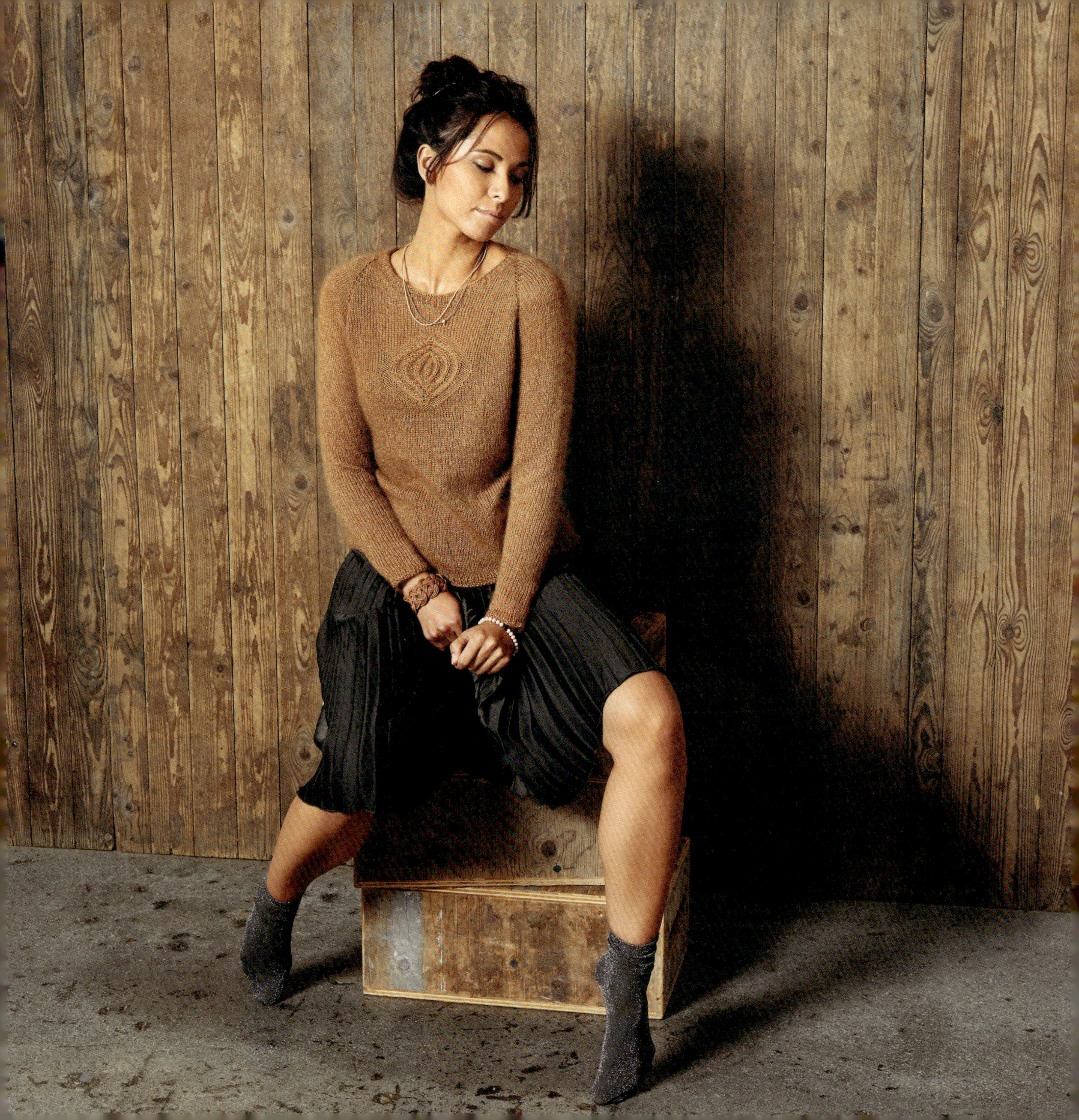

BUTTERLAMPE

Zu allen Zeiten haben Butterlampen in den Tempeln gebrannt: Sowohl als Opfergabe für Buddha als auch um dem Wunsch nach Freude und Glück für die gesamte Menschheit Ausdruck zu verleihen. Ursprünglich hat man Yakbutter verbrannt – inzwischen ist man zu pflanzlichem Öl übergegangen. Es ist eine ganz besondere Stimmung, einen dunklen Tempel zu betreten, in dem Hunderte brennende Butterlampen aufgereiht sind. Für Buddhisten symbolisiert das Licht Klarheit und Weisheit im Geist.

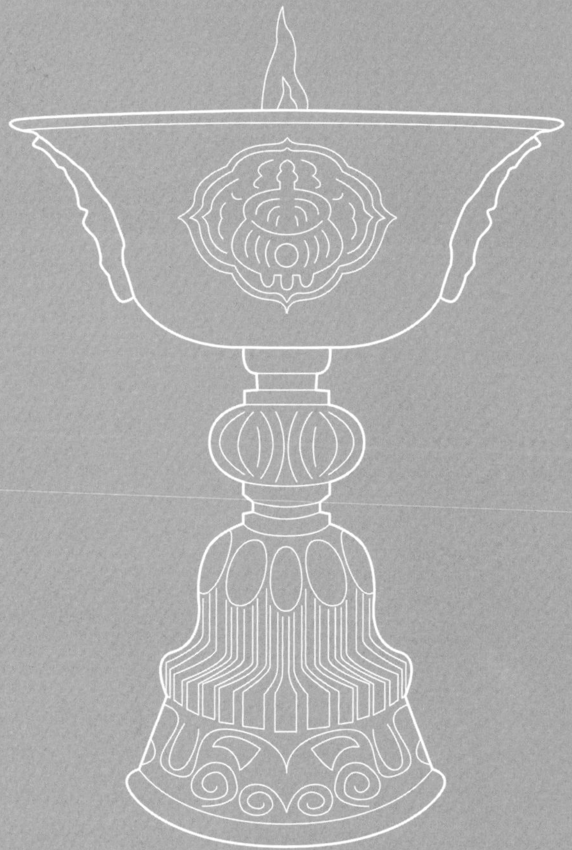

BUTTERLAMPE

Gr.: S(M)L(XL)XXL

Halbe Oberweite: 47(51)55(59)64 cm
Gesamtlänge: 58 cm
Ärmellänge: 44(43)43(42)41 cm

MATERIAL

100(100)125(125)150g Isager Silkmohair Farbe 63
150(150)150(200)200g Isager Trio Farbe Nougat
Mit je 1 Faden beider Qualitäten stricken

Empfohlene Rund- und Strumpfnadeln Nr. 3½ + Rundnadel Nr. 3

Maschenprobe glatt rechts mit beiden Qualitäten und Nd Nr. 3½:
10 cm = 21 M und 28 R

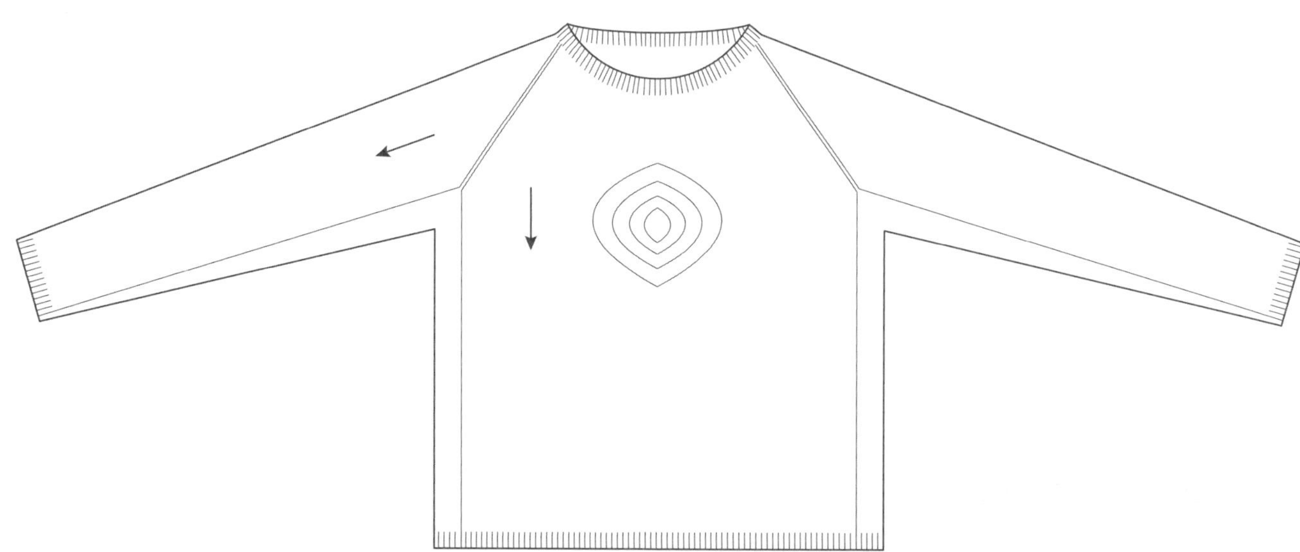

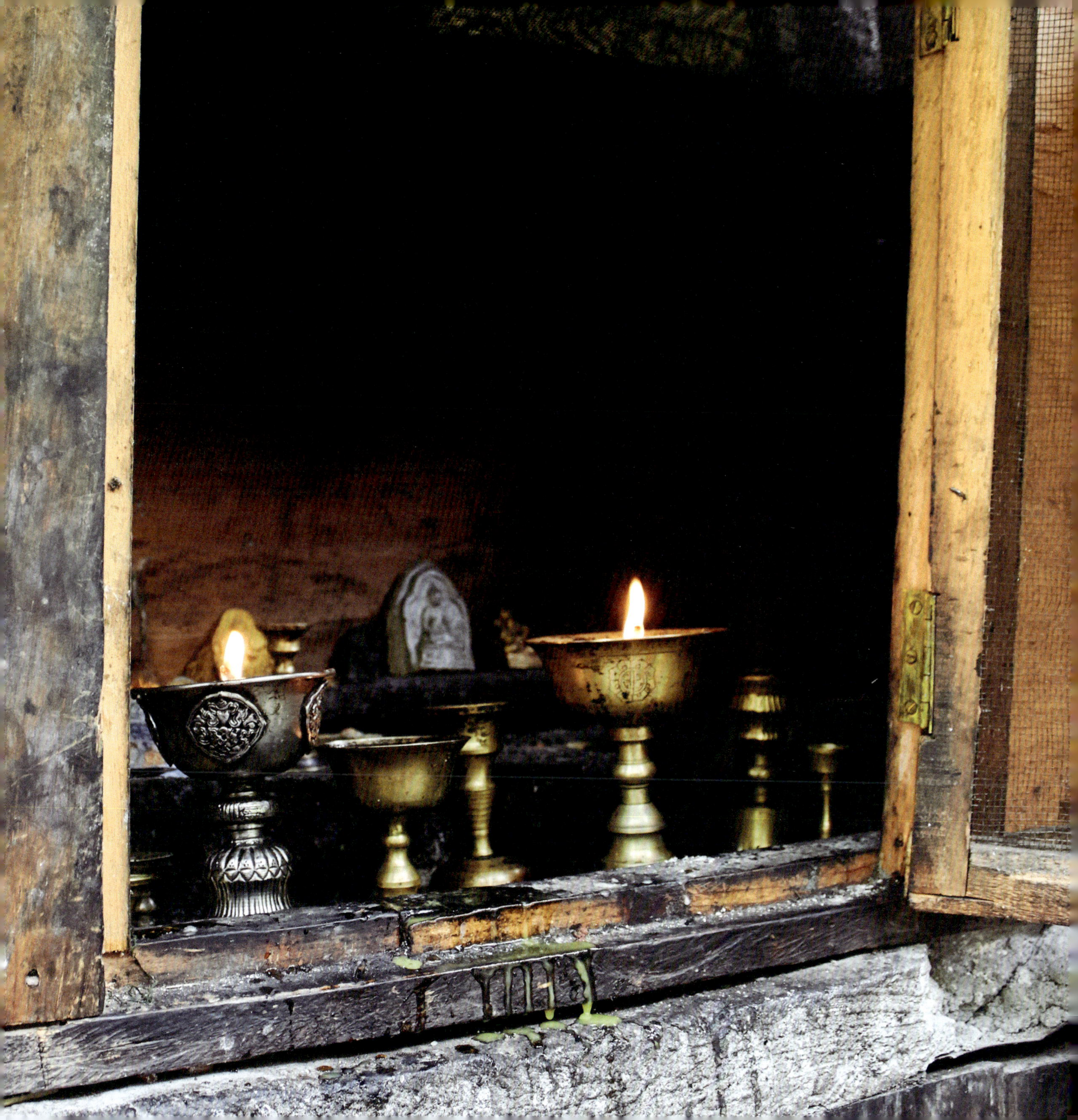

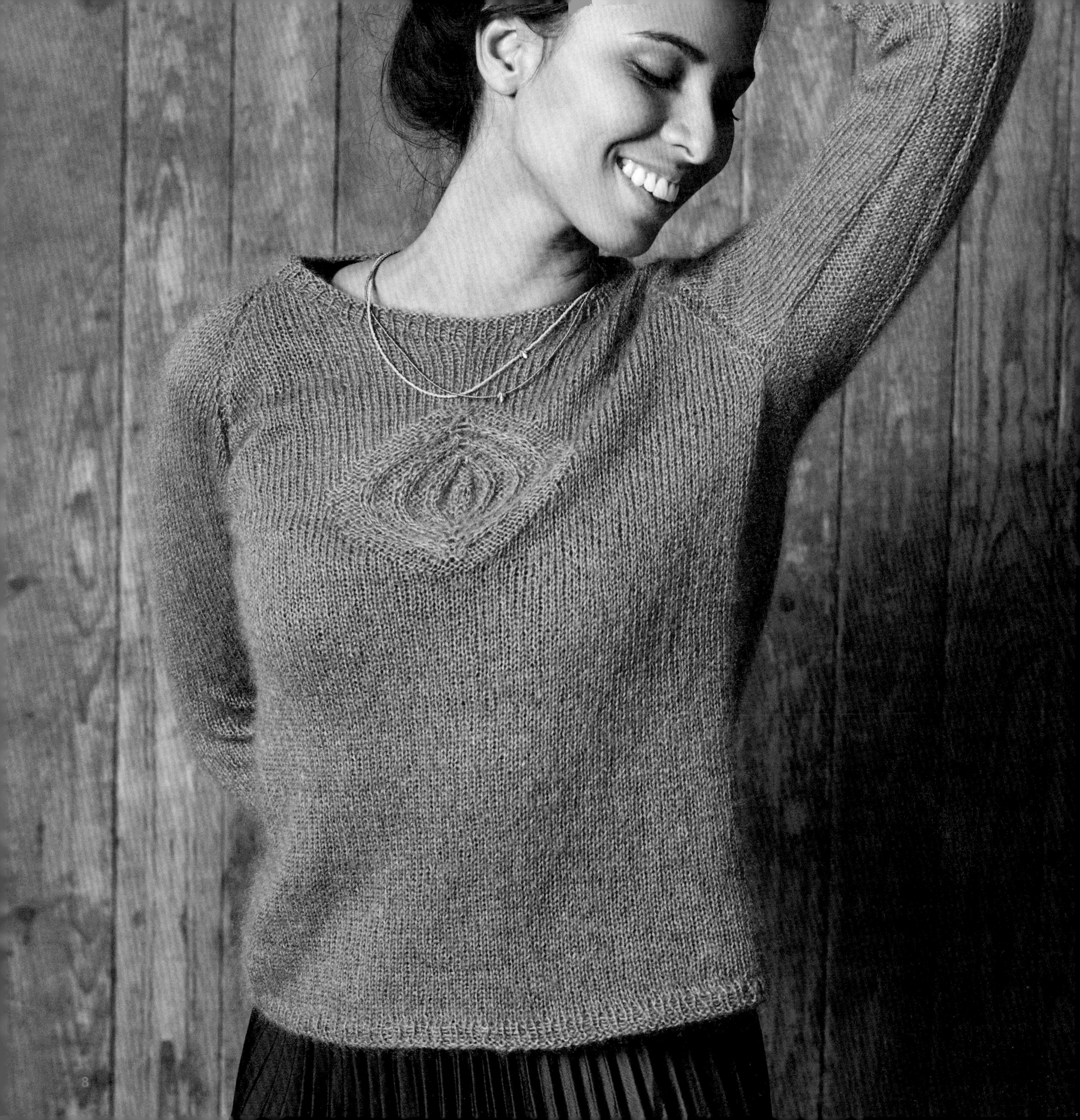

PASSE

56(58)58(60)60 M mit Nd Nr. 3½ und beiden Qualitäten anschl.

Reihe 1 (RückR): 1 re – 2 re – 6 li – 2 re – 34(36)36(38)38 li – 2 re – 6 li – 2 re – 1 re.

Reihe 2: 2aus1M str, dafür erst 1 M aus dem vorderen, dann 1 M aus dem hinteren Maschenschenkel str – 1 neue M re, dafür den Querfaden vor der nächsten M re verschr str – 2 li – 1 neue re – 6 re – 1 neue re – 2 li – 1 neue re – 34(36)36(38)38 re – 1 neue re – 2 li – 1 neue re – 6 re – 1 neue re – 2 li – 1 neue re – 2aus1M = 66(68)68(70)70 M.

Reihe 3: 1 re – 2 li – 2 re – 8 li – 2 re – 36(38)38(40)40 li – 2 re – 8 li – 2 re – 2 li – 1 re.

Reihe 4: 2aus1M – 2 re – 1 neue re – 2 li, diese markieren – 1 neue re – 8 re – 1 neue re – 2 li, diese markieren – 1 neue re – 36(38)38(40)40 re – 1 neue re – 2 li, diese markieren – 1 neue re – 8 re – 1 neue re – 2 li, diese markieren – 1 neue re – 2 re – 2aus1M = 76(78)78(80)80 M.

Die erste und letzte M in allen R re str.
In den HinR weiterhin an beiden Seiten der 2 markierten RaglanM zun. Weiterhin am Anfang und Ende der HinR 2aus1M str.

Nach insg 10 R sind 106(108)108(110)110 M auf der Nd.
Es sind nun insg 5 ZunahmeR für den Raglan gestrickt.
1 RückR str.

Ab jetzt keine weiteren 2aus1M am Anfang und Ende der HinR str.
Die Zun an den markierten M wie bisher fortsetzen. Gleichzeitig am Ende jeder R nun 2 neue M anschl.
Beidseitig insg 1(3)3(2)2–mal 2 neue M anschl = 118(144)144(134)134 M.
Es sind insg 6(8)8(7)7 ZunahmeR für den Raglan gestrickt.

Weiter str wie bisher, aber nun beidseitig 3(2)2(3)3-mal 3 neue M am Ende jeder R anschl = 160(172)172(176)176 M.
Es sind insg 9(10)10(10)10 ZunahmeR für den Raglan gestrickt.

1 HinR mit Zun wie bisher str, aber keine weiteren M am Ende der R anschl = 168(180)180(184)184 M.
Es sind insg10(11)11(11)11 Zunahme-R für den Raglan gestrickt.

Die Fäden abschneiden.

Die M auf der Nd so verschieben (ohne sie zu str), dass sich der neue RdBeginn nun zw den 2 linken M zw linkem Ärmel und Rücken befindet.

In Runden str: *1 li – 54(58)58(60)60 re (Rücken) – 2 li – 26(28)28(28)28 re – 2 li – 27(29)29(30)30 re (rechtes Vorderteil) – 27(29)29(30)30 re (linkes Vorderteil) – 2 li – 26(28)28(28)28 re – 1 li.

1 Rd mit Zun an jeder Seite der 2 markierten M str.

Die Zun in jeder 2. Rd wdh, bis insg 17(19)20(22)24 ZunahmeR für den Raglan gestrickt sind = 224(244)252(272)288 M.
Nach der letzten Zun 1 Rd str.

Die Zun für den Raglan in jeder 2. Reihe fortsetzen.
Die mittleren 32 M am Vorderteil und Rücken für das Diagramm markieren.

Rd 1: *1 li – 1 neue re – 18(21)22(25)27 re – laut Diagramm über die mittleren 32 M str – 18(21)22(25)27 re – 1 neue re – 2 li – 1 neue re – 40(44)46(50)54 re – 1 neue re – 1 li*.
Noch einmal von * bis * str.

In der Mitte des Vorderteils und Rückens weiter laut Diagramm str.

Die Zun für den Raglan in jeder 2. Rd fortsetzen, bis insg 25(27)28(30)32 ZunahmeR gestrickt sind.
Eine Rd ohne Zun str = 16. DiagrammR.

Das Strickstück misst ca. 18(19)20(21)23 cm.

TEILUNG

In der 17. DiagrammR gleichzeitig die M in Ärmel und Köper aufteilen:
1 RaglanM li + 96(102)104(110)114 RückenM + 1 RaglanM li str.
1 linke M + 56(60)62(66)70 ÄrmelM + 1 linke M auf einem Faden stilllegen, ohne sie zu str.
12(16)22(24)30 M anschl.
1 li + 96(102)104(110)114 VorderteilM + 1 li str.
1 linke M + 56(60)62(66)70 Ärmel-M + 1 linke M stilllegen, ohne sie zu str.
12(16)22(24)30 M anschl.

KÖRPER

Über die KörperM und laut Diagramm weiter str.
Die neu angeschl M + 1 M davor und 1 M danach li str.
Nach der letzten DiagrammR sind 196(216)232(248)268 M auf der Nd.

Weiter str, bis die Arbeit ab der Teilung ca. 35(34)33(32)30 cm misst.

Zu Nd Nr. 3 wechseln.
Der neue RdBeginn ist nun am Rücken nach den linken M.
Rippen str: 2 re zus – *1 li – 1 re*.
Von * bis * über die rechten RückenM wdh.
Weiter über die linken M an der Seite str: 2 li zus – *1 re – 1 li*. Von * bis * insg 2(3)5(5)6-mal str.
2 re zus – 2 li zusstr.

Wieder von * bis * insg 2(3)4(5)7-mal str.

Über die rechten VorderteilM str:
2 re zus – *1 li – 1 re*.
Von * bis * über die rechten VorderteilM wdh.
Weiter über die linken M an der Seite str: 2 li zus – *1 re – 1 li*.
Von * bis * insg 2(3)5(5)6-mal str.
2 re zus – 2 li zus str.
Wieder von * bis * insg 2(3)4(5)7 str.
Es sind nun 188(208)224(240)260 M auf der Nd.

3 Rd Rippen str: *1 re – 1 li*. Von * bis * str.
1 Rd li str.
Alle M li abk.

ÄRMEL

Die ÄrmelM auf StrumpfNd Nr. 3½ setzen.
12(16)22(24)30 neue M aus den angeschl KörperM unter dem Ärmel herausstr – 1 neue M aus dem Übergang zu den ÄrmelM herausstr – die ÄrmelM str: 1 li – 56(60)62(66)70 re – 1 li – 1 neue M aus dem Übergang zu den KörperM herausstr = 72(80)88(94)104 M.

6(8)11(12)15 li str = Mitte unter dem Ärmel.
Eine Markierung für den neuen RdBeginn setzen.

3(4)5(10)2 Rd im Muster str. Die neuen M unter dem Ärmel li str.

1. Abnahme: 8(10)13(14)17 li – 2 re zus – 52(56)58(62)66 re – 2 re verschr zus – 8(10)13(14)17 li = 70(78)86(92)102 M.

6(5)4(3)3 Rd im Muster str.
2. Abnahme: 6(8)11(12)15 li – 2 li zus – 54(58)60(64)68 re – 2 li zus – 6(8)11(12)15 li = 68(76)84(90)100 M.

Die Abn in jeder 7.(6.)5.(4.)4. Rd wdh.
Jede 2. Abn in den rechten M str:
Nach den linken M 2 re zus und vor den linken M 2 re verschr zusstr.

Und jedes andere Mal die Abn in den linken M str:
Am Ende und Anfang der linken M unter dem Ärmel 2 li zusstr.

Insg 14(19)20(24)24 AbnahmeRd str = 44(42)48(46)56 M.

Gr. S:
Weitere Abn in den rechten M str, bis insg 17 AbnahmeRd gestrickt sind = 38 M.

Gr. L(XL)XXL:
Weitere Abn in den linken M str, bis insg 22(25)27 AbnahmeRd gestrickt sind = 44(44)50 M.

Alle Gr.:
Weiter str, bis der Ärmel nach der Teilung ca. 43(42)42(41)40 cm misst.

Zu StrumpfNd Nr. 3 wechseln.
Rippen str: 1 li – 2 re zus – *1 li – 1 re*.
Von * bis * wdh.
Enden mit 1 li = 37(41)43(43)49 M.

3 Rd Rippen str: 1 li – *1 re – 1 li*. Von * bis * str.
1 Rd li str.

Alle M nicht zu fest links abk.

Den zweiten Ärmel genauso str.

HALSRAND

Mit beiden Qualitäten und Nd Nr. 3 str.
Im Übergang zw rechtem Ärmel und Rücken beg:
1 M aus dem Raglan herausstr – 34(36)36(38)38 M aus dem Rücken – 2 M aus dem Raglan – 6 M aus dem linken Ärmel – 2 M aus dem Raglan – 52(56)56(60)60 M aus dem Vorderteil – 2 M aus dem Raglan – 6 M aus dem rechten Ärmel – 1 M aus dem Raglan herausstr = 106(112)112(118)118 M.

4 Rd Rippen str: *1 re – 1 li*. Von * bis * str.
1 Rd li str.
Alle M links abk.

FERTIGSTELLUNG

Die Fäden vernähen.

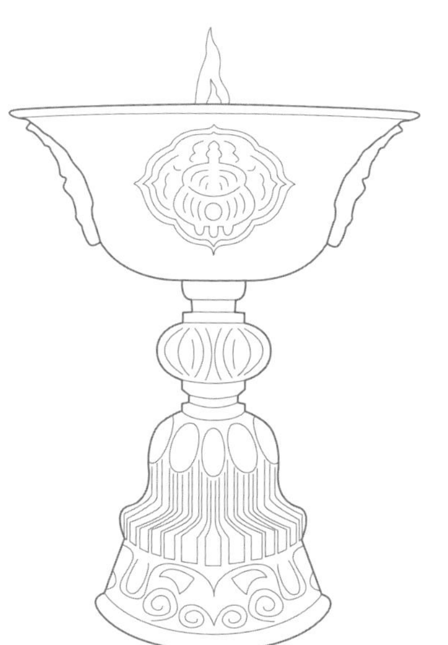

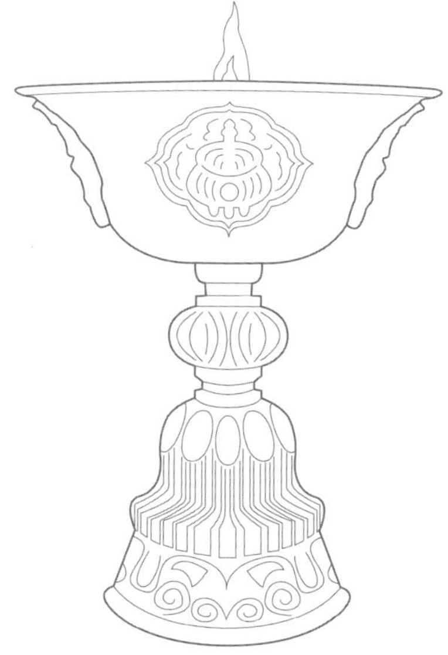

DIAGRAMM

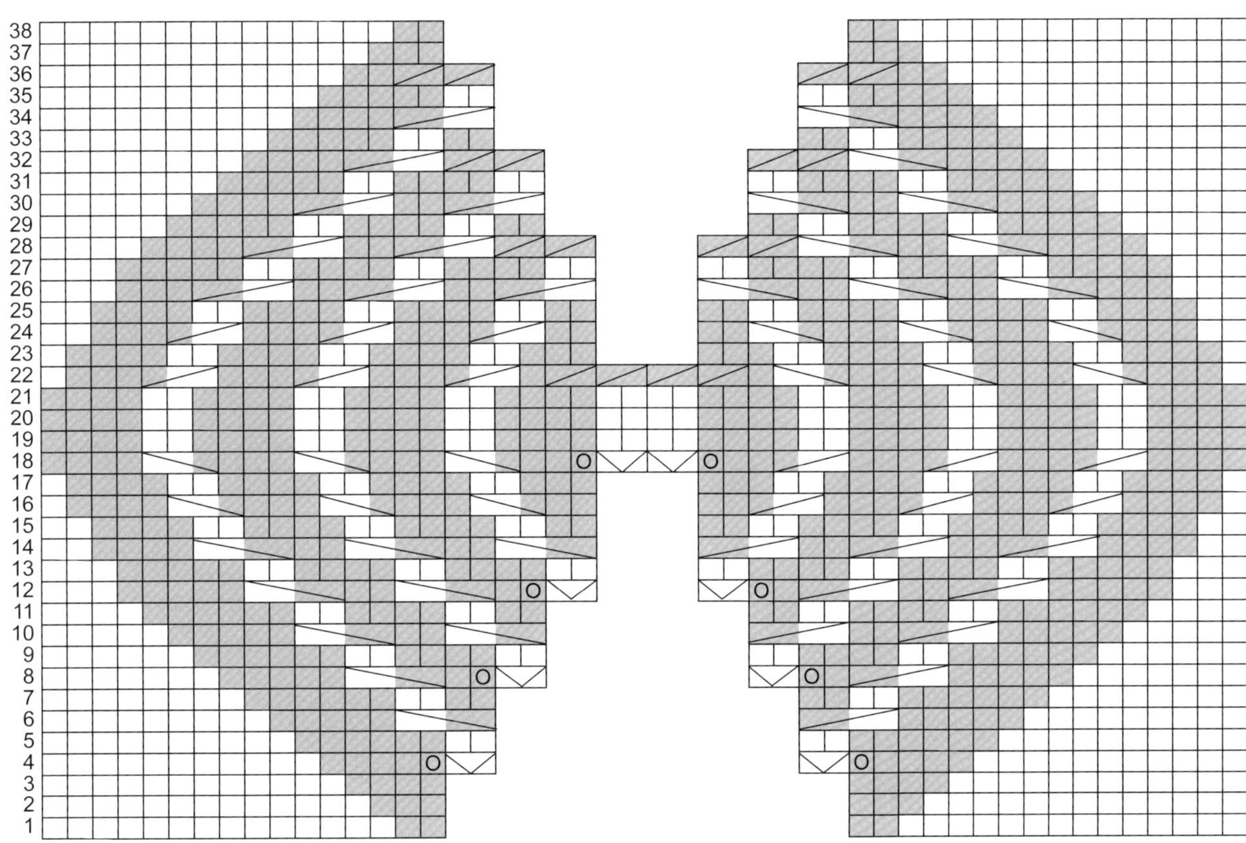

☐ = re

▨ = li

◎ = 1 neue li, den Querfaden zw den M verschränkt auf die li Nd heben und li str

= 2 M auf HilfsNd hinter die Arbeit legen – 2 re – die 2 M von der HilfsNd li str

= 2 M auf HilfsNd vor die Arbeit legen – 2 li – die 2 M von der Hilfs-Nd re str

= 2 M auf HilfsNd vor die Arbeit legen – 1 li – die 2 M von der HilfsNd re str

= 1 M auf HilfsNd hinter die Arbeit legen – 2 re – die 1 M von der HilfsNd li str

= 2 li zus

= 2aus1M

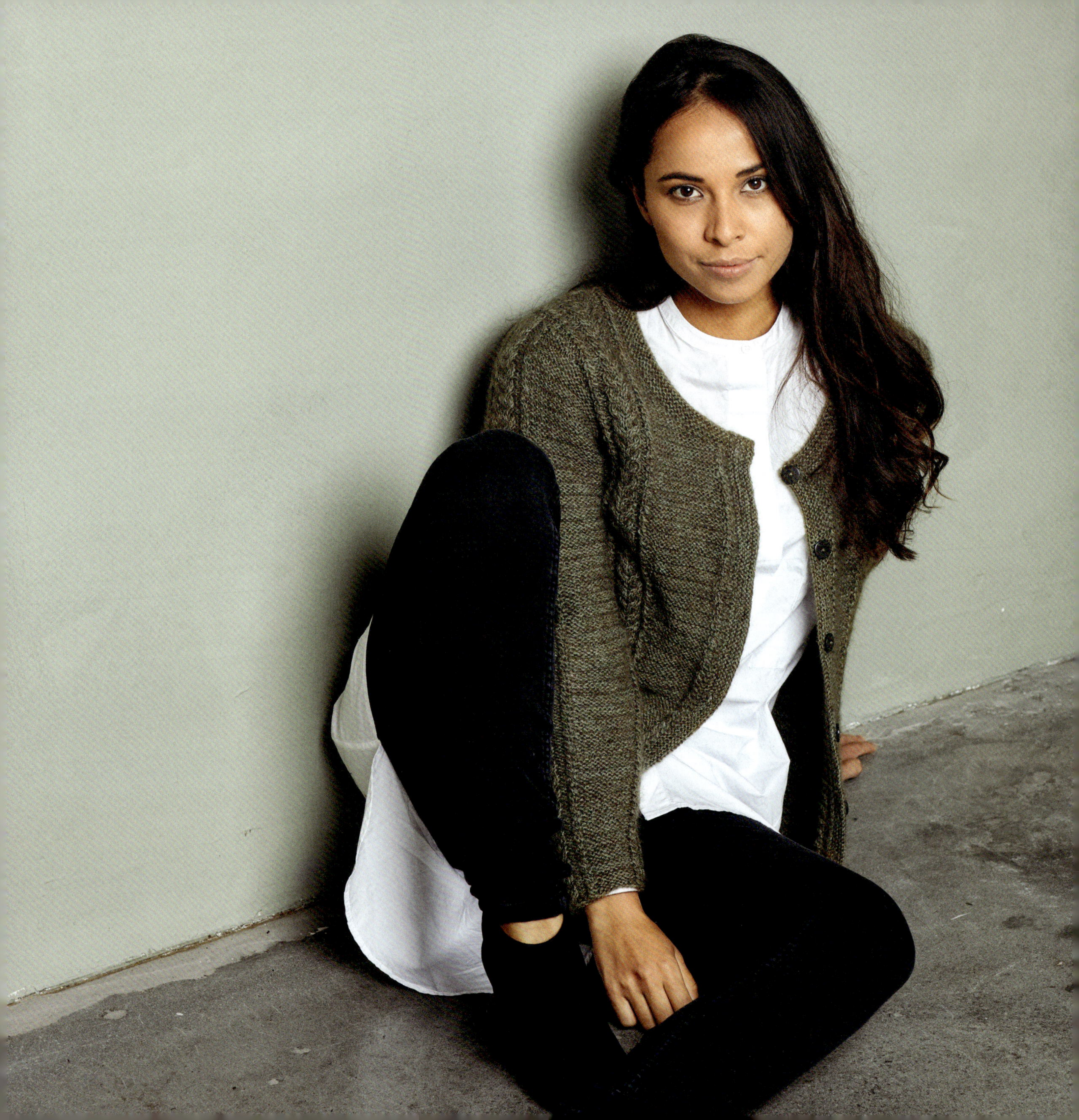

DONNERDRACHE

Bhutan wurde von einem mächtigen und großen Donnerdrachen erschaffen, der aus dem Norden über das Land geflogen kam. Er war zornig, blies Feuer aus seinen Nasenlöchern und schlug den Schwanz hart auf die Erde, wo immer er entlangkam. So entstand die bergige Landschaft Bhutans.

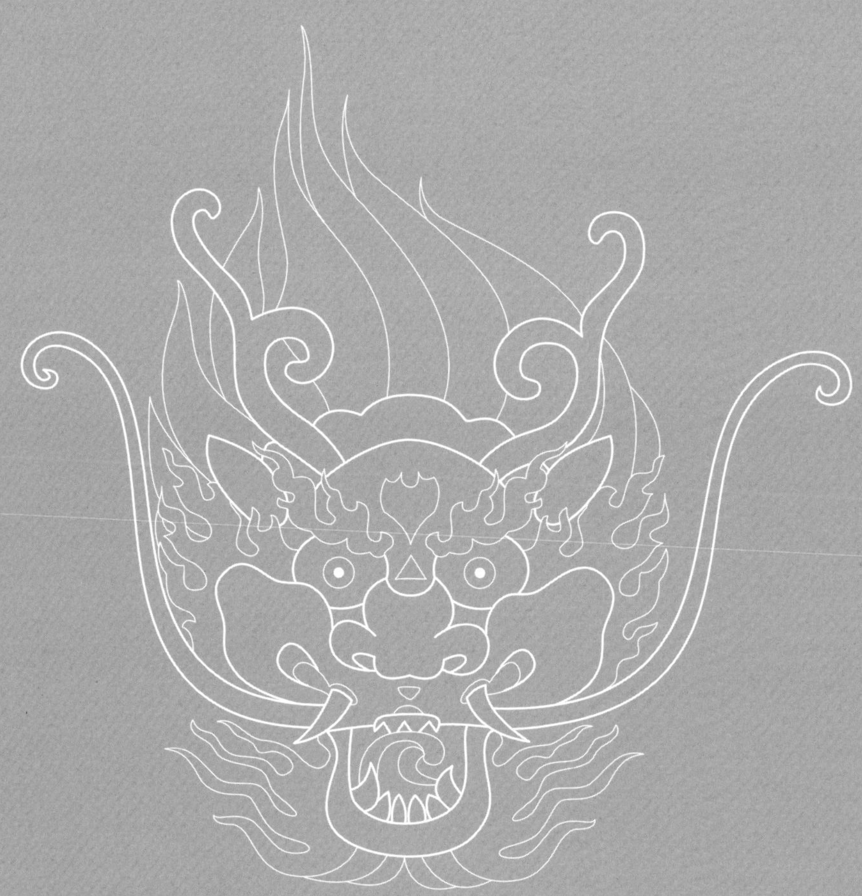

DONNERDRACHE

Gr.: S(M)L(XL)XXL

Halbe Oberweite: 46(50)54(58)63 cm
Länge: 58(59)59(60)60 cm
Innere Ärmellänge: 42(42)40(40)39 cm

MATERIAL

150(150)175(175)200g Isager Silk Mohair Farbe 68
250(250)250(300)300g Isager Alpaca 2 Farbe Thyme
Mit je 1 Faden beider Qualitäten stricken

6 Knöpfe

Empfohlene Rundnadeln Nr. 3½ und 4

Maschenprobe glatt rechts mit Nd Nr. 4: 10 cm = 18 M und 30 R

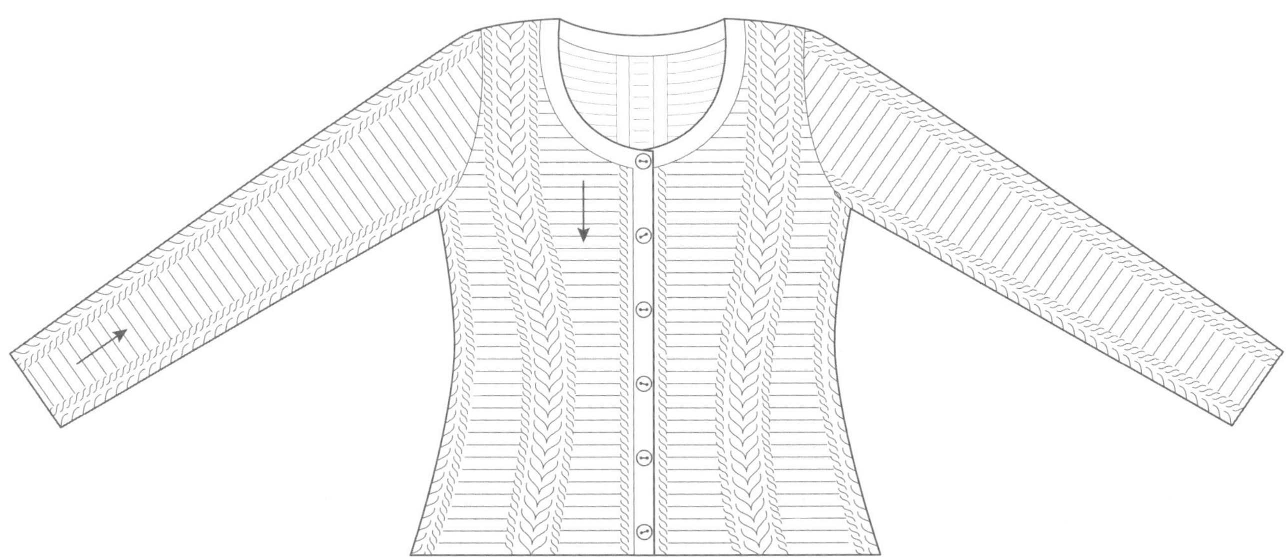

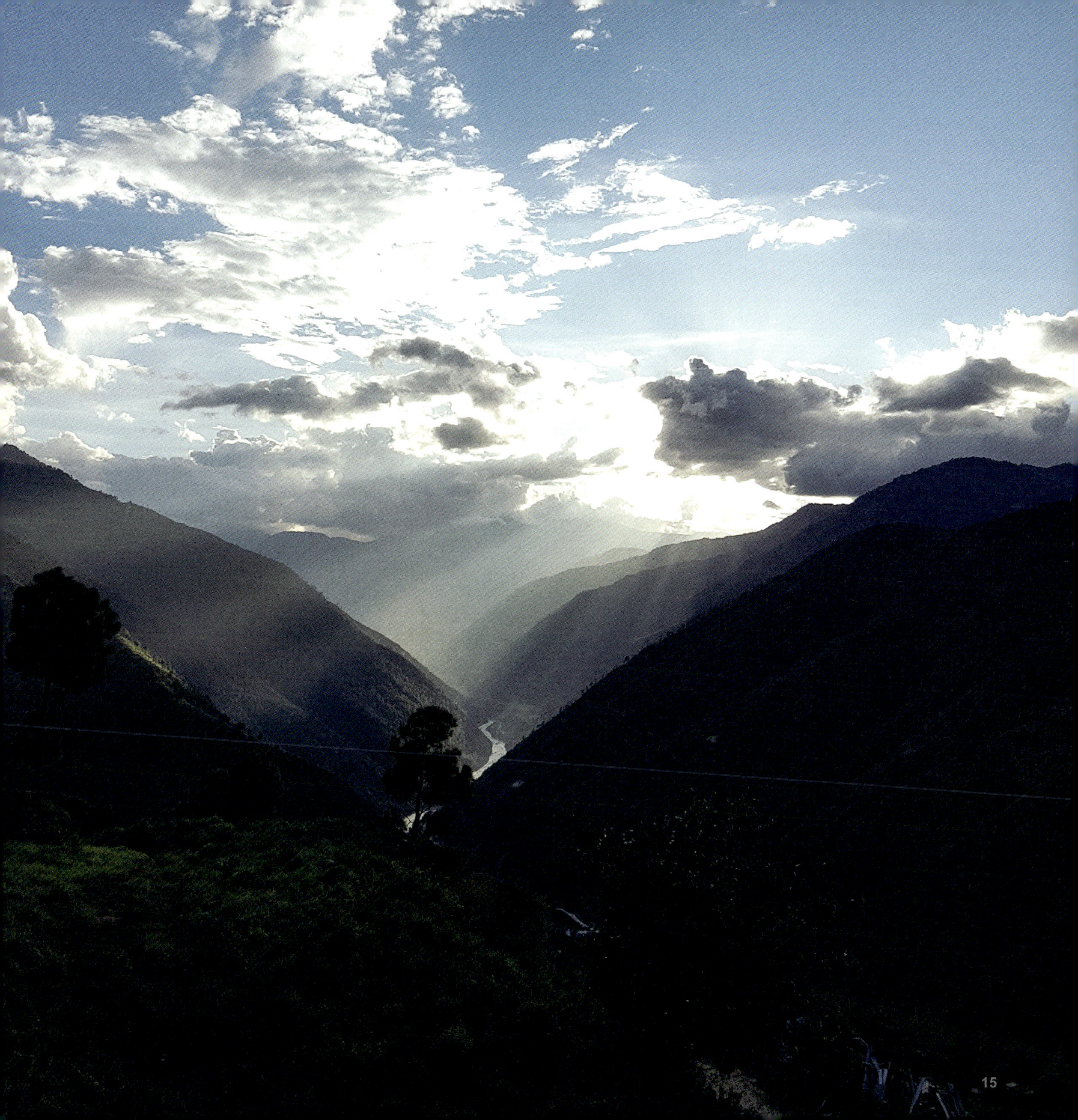

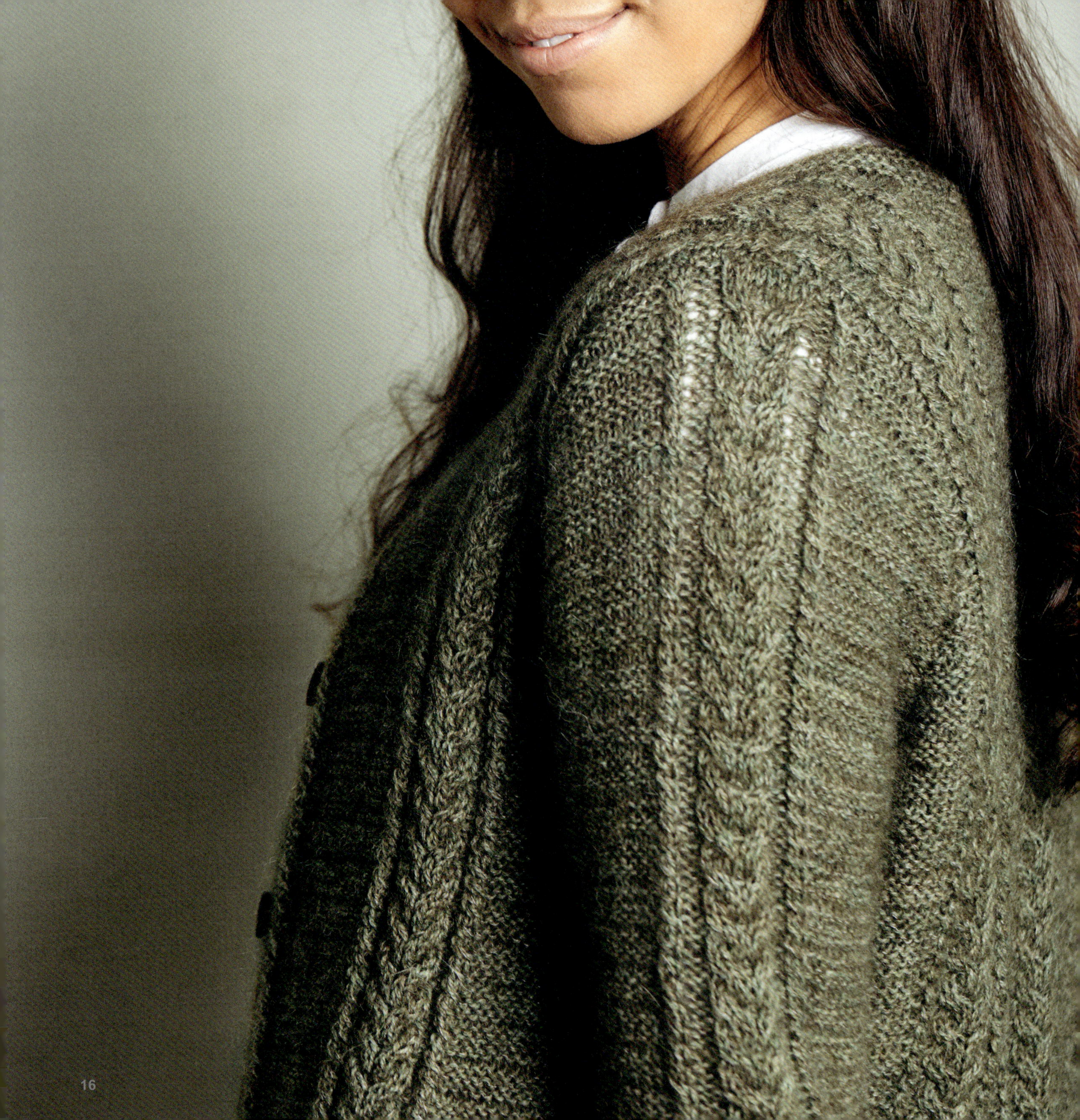

A: 2 M auf die HilfsNd vor die Arbeit legen – 2 re str – die 2 M der HilfsNd re str.
B: 2 M auf die HilfsNd hinter die Arbeit legen – 2 re str – die 2 M der HilfsNd re str.
C: Erst die zweite M hinter der ersten M re verschr str, aber nicht von der li Nd heben. Dann die erste M re str. Beide M von der li Nd heben.

ÄRMEL

48(52)54(58)58 M mit beiden Qualitäten und Nd Nr. 3½ anschl.
In Reihen hin- und herstr.

RAND
Reihe 1 (RückR): 1 re – 4 li – 2 re – 2 li – 7(9)10(12)12 re – 2 li – 2 re – 8 li – 2 re – 2 li – 7(9)10(12)12 re – 2 li – 2 re – 4 li – 1 re.
Reihe 2: 5 re – 2 li – C – 7(9)10(12)12 re – C – 2 li – 8 re – 2 li – C – 7(9)10(12)12 re – C – 2 li – 5 re.
Reihe 3: Wie Reihe 1 str.

Zu Nd Nr. 4 wechseln.

MUSTER

Reihe 1 mit Zopf (HinR): 1 re – A – 2 li – C – 7(9)10(12)12 li – C – 2 li – B – A – 2 li – C – 7(9)10(12)12 li – C – 2 li – B – 1 re.
Reihe 2: 1 re – 4 li – 2 re – 2 li – 7(9)10(12)12 re – 2 li – 2 re – 8 li – 2 re – 2 li – 7(9)10(12)12 re – 2 li – 2 re – 4 li – 1 re.

Reihe 3: 5 re – 2 li – C – 7(9)10(12)12 re – C – 2 li – 8 re – 2 li – C – 7(9)10(12)12 re – C – 2 li – 5 re.
Reihe 4: Wie Reihe 2.
Reihe 5 mit Zopf: Wie Reihe 1.
Reihe 6: Wie Reihe 2.

Reihe 7 mit Zunahme: 5 re – 2 li – C – 1 re – 1 neue M re, dafür den Querfaden vor der nächsten M re verschr str – 6(8)9(11)11 re – C – 2 li – 8 re – 2 li – C – 6(8)9(11)11 re – 1 neue re – 1 re – C – 2 li – 5 re.
Reihe 8: 1 re – 2 li – 4 re – 2 li – 8(10)11(13)13 re – 2 li – 4 re – 4 li – 4 re – 2 li – 8(10)11(13)13 re – 2 li – 4 re – 2 li – 1 re.

Gr. S(M):
Das Muster weiter mit Zun in jeder 8.(8.) R str, bis an jeder Seite insg 15(15) Zun gestr sind = 78(82) M.

Gr. L(XL)XXL:
Das Muster mit den Zun in jeder 6. R wdh.
Bei jeder 2. Zun 1 neue li str, dafür den Querfaden verdreht auf die linke Nd heben und li str.
Weiter str, bis an jeder Seite insg 17(17)19 Zun gestr sind = 88(92)96 M.

Weiter str, bis der Ärmel ca. 42(42)40(40)39 cm misst.
2 R nach einem Zopf enden.

Das Muster fortsetzen und gleichzeitig für die Armkugel abk:
beidseitig 2(2)3(3)3-mal am Anfang jeder R 2 M abk = 70(74)76(80)84 M.
Insg 6(7)7(7)8-mal am Anfang und Ende jeder HinR 2 re zusstr = 58(60)62(66)68 M.

3 R ohne Abn str.
Insg 4(4)5(5)5-mal am Anfang und Ende jeder 4. R 2 M re zusstr = 50(52)52(56)58 M.
Insg 4(5)4(4)4-mal die Abn nun wieder in jeder 2. R str = 42(42)44(48)50 M.
1 RückR str.

Beidseitig 2(2)2(2)3-mal am Anfang der R 2 M abk = 34(34)36(40)38 M.
Beidseitig 1-mal am Anfang der R 3 M abk = 28(28)30(34)32 M.
Beidseitig 1-mal am Anfang der R 4 M abk = 20(20)22(26)24 M.
Die letzten M abk.

Den zweiten Ärmel genauso str.

RÜCKEN

20(20)22(22)22 M mit beiden Qualitäten und Nd Nr. 4 für die RECHTE SCHULTER anschl.

Reihe 1 (RückR): 2(2)3(3)3 re – 2 li – 2 re – 8 li – 2 re – 2 li – 2(2)3(3)3 re.
Reihe 2: 2(2)3(3)3 re – C – 2 li – 8 re – 2 li – C – 2(2)3(3)3 re.
Reihe 3: Wie Reihe 1.
Reihe 4 mit Zopf: 1 re – 1(1)2(2)2 li – C – 2 li – A – B – 2 li – C – 1(1)2(2)2 li – 1 re.
Reihe 5: Wie Reihe 1.
Reihe 6: Wie Reihe 2.
Reihe 7: Wie Reihe 1.

Die Fäden abschneiden.
Die RECHTE SCHULTER ruhen lassen.

Die LINKE SCHULTER genauso str.
Die Fäden NICHT abschneiden.

Über die linke Schulter str: 1 re – 1(1)2(2)2 li – C – 2 li – A – B – 2 li – C – 2(2)3(3)3 li.
34(36)36(38)38 neue M anschl.
Weiter über die rechte Schulter str: 2(2)3(3)3 li – C – 2 li – A – B – 2 li – C – 1(1)2(2)2 li – 1 re = 74(76)80(82)82 M.

Das Muster über alle M str:
Reihe 1 (RückR): 2(2)3(3)3 re – 2 li – 2 re – 8 li – 2 re – 2 li – 11(12)13(14)14 re – 2 li – 2 re – 8 li – 2 re – 2 li – 11(12)13(14)14 re – 2 li – 2 re – 8 li – 2 re – 2 li – 2(2)3(3)3 re.
Reihe 2: 2(2)3(3)3 re – C – 2 li – 8 re – 2 li – C – 11(12)13(14)14 re – C – 2 li – 8 re – 2 li – C – 11(12)13(14)14 re – C – 2 li – 8 re – 2 li – C – 2(2)3(3)3 re.
Reihe 3: Wie Reihe 1.
Reihe 4 mit Zopf: 1 re – 1(1)2(2)2 li – C – 2 li – A – B – 2 li – C – 11(12)13(14)14 li – C – 2 li – A – B – 2 li – C – 11(12)13(14)14 li – C – 2 li – A – B – 2 li – C – 1(1)2(2)2 li – 1 re.

Reihe 1-4 insg 8-mal str.
Reihe 1 str.
Die Arbeit misst ab der Schulter ca. 14 cm.

Das Muster weiter str.
Zunahme str (HinR): 2aus1M str, dafür erst 1 M aus dem vorderen, dann 1 M aus dem hinteren Maschenschenkel str – im Muster bis zu der letzten M str - 2aus1M str.
Die neuen M in das Muster zu beiden Seiten der Zöpfe im Nacken einfügen.

Diese Zun am Anfang und Ende jeder 2. R insg 4(5)5(7)7-mal str = 82(86)90(96)96 M.
1 RückR str.

Beidseitig 3(4)5(4)5-mal am Ende der R 2 neue M anschl = 94(102)110(112)116 M.

Beidseitig 1(1)1(2)3-mal am Ende der R 3 neue M anschl = 100(108)116(124)134 M.

Es sind nun genug neue M für einen weiteren Zopf an jeder Seite:
Reihe 1 (HinR): C str – im Muster bis zu den letzten 2 M str - C str – 3 neue M anschl.
Reihe 2: 3 re – 2 li – im Muster bis zu den letzten 2 M - 2 li str – 3 neue M anschl.
Reihe 3: 1 re – 2 li – C – im Muster bis zu den letzten 5 M str - C - 3 li str – 3 neue M anschl.
Reihe 4: 1 re – 3 li – 2 re – 2 li – im Muster bis zu den letzten 5 M str - 2 li - 3 re str – 3 neue M anschl.

Es sind nun 112(120)128(136)146 M auf der Nd.
Die Arbeit misst ab der Schulter ca. 20(22)22(24)25 cm.
Die Fäden abschneiden.
Den Rücken ruhen lassen.

RECHTES VORDERTEIL

20(20)22(22)22 M mit beiden Qualitäten und Nd Nr. 4 aus dem Anschlag der rechten Rückenschulter herausstr.

Reihe 1 (RückR): 2(2)3(3)3 re – 2 li – 2 re – 8 li – 2 re – 2 li – 2(2)3(3)3 re.
Reihe 2 mit Zopf: 1 re – 1(1)2(2)2 li – C – 2 li – A – B – 2 li – C – 1(1)2(2)2 li – 1 re.
Reihe 3: Wie Reihe 1.
Reihe 4: 2(2)3(3)3 re – C – 2 li – 8 re – 2 li – C – 2(2)3(3)3 re.

Reihe 1-4 insg 4-mal str.
Reihe 1 str.

Das Muster weiter str.
Für den Halsausschnitt am Ende der HinR die letzte M als Zun mit 2aus1M str.
Die neuen M in das Muster zu beiden Seiten der Zöpfe einfügen.
Auf diese Weise insg 3-mal Zun in jeder 4. R str = 23(23)25(25)25 M.
Dann insg 3-mal die Zun am Ende jeder 2. R (HinR) str = 26(26)28(28)28 M.
1 RückR str.

Insg 3-mal am Ende der HinR 2 neue M anschl = 32(32)34(34)34 M.
1-mal am Ende der HinR 3 neue M anschl = 35(35)37(37)37 M.
1 RückR str.

Nun auch Zun für den Armausschnitt str: 2aus1M am Anfang der HinR str und am Ende der HinR 4(5)6(7)7 neue M anschl = 40(41)44(45)45 M.
Keine weiteren M für den Halsausschnitt anschl.

Nächste R (RückR): 2 re – 2 li – die R im Muster zu Ende str.
Nächste R (HinR): 2aus1M am Anfang der R – das Muster bis zu den letzten 4 M str - C - 2 re str.
Den C-Zopf am Ende der HinR bis zum Ende der Jacke fortführen.

Die Zun am Anfang der HinR noch 2(3)3(5)5-mal str = insg 4(5)5(7)7-mal.
Es sind nun 43(45)48(51)51 M auf der Nd.

Insg 3(4)5(4)5-mal am Ende der RückR 2 neue M anschl = 49(53)58(59)61 M.

Insg 1(1)1(2)3-mal am Ende der RückR 3 neue M anschl = 52(56)61(65)70 M.

Reihe 1 (HinR): C str – im Muster weiter str.
Reihe 2: Im Muster bis zu den letzten 2 M str - 2 li str – 3 neue M anschl.
Reihe 3: 1 re – 2 li – C – im Muster weiter str.
Reihe 4: Im Muster bis zu den letzten 5 M str - 2 li - 3 re str – 3 neue M anschl = 58(62)67(71)76 M.

Die Fäden abschneiden. Das Vorderteil ruhen lassen.

LINKES VORDERTEIL

20(20)22(22)22 mit beiden Qualitäten und Nd Nr. 4 aus dem Anschlag der linken Rückenschulter herausstr.

Die ersten 17 R wie am rechten Vorderteil str.
Für den Halsausschnitt zun: Aus der 1. M der nächsten HinR 2aus1M str.
Die neuen M in das Muster einfügen.
Die Zun insg 3-mal in jeder 4. R str = 23(23)25(25)25 M.
Danach 3-mal in jeder 2. R zun = 26(26)28(28)28 M.

Insg 3-mal am Ende der RückR 2 neue M anschl = 32(32)34(34)34 M.
Noch 1-mal am Ende der RückR 3 neue M anschl = 35(35)37(37)37 M.

Nun auch Zun für den Armausschnitt am Ende der HinR mit 2aus1M str.
4(5)6(7)7 neue M am Ende der RückR anschl = 40(41)44(45)45 M.

Die HinR str: 2 re – C – bis zu der letzten M str - 2aus1M str.
In der RückR die letzten 4 M mit 2 li – 2 re str.

Keine weiteren M am Ende der R anschl.
Die Zun am Ende der HinR fortsetzen, bis insg 4(5)5(7)7 Zun gestr sind = 43(45)48(51)51 M.

Insg 3(4)5(4)5-mal am Ende der HinR 2 neue M anschl = 49(53)58(59)61 M.

1(1)1(2)3-mal am Ende der HinR 3 neue M anschl = 52(56)61(65)70 M.

Reihe 1 (RückR): 1 re – 1 li – im Muster weiter str.
Reihe 2: Bis zu den letzten 2 M str – C – 3 neue M anschl.
Reihe 3: 3 re str – 2 li – im Muster weiter str.
Reihe 4: Im Muster bis zu den letzten 5 M str – C – 2 li – 1 re – 3 neue M anschl = 58(62)67(71)76 M.
Reihe 5: 1 re – 3 li – 2 re – 2 li – im Muster fortsetzen.

Die Fäden NICHT abschneiden.

KÖRPER

Im Muster fortsetzen. Die neuen Zöpfe unter den Armen mit der selben MusterR str wie die anderen Zöpfe am Vorderteil und Rücken.

In der HinR nun alle Teile zusammenfügen. Mit dem linken Vorderteil beg: 2 re – C – 17(18)20(21)21 M – C – 12 M – C – 13(16)19(22)27 M – C – 6 M – über den Rücken fortsetzen: 6 M – C – 13(16)19(22)27 M – C – 12 M – C – 11(12)13(14)14 M – C – 12 M – C – 11(12)13(14)14 M – C – 12 M – C – 13(16)19(22)27 M – C – 6 M – über das rechte Vorderteil fortsetzen: 6 M – C – 13(16)19(22)27 M – C – 12 M – C – 17(18)20(21)21 M – C – 2 re = 228(244)262(278)298 M.

16(12)12(8)8 R im Muster str.

Abnahmen für die Taille str (RückR): 2 re – 2 li – 15(16)18(19)19 re – 2 re verschr zus – 2 li – 12 M – 2 li – 13(16)19(22)27 re – 2 li – 12 M – 2 li – 13(16)19(22)27 re – 2 li – 12 M – 2 li – 2 re zus – 9(10)11(12)12 re – 2 li – 12 M – 2 li – 9(10)11(12)12 re – 2 re verschr zus – 2 li – 12 M – 2 li – 13(16)19(22)27 re – 2 li – 12 M – 2 li – 13(16)19(22)27 re – 2 li – 12 M – 2 li – 2 re zus – 15(16)18(19)19 re – 2 li – 2 re = 224(240)258(274)294 M.

Die Abn in jeder 12. R an den gleichen Stellen str, bis insg 4 AbnahmeR gestrickt sind = 212(228)246(262)282 M.

11(11)11(11)7 R Muster str.
Zunahmen an 4 Stellen str (RückR): 2 re – 2 li – 13(14)16(17)17 re – 1 neue re – 2 li – 12 M – 2 li – 13(16)19(22)27 re – 2 li – 12 M – 2 li – 13(16)19(22)27 re – 2 li – 12 M – 2 li – 1 neue re – 7(8)9(10)10 re – 2 li – 12 M – 2 li – 7(8)9(10)10 re – 1 neue re – 2 li – 12 M – 2 li – 13(16)19(22)27 re – 2 li – 12 M – 2 li – 13(16)19(22)27 re – 2 li – 12 M – 2 li – 1 neue re – 13(14)16(17)17 re – 2 li – 2 re = 216(232)250(266)286 M.

7 R im Muster str.
Zunahmen an 6 Stellen str (RückR): 2 re – 2 li – 14(15)17(18)18 re – 1 neue re – 2 li – 12 M – 2 li – 13(16)19(22)27 re – 2 li – 12 M – 2 li – 13(16)19(22)27 re – 2 li – 12 M – 2 li – 1 neue re – 8(9)10(11)11 re – 1 neue re – 2 li – 12 M – 2 li – 1 neue re – 8(9)10(11)11 re – 1 neue re – 2 li – 12 M – 2 li – 13(16)19(22)27 re – 2 li – 12 M – 2 li – 13(16)19(22)27 re – 2 li – 12 M – 2 li – 1 neue re – 14(15)17(18)18 re – 2 li – 2 re = 222(238)256(272)292 M.

7 R im Muster str.
Zunahmen an 6 Stellen wdh: 2 re – 2 li – 15(16)18(19)19 re – 1 neue re – 2 li – 12 M – 2 li – 13(16)19(22)27 re – 2 li – 12 M – 2 li – 13(16)19(22)27 re – 2 li – 12 M – 2 li – 1 neue re – 10(11)12(13)13 re – 1 neue re – 2 li – 12 M – 2 li – 1 neue re – 10(11)12(13)13 re – 1 neue re – 2 li – 12 M – 2 li – 13(16)19(22)27 re – 2 li – 12 M – 2 li – 13(16)19(22)27 re – 2 li – 12 M – 2 li – 1 neue re – 15(16)18(19)19 re – 2 li – 2 re = 228(244)262(278)298 M.

11 R im Muster str.
Zunahmen an 6 Stellen wdh: 2 re – 2 li – 16(17)19(20)20 re – 1 neue re – 2 li – 12 M – 2 li – 13(16)19(22)27 re – 2 li – 12 M – 2 li – 13(16)19(22)27 re – 2 li – 12 M – 2 li – 1 neue re – 12(13)14(15)15 re – 1 neue re – 2 li – 12 M – 2 li – 1 neue re – 12(13)14(15)15 re – 1 neue re – 2 li – 12 M – 2 li – 13(16)19(22)27 re – 2 li – 12 M – 2 li – 13(16)19(22)27 re – 2 li – 12 M – 2 li – 1 neue re – 16(17)19(20)20 re – 2 li – 2 re = 234(250)268(284)304 M.

11 R im Muster str.
Zunahmen an 6 Stellen wdh: 2 re – 2 li – 17(18)20(21)21re – 1 neue re – 2 li – 12 M – 2 li – 13(16)19(22)27 re – 2 li – 12 M – 2 li – 13(16)19(22)27 re – 2 li – 12 M – 2 li – 1 neue re – 14(15)16(17)17 re – 1 neue re – 2 li – 12 M – 2 li – 1 neue re – 14(15)16(17)17 re – 1 neue re – 2 li – 12 M – 2 li – 13(16)19(22)27 re – 2 li – 12 M – 2 li – 13(16)19(22)27 re – 2 li – 12 M – 2 li – 1 neue re – 17(18)20(21)21 re – 2 li – 2 re = 240(256)274(290)310 M.

8(8)10(10)10 R im Muster str.
Direkt vor einer ZopfR enden.
Der Körper misst ab den Armausschnitten ca. 38(37)37(36)35 cm.

Letzte R (HinR): 2 re – C – 18(19)21(22)22 re – C – 2 li – A – B – 2 li – C – 13(16)19(22)27 re – C – 2 li – A – B – 2 li – C – 13(16)19(22)27 re – C – 2 li – A – B – 2 li – C – 16(17)18(19)19 re – C – 2 li – A – B – 2 li – C – 16(17)18(19)19 re – C – 2 li – A – B – 2 li – C – 13(16)19(22)27 re – C – 2 li – A – B – 2 li – C – 13(16)19(22)27 re – C – 2 li – A – B – 2 li – C – 18(19)21(22)22 re – C – 2 re.

In der RückR im Muster abk.
Bei den 8 M der großen Zöpfe jeweils 2 und 2 M zusstr, bevor sie abgekettet werden.

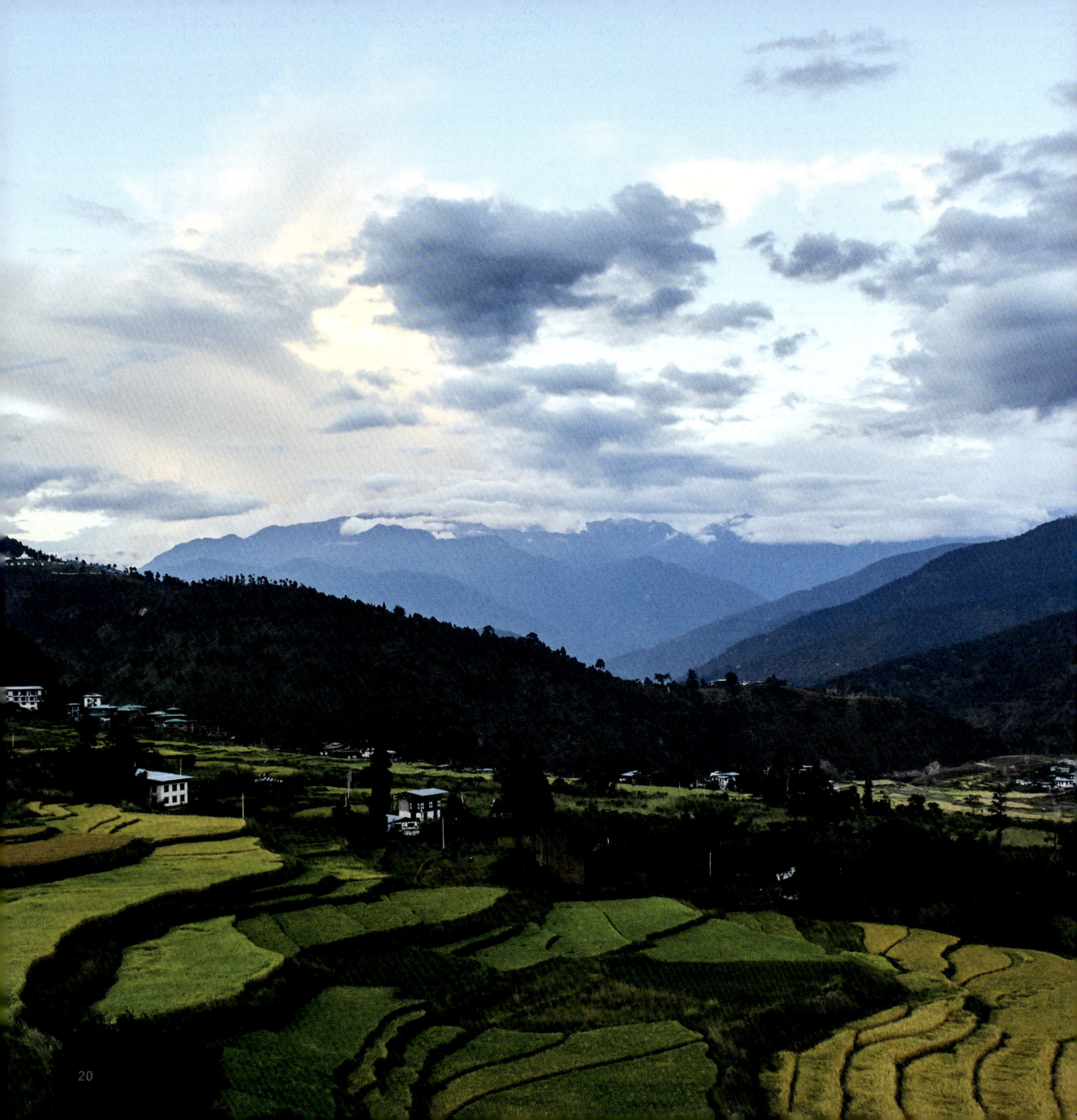

HALSRAND

Mit beiden Qualitäten und Nd Nr. 3½ str. 39(40)41(42)42 M aus dem rechten Vorderteil bis zur Schulternaht herausstr – 5 M am Rücken bis zu den angeschl M im Nacken herausstr – 30(32)32(34)34 M aus dem Nacken str (aus den großen Zöpfen nur 4 M str) – 5 M aus dem Rücken bis zu der Schulternaht str – 39(40)41(42)42 M aus dem linken Vorderteil str = 118(122)124(128)128 M.

7 R re str.
In der HinR abk.

LINKER VORDERRAND

Mit beiden Qualitäten und Nd Nr. 3½ neue M aus dem linken Vorderteil herausstr.
Oben am Halsausschnitt beg.
5 M aus dem Halsrand str.
Danach 3 M aus je 4 gestrickten R des Vorderteils herausstr = 101(101)104(104)104 M.
Es sind insg 106(106)109(109)109 M auf der Nd.

Reihe 1 (RückR): 106(106)109(109)109 re.
Reihe 2: Die 1. M abh, mit dem Faden vor der Arbeit = 1Fv – 105(105)108(108)108 re.
Reihe 1-2 insg 3-mal str.
Reihe 1 str.
In der HinR alle M abk.

RECHTER VORDERRAND

Am rechten Vorderteil neue M auf die gleiche Weise wie am linken Vorderteil herausstr.
Am unteren Rand beginnen.

Reihe 1 (RückR): 1Fv – 105(105)108(108) 108 re.
Reihe 2: 106(106)109(109)109 re.
Reihe 3: Wie Reihe 1.

Reihe 4 mit Knopflöchern (HinR): 5(5)8(8)8 re – *2 re zus – 2 neue M anschl – 2 re verschr zus – 15 re*.
Von * bis * wdh. Enden mit 2 re zus – 2 neue M anschl – 2 re verschr zus – 2 re.
Reihe 5-6: Wie Reihe 1-2.
Reihe 7: Wie Reihe 1.
In der HinR alle M abketten.

FERTIGSTELLUNG

Die Ärmel in die Armausschnitte einnähen.
Die Ärmelnähte schließen.
Die Fäden vernähen und die Knöpfe annähen.

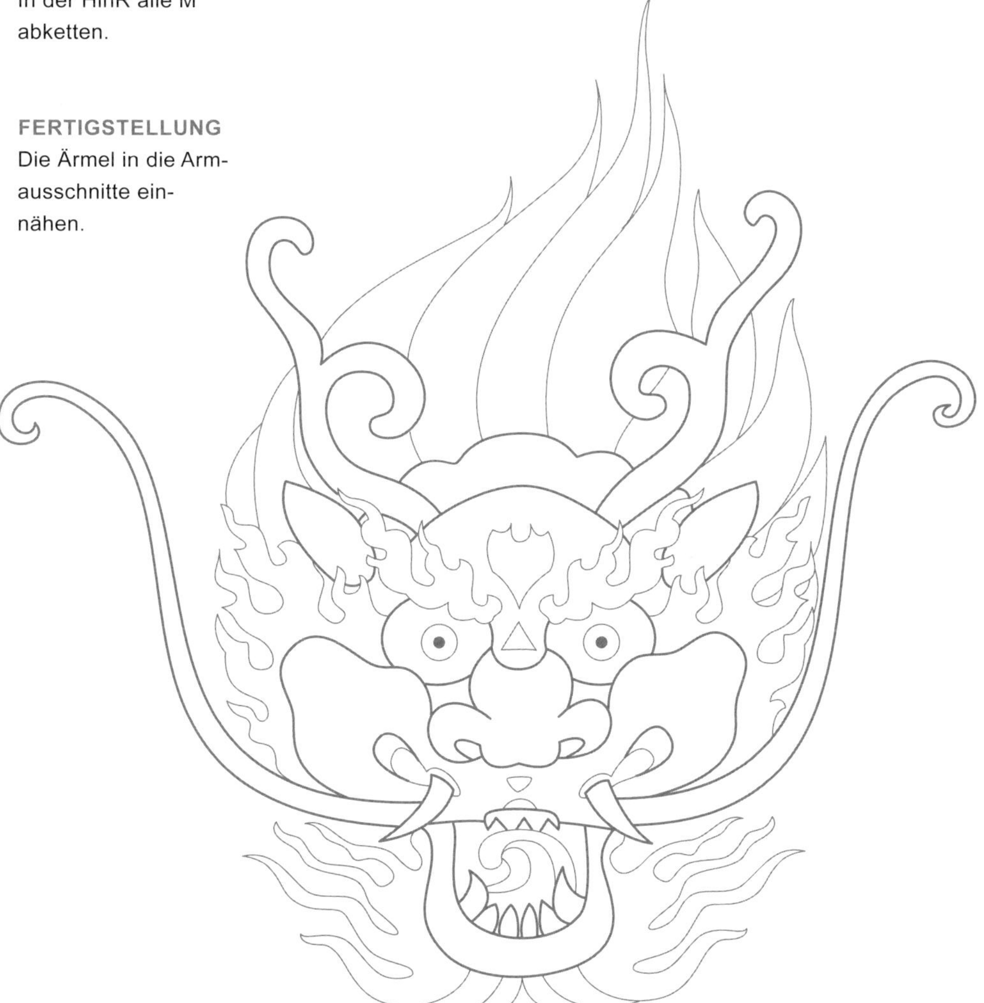

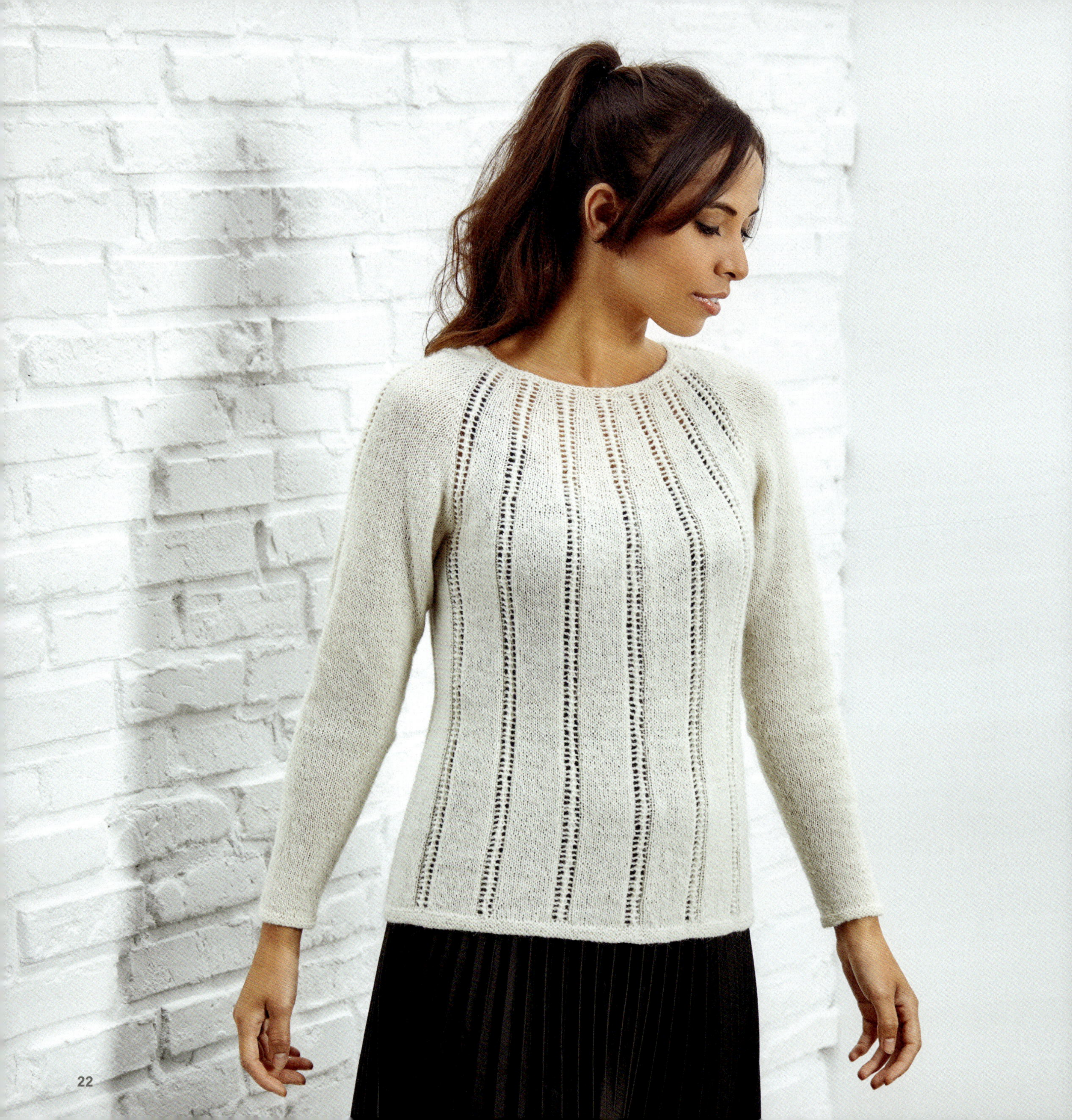

GEBETSFAHNE

Das Erste, was in Bhutan auffällt, sind die vielen Gebetsfahnen, die im Wind flattern. Sie werden von den Bewohnern anlässlich eines Todesfalles aufgehängt, um dem Verstorbenen Respekt zu zollen. Die Gebetsfahnen sollen außerdem die Vorfahren ehren und uns sowohl an den Empfang als auch die Weitergabe unseres Erbes erinnern.

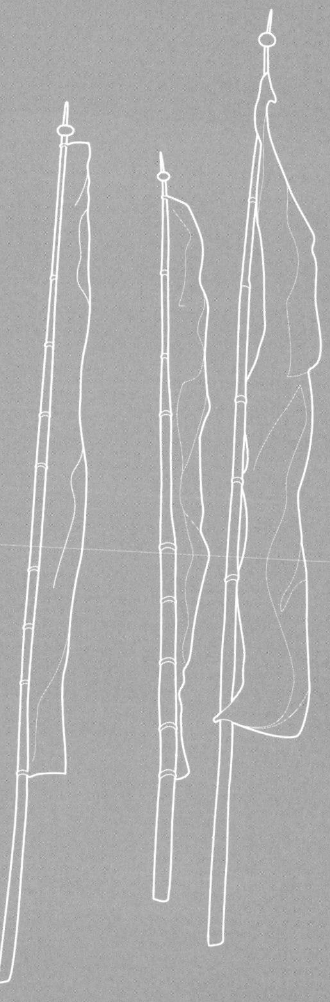

GEBETSFAHNE

Gr.: S(M)L(XL)XXL

Halbe Oberweite: 47(52)56(61)65 cm
Länge: 59 cm
Innere Ärmellänge: 44(43)43(42)41 cm

MATERIAL

250(250)250(300)300g Isager Alpaca 2 Farbe 0

Empfohlene Rund- und Strumpfnadeln Nr. 2½ und 3

Maschenprobe glatt rechts mit Nd Nr. 3: 10 cm = 27 M und 36 R

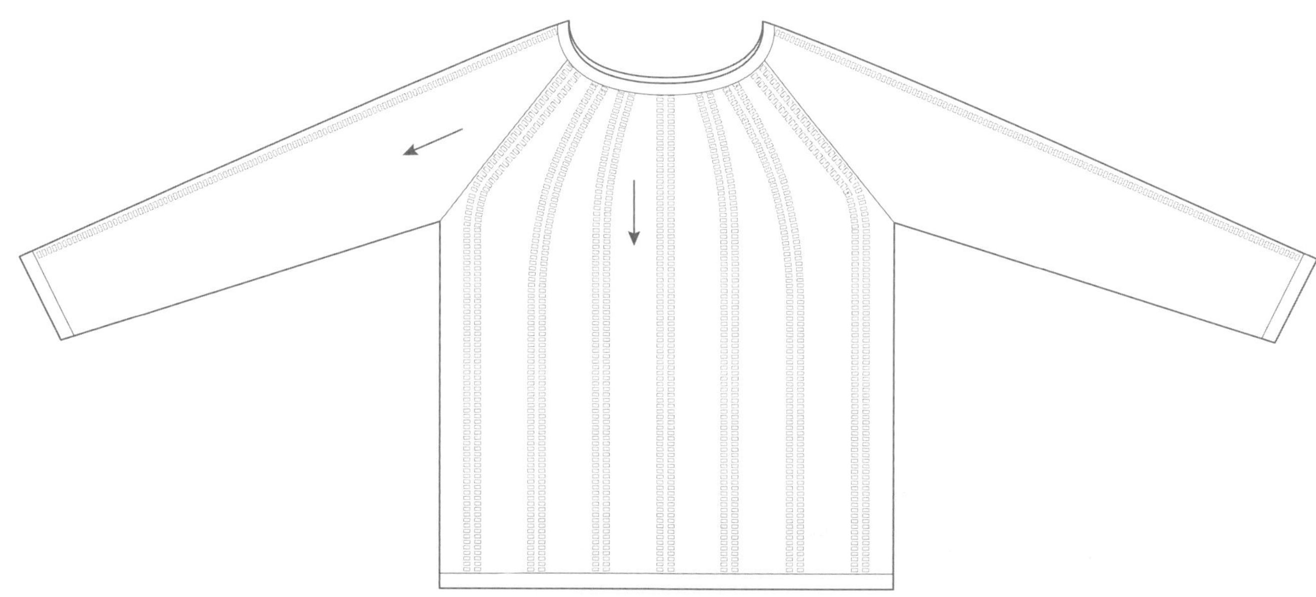

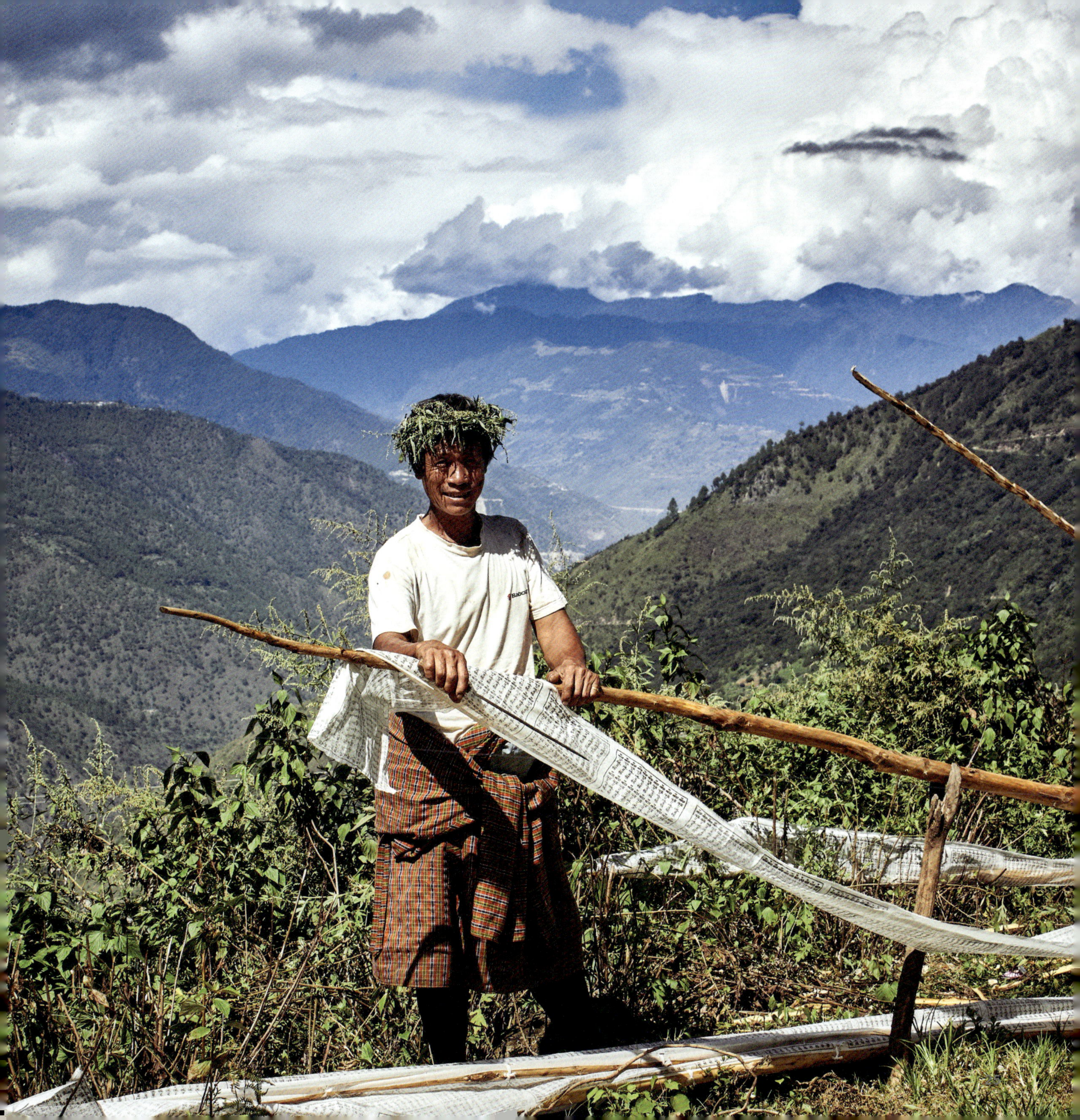

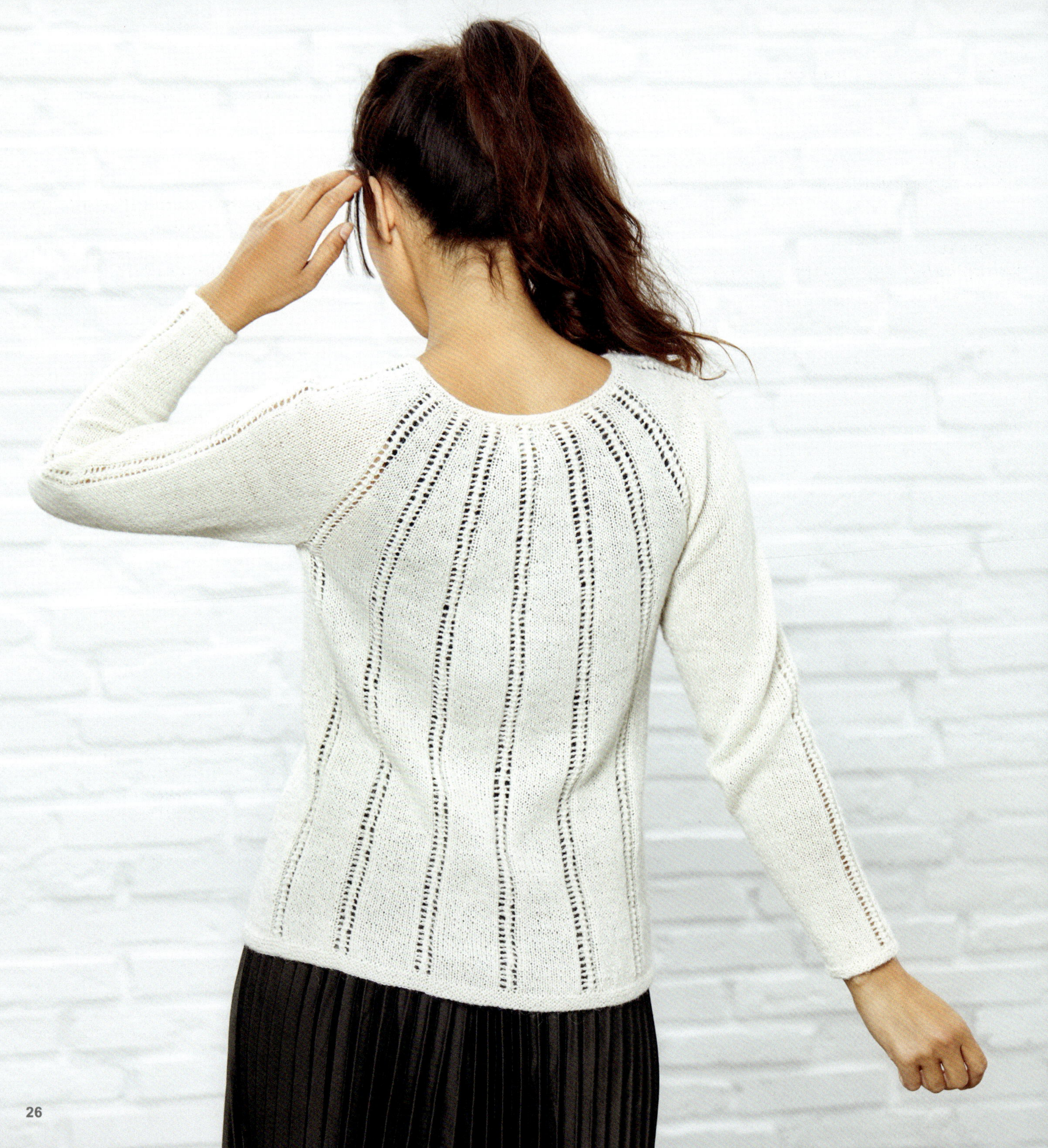

Der Pullover wird von oben nach unten gestrickt.

Lochmuster: 1 li – U – 3 re zus, dafür die ersten 2 M zus wie zum re str abh, 1 re str, die ersten 2 M über die gestrickte M heben – U – 1 li.

RUNDPASSE

128(128)142(142)142 M mit Nd Nr. 3 anschl.
Zur Runde schließen.

Runde 1: 1 li – 3 re – 1 li – 6 re – 1 li – 3 re – 1 li – 6 re – *1 li – 3 re – 1 li – 2 re*.
Von * bis * insg 6(6)7(7)7-mal str.
Das Ganze noch einmal str.
Runde 2 mit Zun an den Ärmeln:
Lochmuster str – 1 re – 1 neue M re, dafür den Querfaden vor der nächsten M re verschr str – 5 re – Lochmuster – 5 re – 1 neue re – 1 re – * Lochmuster – 2 re*.
Von * bis * insg 6(6)7(7)7-mal str.
Das Ganze noch einmal str = 132(132)146(146)146 M.

Runde 3: 1 li – 3 re – 1 li – 7 re – 1 li – 3 re – 1 li – 7 re – *1 li – 3 re – 1 li – 2 re*.
Von * bis * insg 6(6)7(7)7-mal str.
Das Ganze noch einmal str.
Runde 4 mit Zun an den Ärmeln und 1. Zun am Körper:
Lochmuster str – 1 re – 1 neue re – 6 re – Lochmuster – 6 re – 1 neue re – 1 re – *Lochmuster – 1 re – 1 neue re – 1 re*.
Von * bis * insg 6(6)7(7)7-mal str.
Das Ganze noch einmal str = 148(148)164(164)164 M.

Runde 5: 1 li – 3 re – 1 li – 8 re – 1 li – 3 re – 1 li – 8 re – *1 li – 3 re – 1 li – 3 re*.
Von * bis * insg 6(6)7(7)7-mal str.
Das Ganze noch einmal str.
Runde 6 mit Zun an den Ärmeln:
Lochmuster str – 1 re – 1 neue re – 7 re – Lochmuster – 7 re – 1 neue re – 1 re – *Lochmuster – 3 re*.
Von * bis * insg 6(6)7(7)7-mal str.
Das Ganze noch einmal str = 152(152)168(168)168 M.

Runde 7: 1 li – 3 re – 1 li – 9 re – 1 li – 3 re – 1 li – 9 re – *1 li – 3 re – 1 li – 3 re*.
Von * bis * insg 6(6)7(7)7-mal str.
Das Ganze noch einmal str.
Runde 8 mit Zun an den Ärmeln und 2. Zun am Körper:
Lochmuster str – 1 re – 1 neue re – 8 re – Lochmuster – 8 re – 1 neue re – 1 re – *Lochmuster – 2 re – 1 neue re – 1 re*.
Von * bis * insg 6(6)7(7)7-mal str.
Das Ganze noch einmal str = 168(168)186(186)186 M.

Runde 9: 1 li – 3 re – 1 li – 10 re – 1 li – 3 re – 1 li – 10 re – *1 li – 3 re – 1 li – 4 re*.
Von * bis * insg 6(6)7(7)7-mal str.
Das Ganze noch einmal str.
Runde 10 mit Zun an den Ärmeln:
Lochmuster str – 1 re – 1 neue re – 9 re – Lochmuster – 9 re – 1 neue re – 1 re – *Lochmuster – 4 re*.
Von * bis * insg 6(6)7(7)7-mal str.
Das Ganze noch einmal str = 172(172)190(190)190 M.

Runde 11: 1 li – 3 re – 1 li – 11 re – 1 li – 3 re – 1 li – 11 re – *1 li – 3 re – 1 li – 4 re*.
Von * bis * insg 6(6)7(7)7-mal str.
Das Ganze noch einmal str.
Runde 12 mit Zun an den Ärmeln und 3. Zun am Körper:
Lochmuster str – 1 re – 1 neue re – 10 re – Lochmuster – 10 re – 1 neue re – 1 re – *Lochmuster – 1 re – 1 neue re – 3 re*.
Von * bis * insg 6(6)7(7)7-mal str.
Das Ganze noch einmal str = 188(188)208(208)208 M.

Gr. M:
Weitere Zun an den Ärmeln in jeder 2. Rd str.
Die Zun am Körper in jeder 4. Rd insg 7-mal str = 268 M.

Alle Gr.:
Die Zun an den Ärmeln wie bisher weiter str.
Die Zun am Körper nun in jeder 6. Rd str – abwechselnd an der einen und der anderen Seite der rechten M (nach der ersten oder vor der letzten M).
Weiter str, bis am Körper insg 11(13)11(12)13-mal zugenommen wurde.
Das bedeutet, es sind 13(15)13(14)15 re M zw den Löchern = 380(412)416(442)468 M.
Keine weiteren Zun am Körper str.

Gr. S(M):
An den Ärmeln wurde insg 30(32)-mal zugenommen.
4 Rd im Muster ohne Zun str.

Gr. L(XL)XXL:
Noch 4(5)5-mal in jeder 2. Rd Zun an den Ärmeln str, bis an jeder Seite der Ärmel insg 34(38)41 Zun gestr sind = 432(462)488 M.
4(2)2 Rd im Muster ohne Zun str.

Alle Gr.:
Die Passe misst in der Rückenmitte nun 18(19)20(22)23 cm.

TEILUNG

Das Muster weiter str.
5 M im Muster str – die 77(81)85(93)99 ÄrmelM stilllegen, ohne sie zu str – 15(15)19(26)30 neue M anschl – 113(125)131(138)145 VorderteilM str – die 77(81)85(93)99 ÄrmelM stilllegen, ohne sie zu str – 15(15)19(26)30 neue M anschl – 113(125)131(138)145 RückenM str – eine Markierung für den neuen RdBeginn setzen.

KÖRPER

Das Muster über die 256(280)300(328)350 KörperM weiter str.
Die neuen M unter den Armausschnitten re str.

Weiter str, bis die Arbeit ab der Schulter ca. 57 cm misst.

Nach einer Rd mit Lochmuster enden.

Zu RundNd Nr. 2½ wechseln.
In Reihen hin und her str.
Mit einer HinR beginnen.
8 R re str.
In der HinR alle M abk.

ÄRMEL

Die ÄrmelM auf StrumpfNd Nr. 3 setzen.
15(15)19(26)30 neue M aus den angeschlagenen KörperM herausstr – 1 M aus dem Übergang zu den ÄrmelM str – im Muster die 77(81)85(93)99 ÄrmelM str – 1 M aus dem Übergang str = 94(98)106(121)131 M.
7(7)9(13)15 der neuen M re str.
Hier eine Markierung für den RdBeginn setzen.

Insg 10(6)10(8)2 Rd im Muster str.
Die neuen M unter dem Ärmel re str.

In der nächsten Rd Abn str: 1 re – 2 re zus – im Muster bis zu den letzten 3 M str – 2 re verschr zus – 1 re.
Die Abn insg 23(24)27(33)35-mal in jeder 6.(6.)5.(4.)4. Rd str = 48(50)52(55)61 M.

Den Ärmel weiter str, bis er nach der Teilung ca. 42(41)41(40)39 cm misst.
Nach einer Rd mit Lochmuster enden.

Zu StrumpfNd Nr. 2½ wechseln.
In Reihen hin- und herstr.
Mit einer HinR beginnen.
6 R re str.
In der nächsten HinR alle M abk.

Den zweiten Ärmel genauso str.

HALSRAND

128(128)142(142)142 M mit Nd Nr. 2½ rund um den Halsausschnitt herausstr.
Beim RdBeginn anfangen.
In Reihen hin- und herstr.
Mit einer RückR beginnen.
3 R re str.
In der nächsten HinR alle M locker abk.

FERTIGSTELLUNG

Die Fäden vernähen.
Die Bündchenränder schließen.

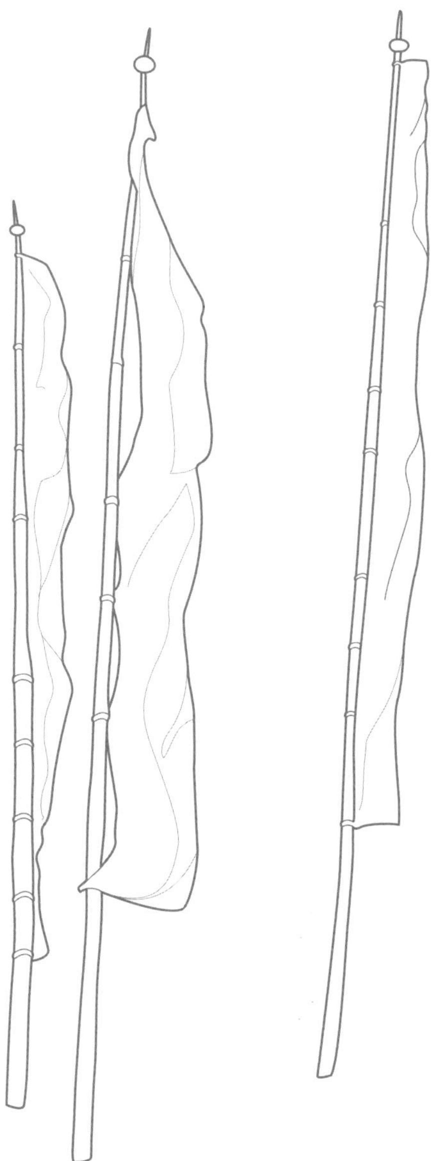

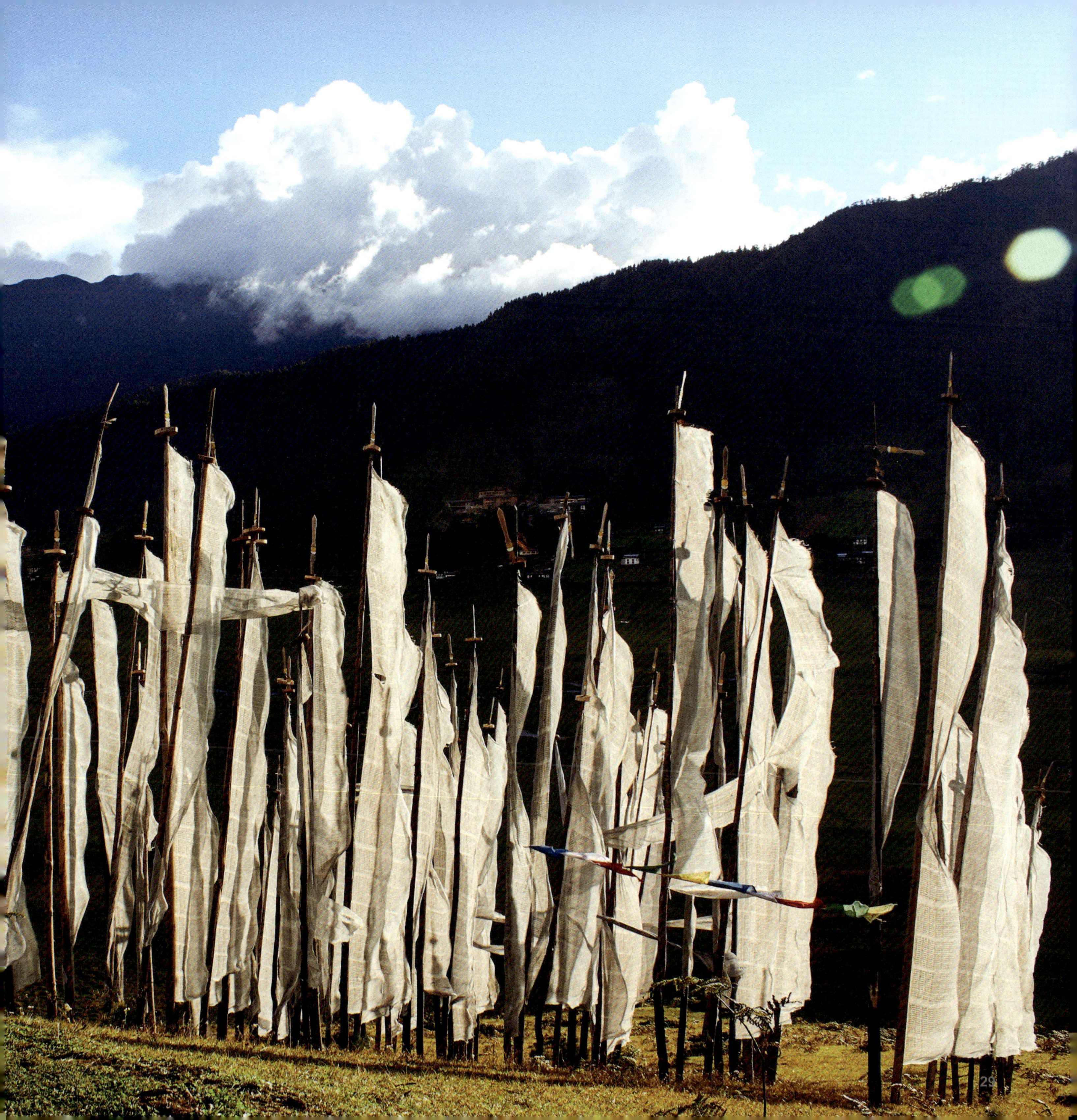

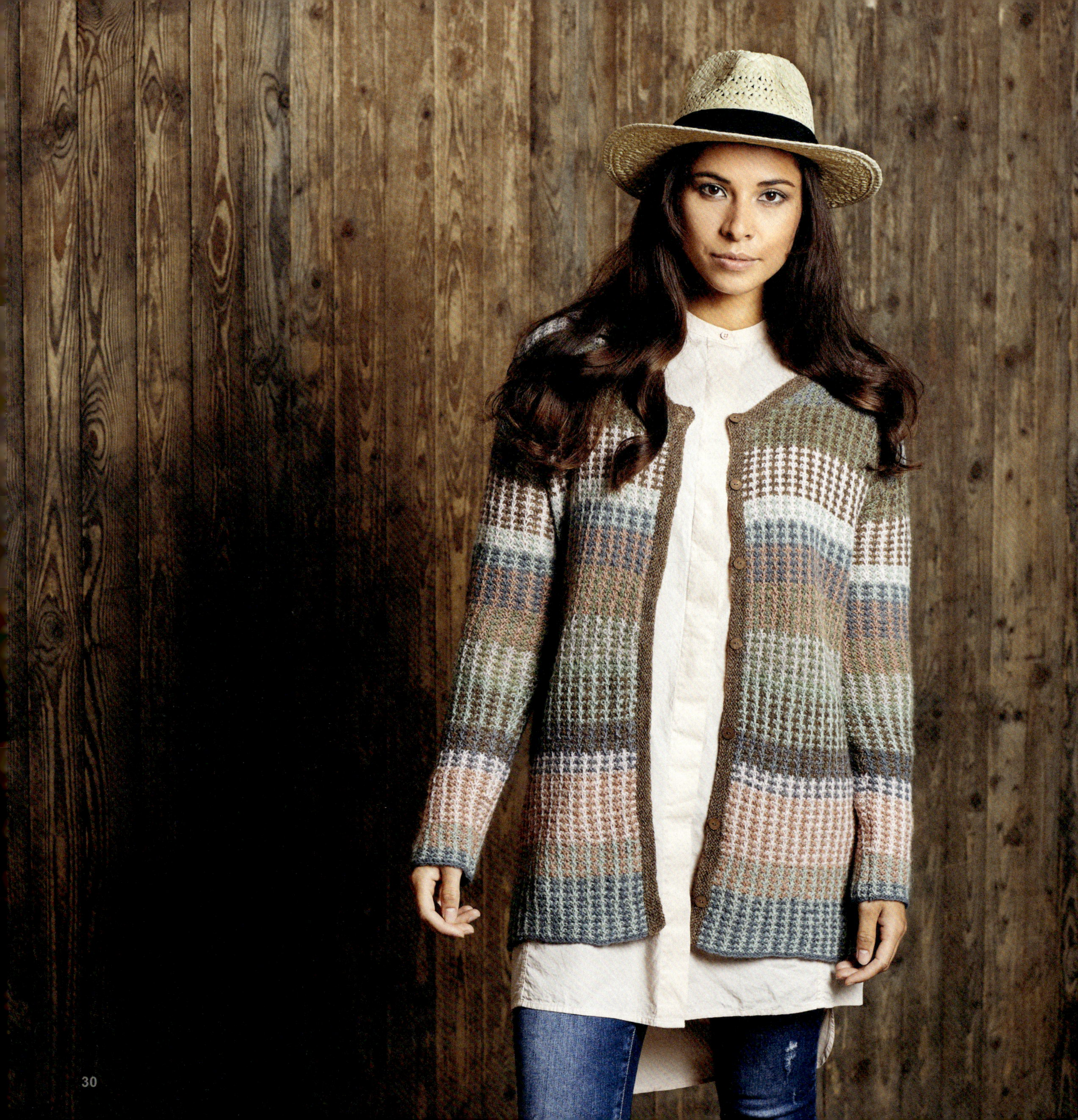

GEBETSMÜHLEN

Der Klang der Gebetsmühlen ist überall in Bhutan zu hören. Manchmal ist es eine große Rolle, manchmal sind es mehrere oder es ist eine ganze Reihe. Am Tempel treffen wir einen frischgebackenen Vater mit seiner kleinen Tochter, die gerade einmal fünf Tage alt ist. Sie ist in eine schöne, gewebte Decke gewickelt und wird so den Mönchen präsentiert. Der Mönch holt den „Namens-Krug" hervor, rührt mit seiner Hand darin herum und zieht ein kleines Stück Papier hervor. Auf dem Zettel steht: Sonam Pelden. Das wird der Name des Mädchens. Der Name ist stark und sehr beliebt; er gehörte ursprünglich der Mutter eines der Tempelbauer.

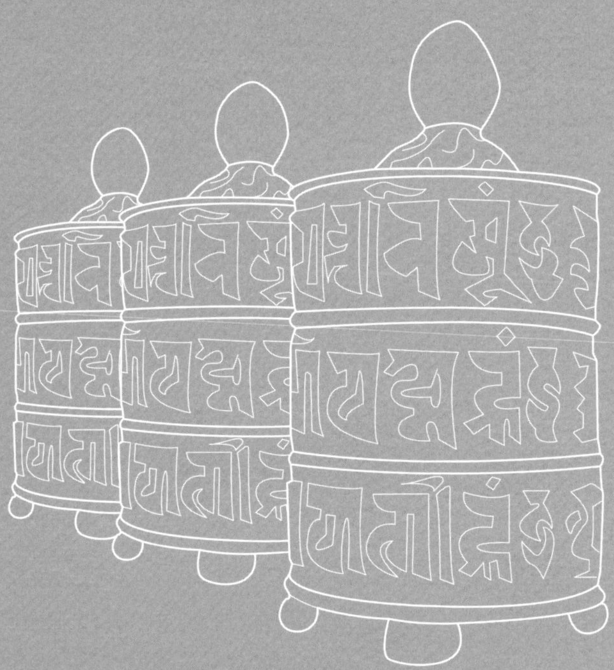

GEBETSMÜHLEN

Gr.: S(M/L)XL(XXL)

Halbe Oberweite: 50(56)62(67) cm
Länge: 68(70)74(77) cm
Innere Ärmellänge: 42(40)38(36) cm

MATERIAL

A: 50g Isager Tvinni Farbe 42
B: 50g Isager Alpaca 2 Farbe 46
C: 50g Isager Alpaca 2 Farbe Peach
D: 50g Isager Tvinni Farbe 61
E: 50g Isager Highland Farbe Sky
F: 100g Isager Tvinni Farbe 8s
G: 50g Isager Alpaca 2 Farbe Thyme
H: 50g Isager Tvinni Farbe 61s

7 Knöpfe

Empfohlene Rundnadel Nr. 2½ und 3½

Maschenprobe kraus rechts mit Nd Nr. 3½: 10 cm = 25 M und 50 R

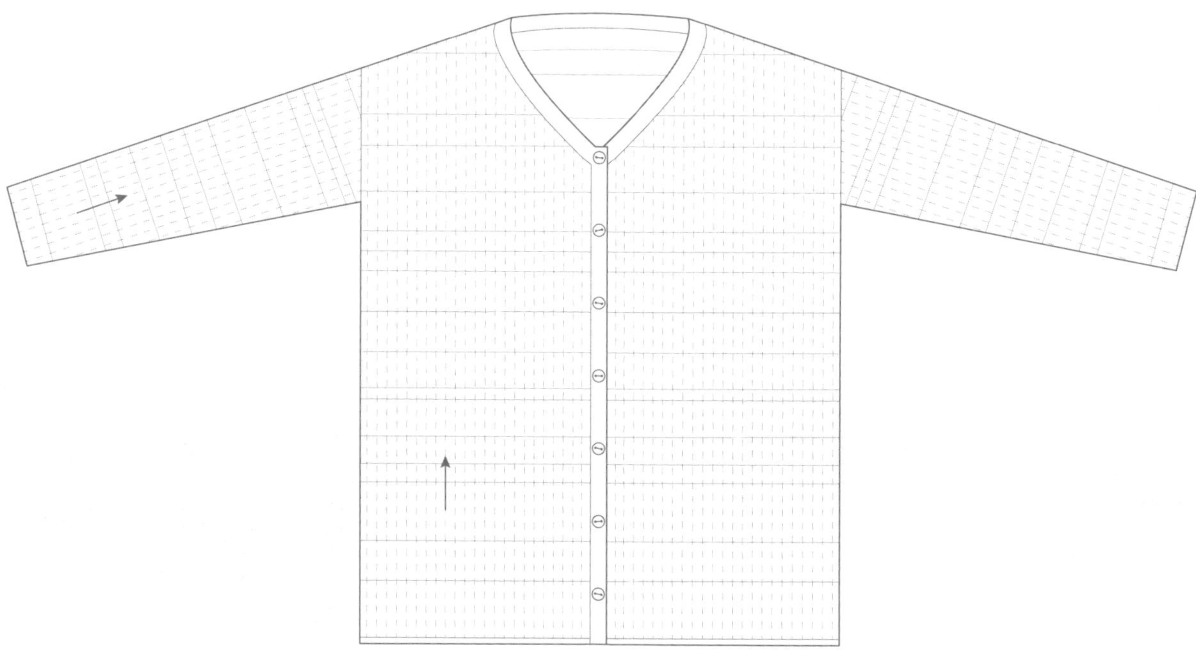

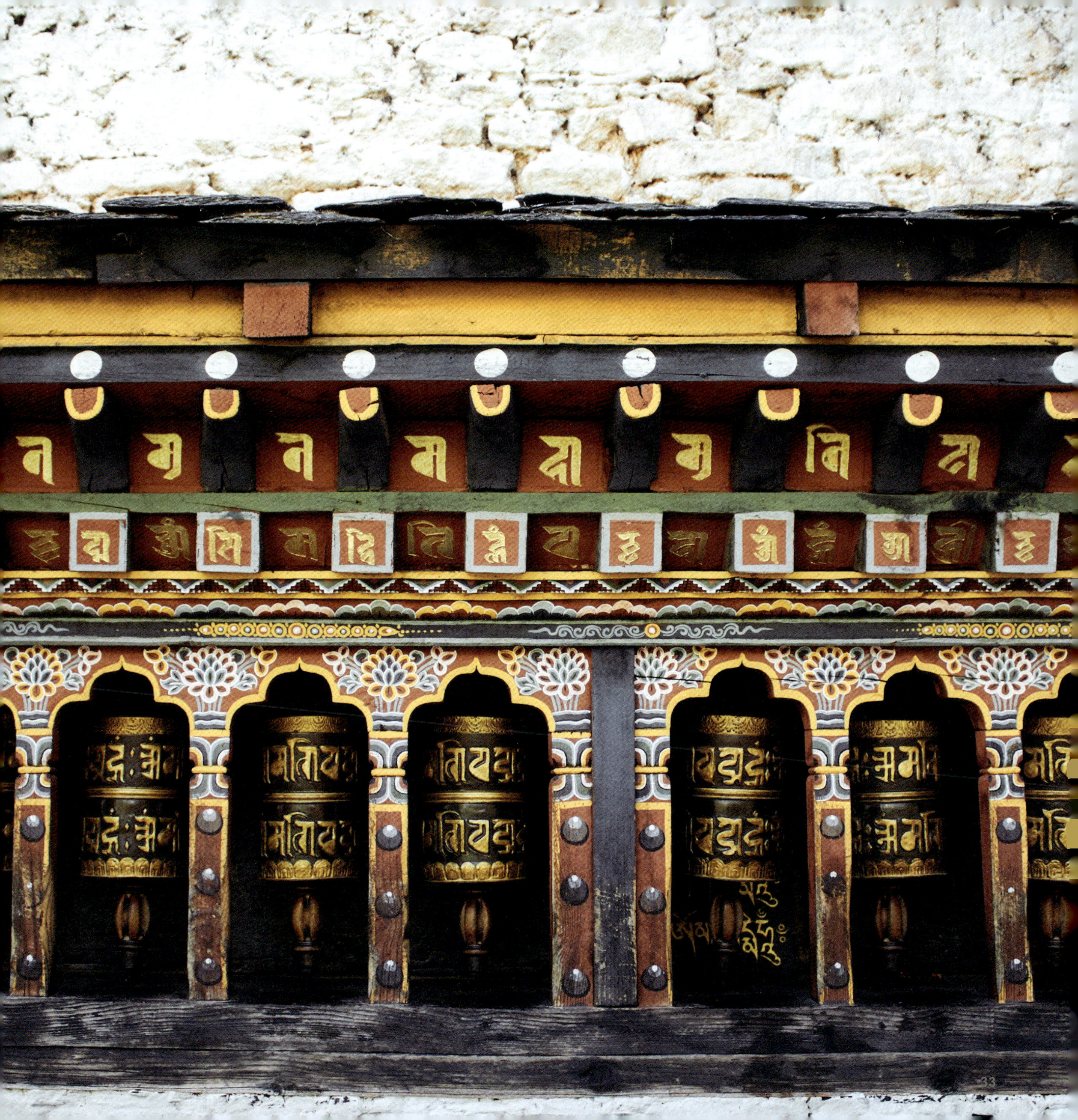

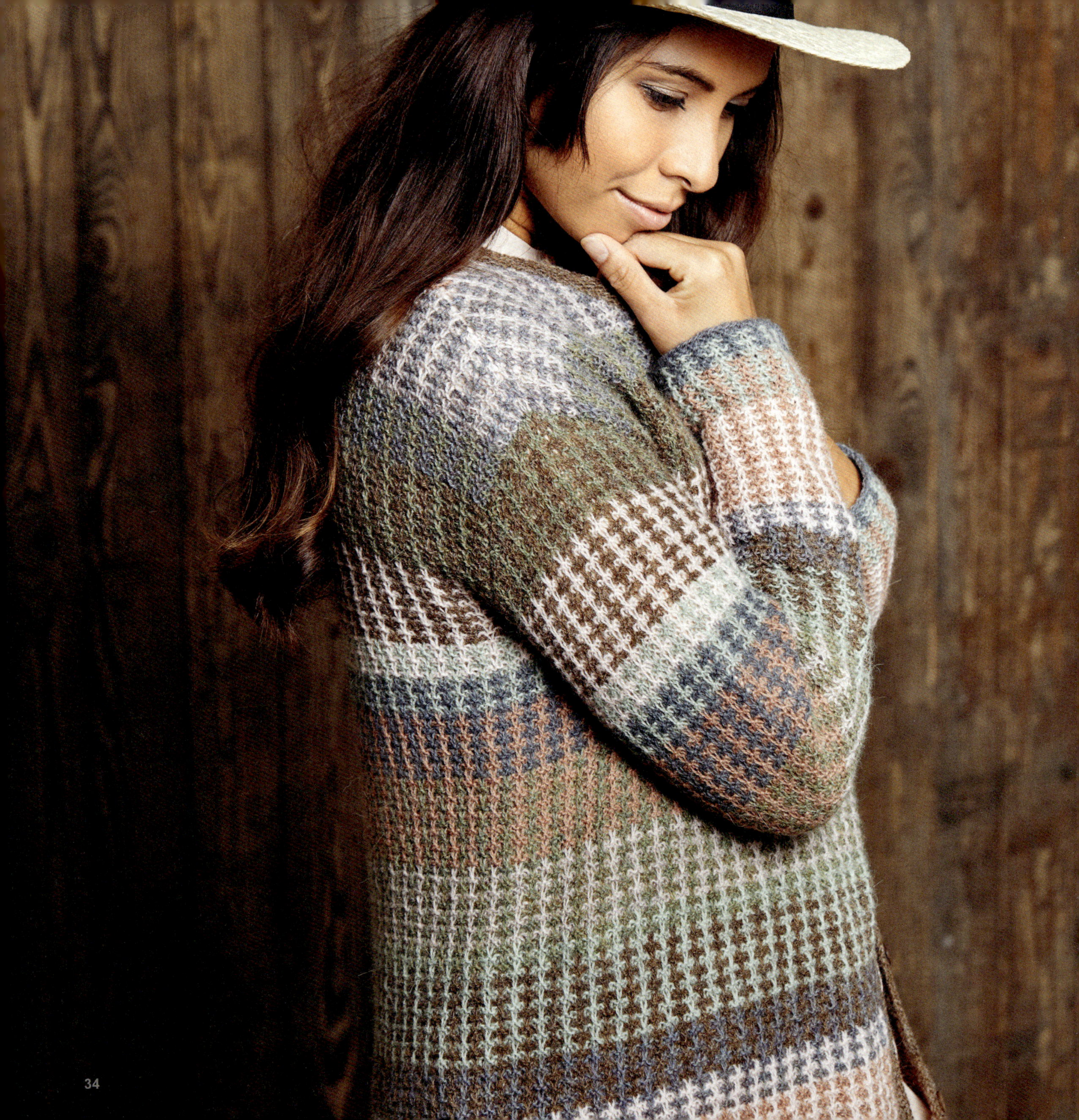

KÖRPER

261(289)321(345) M mit A und Nd Nr. 3½ anschl.
1 R re str (RückR).

MUSTER

Mit B str.
Reihe 1 (HinR): 2 re – *1 M abh, mit dem Faden hinter der Arbeit = 1Fh – 3 re*. Von * bis * wdh.
Enden mit 1Fh – 2 re.
Reihe 2: 2 re – *1 M abh, mit dem Faden vor der Arbeit = 1Fv – 3 re*. Von * bis * wdh.
Enden mit 1 Fv – 2 re.

Mit A str.
Reihe 3: 4 re – *1Fh – 3 re*.
Von * bis * wdh. Enden mit 1 re.
Reihe 4: 4 re – *1Fv – 3 re*.
Von * bis * wdh. Enden mit 1 re.

Reihe 1-4 wdh.
Das Muster weiter str und dabei dem Farbdiagramm folgen, bis 214 R gestr sind.
Der Körper misst ca. 43 cm.

Für den Armausschnitt abk (HinR):
69(77)85(93) M str – 3 M abk – 117(129)145(153) RückenM str (die erste M ist bereits auf der Nd) – 3 M abk – 69(77)85(93) M str (die erste M ist bereits auf der Nd).
Jedes Teil nun für sich fertig str.

LINKES VORDERTEIL

39(43)53(61) R im Muster str.
Eine Markierung an die linke Seite (am Halsausschnitt) setzen.

Das Muster weiter str und dabei am Ende der HinR 25(27)29(31)-mal 2 M re zusstr = 44(50)56(62) M.
Mit einer RückR enden. Die Fäden abschneiden.

RÜCKEN

89(97)111(123) R im Muster str.
Mit einer RückR enden.
Der Rücken ist genauso lang wie das linke Vorderteil.
Die Fäden abschneiden.

RECHTES VORDERTEIL

Mit einer RückR beginnen.
39(43)53(61) R im Muster str.
Eine Markierung an die rechte Seite (am Halsausschnitt) setzen.

Das Muster weiter str und dabei am Anfang der HinR 25(27)29(31)-mal 2 M re zus str = 44(50)56(62) M.
Mit einer RückR enden.

SCHULTER

Im Muster über alle Teile str.
Reihe 1 (HinR): Über das rechte Vorderteil str: 2 re zus – 39(45)51(57) M – 3 re verschr zus – weiter über den Rücken str: 3 re zus – 111(123)139(147) M – 3 re verschr zus – über das linke Vorderteil str: 3 re zus – 39(45)51(57) M – 2 re zus = 195(219)247 (267) M.
Reihe 2: Im Muster str – die zus gestr M re str.

Weiterhin in allen HinR Abn am Anfang und Ende der R str + an den Verbindungen von Vorderteil und Rücken.
In den RückR die zusgestr M re str.

Nach insg 9(11)13(15) HinR mit Abn, sind 115(119)127(127) M auf der Nd.

Keine weiteren Abn am Anfang und Ende der HinR str, aber weitere 8-mal Abn an den Verbindungsstellen str = 51(55)63(63) M.
Die Fäden abschneiden.

HALSRAND

Mit F und Nd Nr. 2½ neue M aus dem Halsausschnitt und Nacken str.
Von außen am rechten Vorderteil bei der Markierung beginnen. 48(52)56(56) M bis zum Nacken herausstr.
Re über die 51(55)63(63) NackenM str.
48(52)56(56) M bis zur Markierung am linken Vorderteil herausstr = 147(159)175(175) M.

1 R re str.
Abnahmen str: 2 re zus – 143(155)171(171) re – 2 re zus.
In Reihen hin und her re str und die Abn insg 4-mal in jeder 2. R str = 139(151)167(167) M.
1 R re str.
Alle M in der HinR abketten.

LINKER VORDERRAND

Neue M von außen mit F und Nd Nr. 2½ aus dem linken Vorderrand herausstr.
6 M aus dem Halsrand str.
Danach aus jedem Streifen des Vorderteils 1 M str = 134(136)140(144) M.

9 R str: 1Fv – 133(135)139(143) re.
In der nächsten HinR alle M abketten.

RECHTER VORDERRAND

128(130)134(138) M mit F und Nd Nr. 2½ aus dem rechten Vorderrand str.
6 M aus dem Halsrand str = 134(136)140(144) M.

4 R str: 1Fv – 133(135)139(143) re.

Knopflöcher: 1Fv – *2 re zus – 2 neue M anschl – 2 re verschr zus – 16 re*. Von * bis * wdh, bis 6 Knopflöcher gestrickt sind. Enden mit 2 re zus – 2 neue M anschl – 2 re verschr zus – 9(11)15(19) re.

4 R str: 1Fv – 133(135)139(143) re.
In der HinR alle M abketten.

ÄRMEL

Die Ärmel können gleichzeitig mit den Vorder-

teilen gestrickt werden, sodass die Farbabfolge gleich ist.
Die Streifen am Körper dienen zur Inspiration.

53(57)59(61) M mit A und Nd Nr. 3½ anschl.
1 R re str (RückR).
8(4)8(10) MusterR wie am Körper str.

Zunahme str: 2aus1M str, dafür erst 1 M aus dem vorderen, dann 1 M aus dem hinteren Maschenschenkel str – im Muster bis zur letzten M str – 2aus1M = 55(59)61(63) M.
Die neuen M in das Muster einfügen.
Die Zun in jeder 14.(12.)8.(6.) R wdh, bis 81(89)103(113) M auf der Nd sind.

Weiter str, bis der Ärmel 42(40)38 (36) cm misst.
Mit einer RückR enden.

Für die Armkugel abn: Insg 25(29)35(39)-mal am Anfang und Ende jeder R 2 re zusstr = 31(31)33(35) M.
Die letzten M etwas fester abketten.
Den zweiten Ärmel genauso str.

FERTIGSTELLUNG

Die Ärmel an den Körper nähen und danach die Ärmelnähte schließen. Die Knöpfe annähen und die Fäden vernähen.

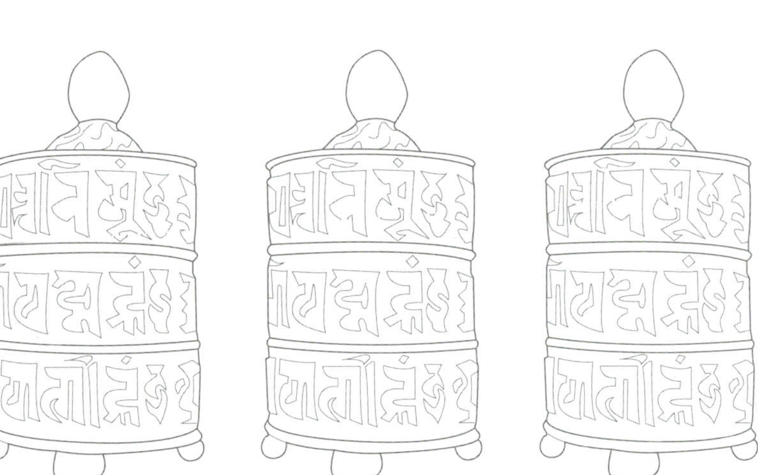

DIAGRAMM

1 Kästchen = 2 R

A = Isager Tvinni Farbe 42

B = Isager Alpaca 2 Farbe 46

C = Isager Alpaca 2 Farbe Peach

D = Isager Tvinni Farbe 61

E = Isager Highland Farbe Sky

F = Isager Tvinni Farbe 8s

G = Isager Alpaca 2 Farbe Thyme

H = Isager Tvinni Farbe 61s

* = hier beginnt das Diagramm Anschlag + 1. R

* = Abketten für den Armausschnitt

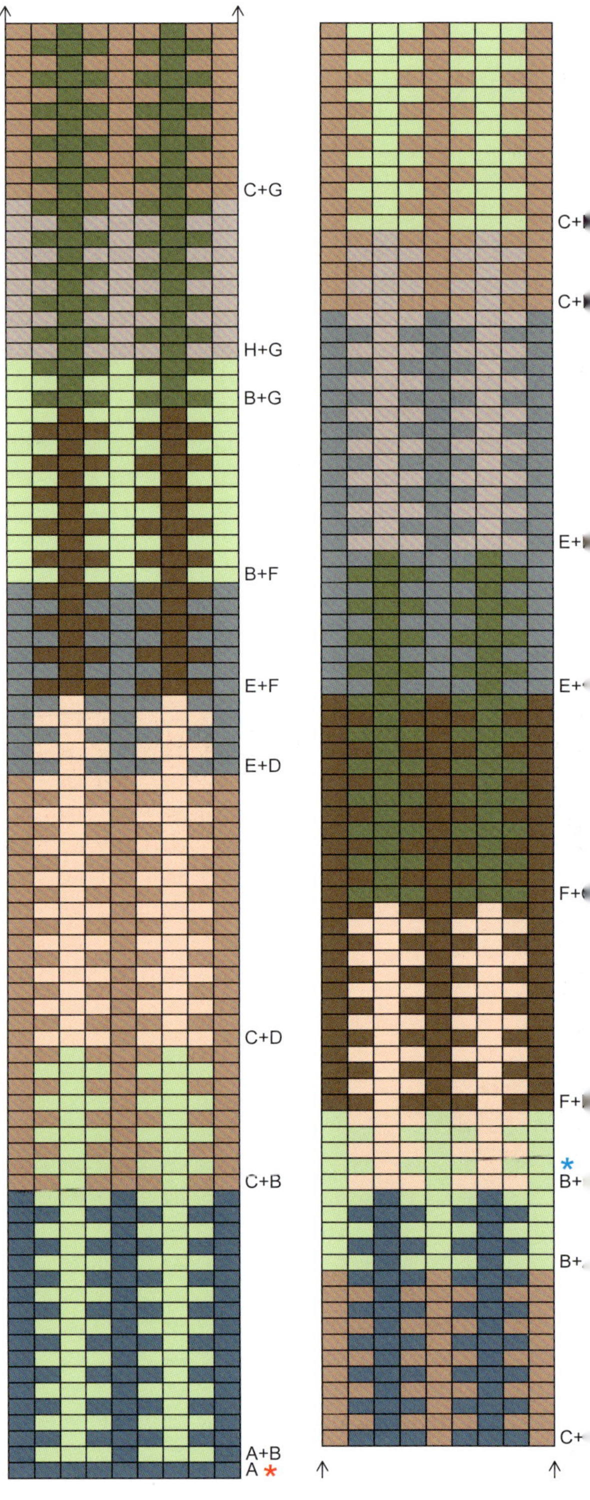

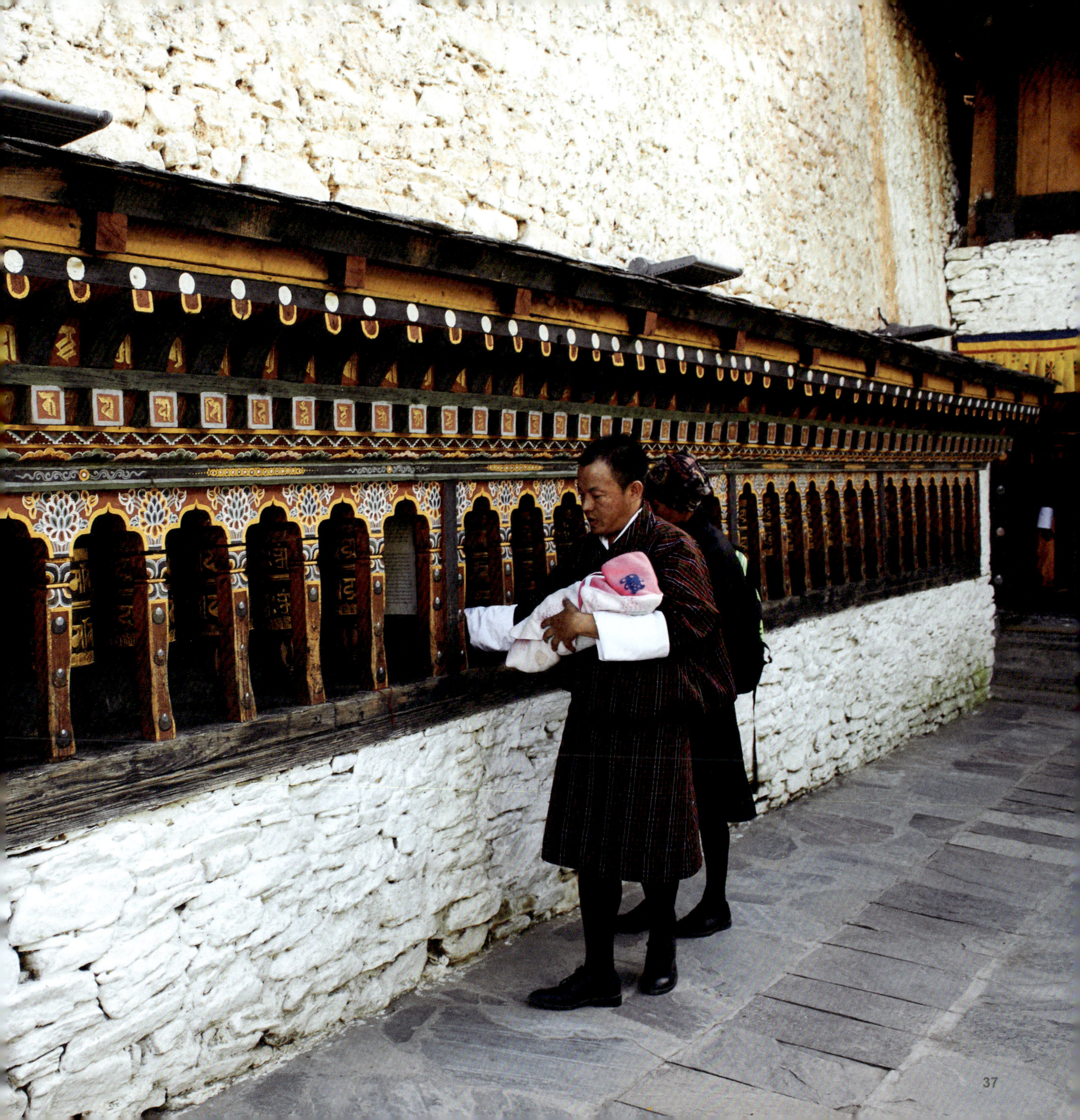

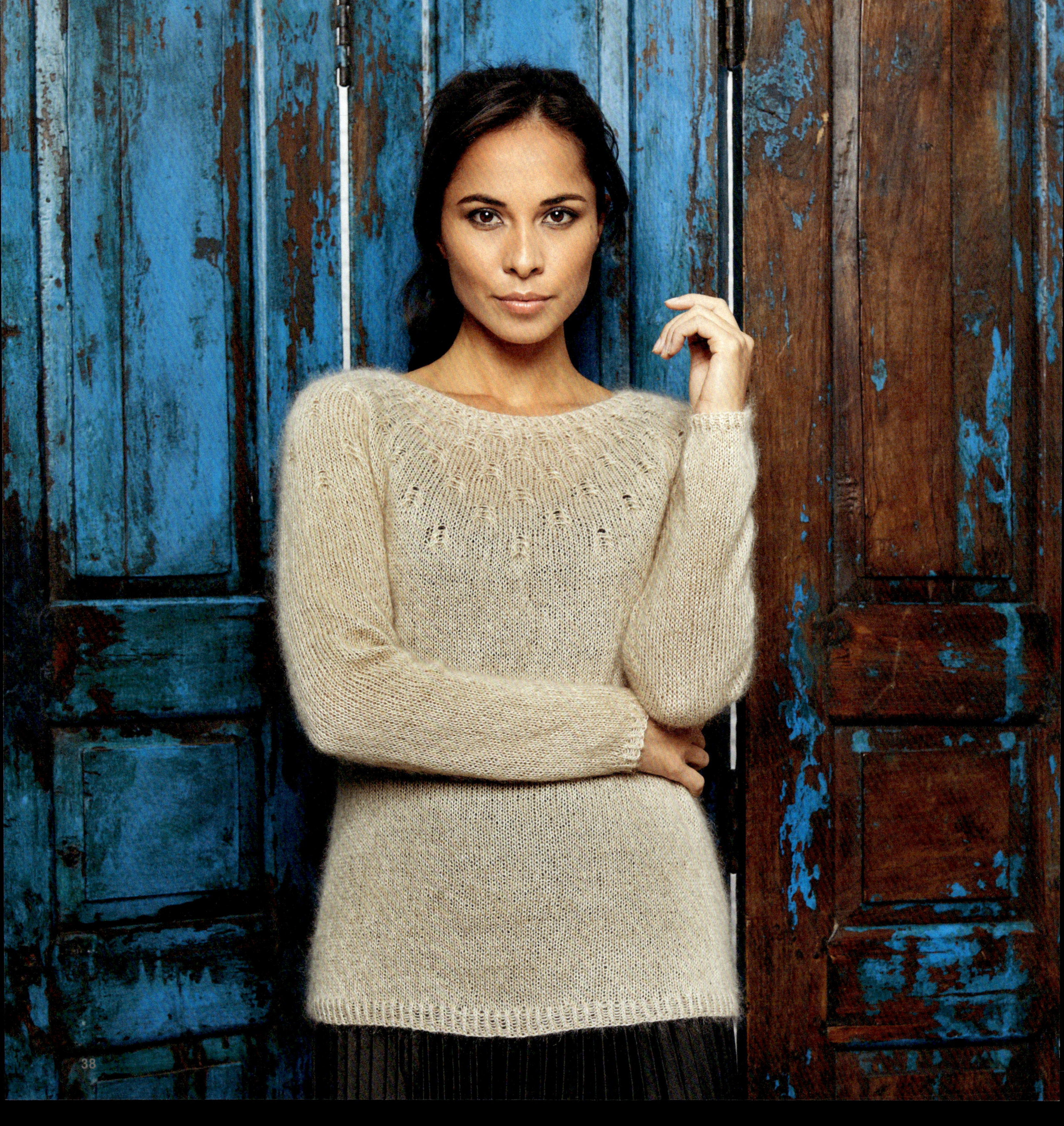

GUTE GEDANKEN

Diese in Form gegossenen Tonsteine sieht man an vielen Orten. Manche sind winzig klein, andere richtig groß. Früher wurden sie von Hand gegossen. Nun sind sie ebenfalls ein Massenprodukt geworden. Die Steine heißen Chacha und senden gute Gedanken aus. Wenn die Steine an einem Tempel, auf der Fensterbank oder an Wänden stehen, bringen sie gute Gedanken zu den Tieren dieser Welt: vom kleinsten Käfer bis zum Blauwal.

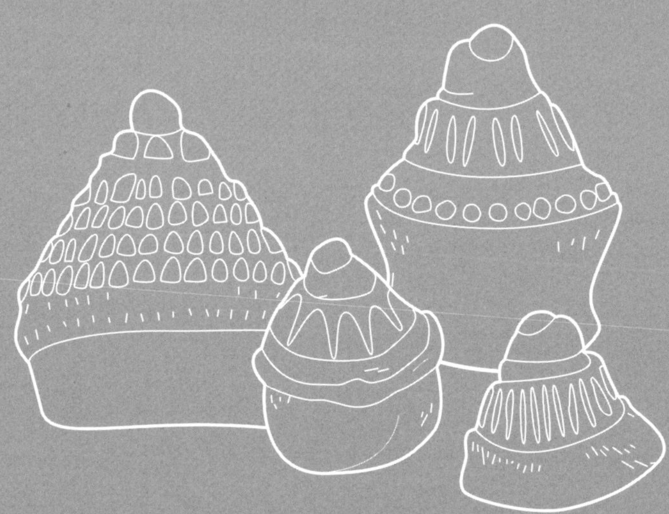

GUTE GEDANKEN

Gr.: S(M)L(XL)XXL

Halbe Oberweite: 48(52)56(60)64 cm
Länge ab Schulter: 58 cm
Ärmellänge: 44(43)43(42)41 cm

MATERIAL

125(125)125(150)175g Isager Silk Mohair Farbe 6
150(200)200(200)200g Isager Trio Farbe Linen
Mit je 1 Faden beider Qualitäten stricken

Empfohlene Rund- und Strumpfnadeln Nr. 3 und 3½

Maschenprobe glatt rechts mit Nd Nr. 3½: 10 cm = 23 M und 30 R

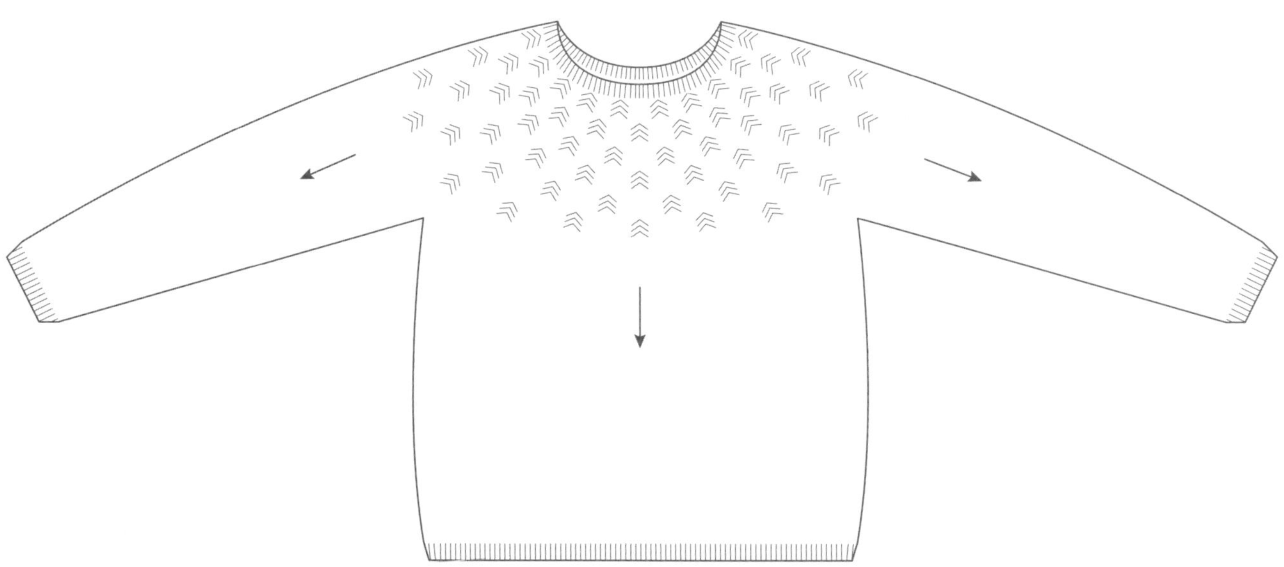

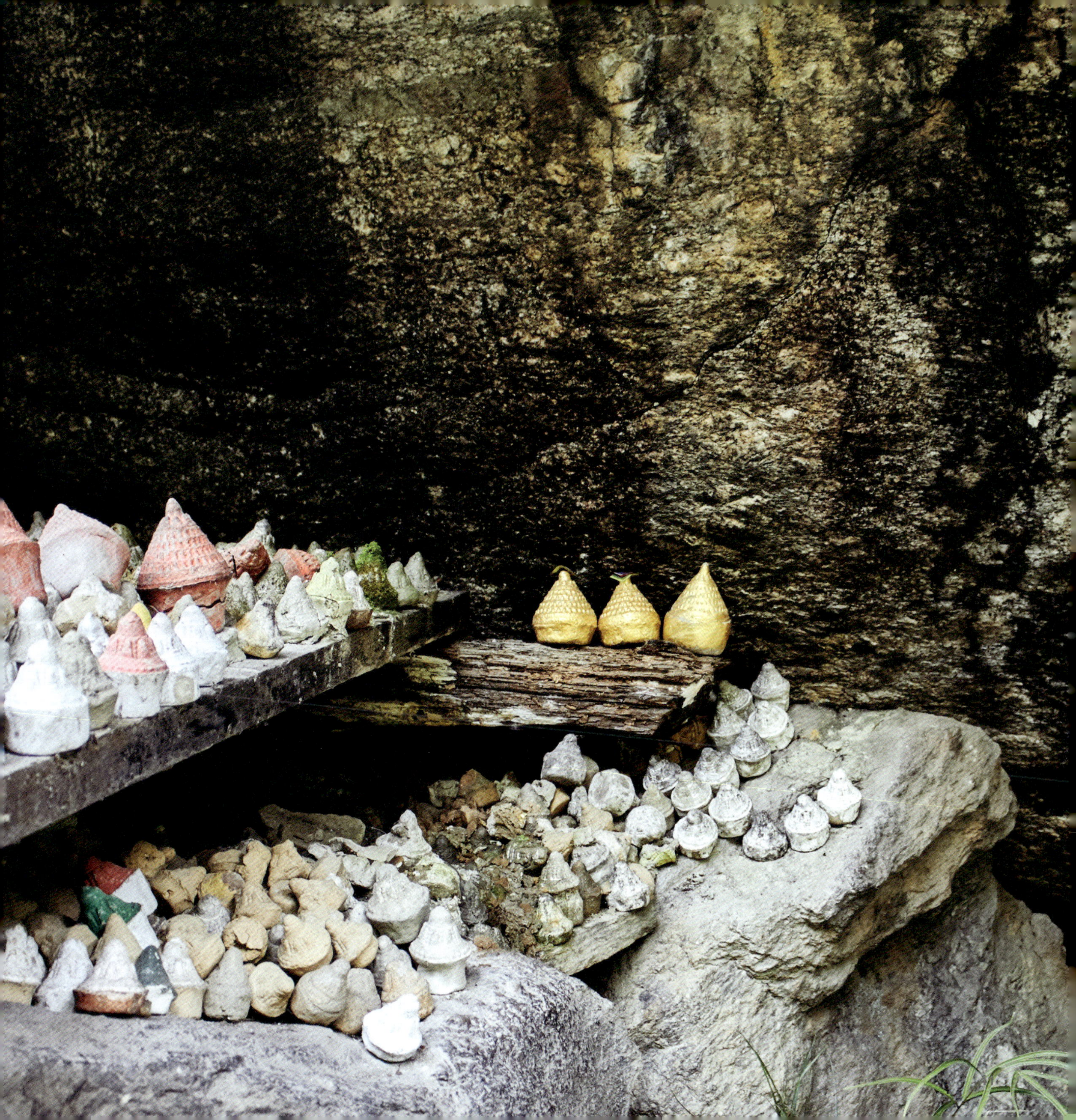

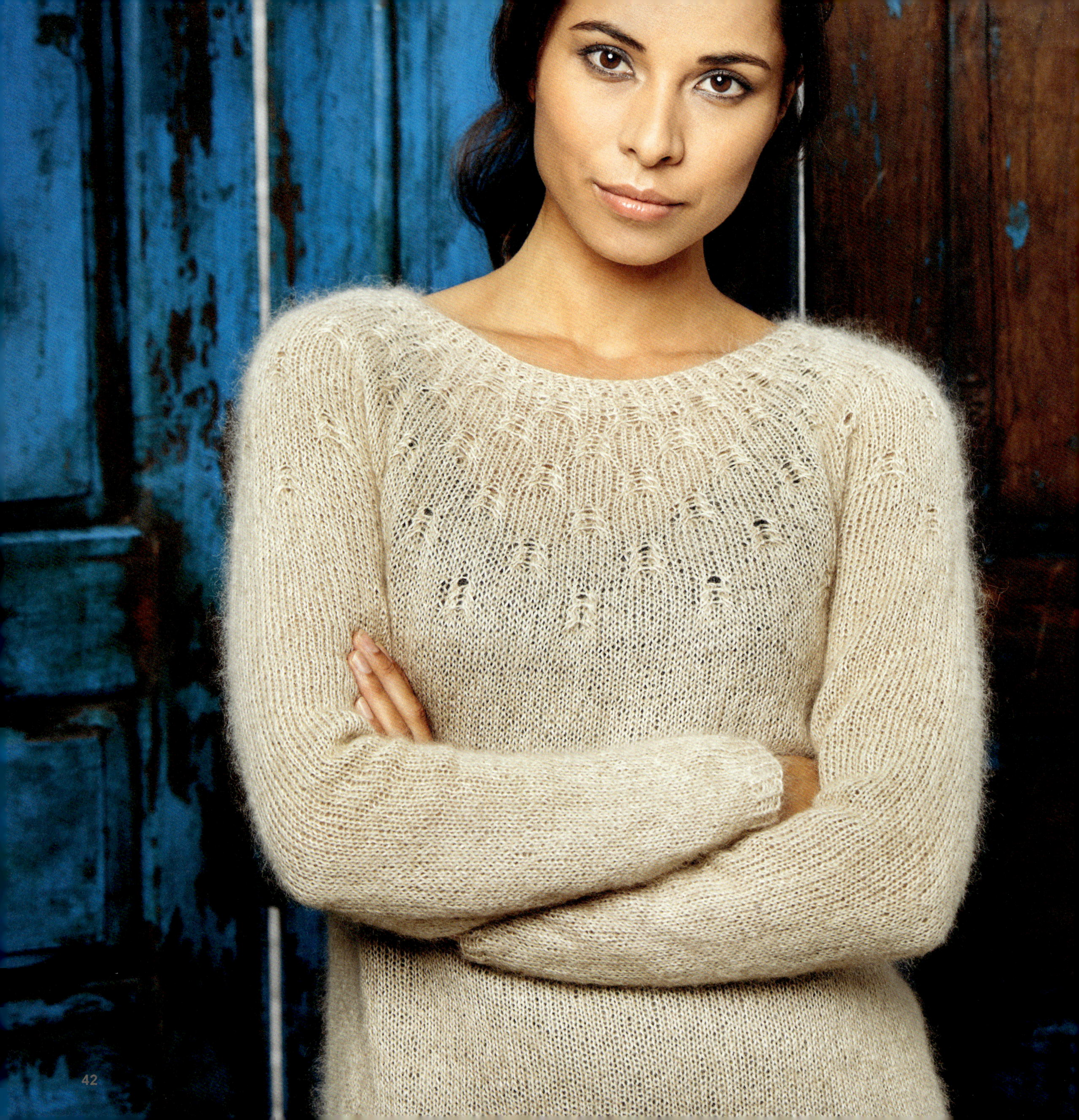

RUNDPASSE

108(120)120(132)132 M mit Nd Nr. 3½ und beiden Qualitäten anschl.

2aus1M: 2 M aus 1 M str, dafür erst 1 M aus dem vorderen, dann 1 M aus dem hinteren Maschenschenkel str.

A (Zopf mit Zunahme): 1 M auf die HilfsNd hinter die Arbeit legen – 1 re str – die M der HilfsNd mit 2aus1M str.
B (Zopf mit Zunahme): 1 M auf die HilfsNd vor die Arbeit legen – 2aus1M str – die M der HilfsNd re str.

C: 2 M auf die HilfsNd hinter die Arbeit legen – 1 re str – die 2 M der HilfsNd re str.
D: 1 M auf die HilfsNd vor die Arbeit legen – 2 re str – die M der HilfsNd re str.

1. Zopfmuster
3 Rd re str.
Zöpfe mit Zunahmen str: *1 re – A – B – 1 re*.
Von * bis * wdh = 144(160)160(176)176 M.
1 Rd re str.
Zöpfe str: *1 re – C – D – 1 re*.
Von * bis * wdh.
1 Rd re str.
Wieder Zöpfe str: *1 re – C – D – 1 re*. Von * bis * wdh.
3 Rd re str.

VERKÜRZTE REIHEN

23(31)31(39)39 re – die Arbeit wenden.
1 M abh, mit dem Faden vor der M = 1Fv – 45(61)61(77)77 li str – die Arbeit wenden.
1 M abh, mit dem Faden hinter der M = 1Fh – 22(30)30(38)38 re str.

2. Zopfmuster
Zöpfe mit Zunahmen str: *B – 4 re – A*. Von * bis * wdh = 180(200)200(220)220 M.
1 Rd re str.
Zöpfe str: *D – 4 re – C*.
Von * bis * wdh.
1 Rd re str.
Wieder Zöpfe str.
3 Rd re str.

VERKÜRZTE REIHEN

44(54)54(64)64 re str – wenden.
1Fv – 87(107)107(127)127 li – wenden.
1Fh – 43(53)53(63)63 re.

3. Zopfmuster
Zöpfe mit Zunahmen str: *3 re – A – B – 3 re*.
Von * bis * wdh = 216(240)240(264)264 M.
1 Rd re str.
Zöpfe str: *3 re – C – D – 3 re*.
Von * bis * wdh.
1 Rd re str.
Wieder Zöpfe str.
3 Rd re str.

VERKÜRZTE REIHEN

71(83)83(95)95 re str – wenden.
1Fv – 141(165)165(189)189 li – wenden.
1Fh – 70(82)82(94)94 re.

4. Zopfmuster
Zöpfe mit Zunahmen str: *B – 8 re – A*.
Von * bis * wdh = 252(280)280(308)308 M.
1 Rd re str.
Zöpfe str: *D – 8 re – C*. Von * bis * wdh.
1 Rd re str.
Wieder Zöpfe str.
3 Rd re str.

VERKÜRZTE REIHEN

104(118)118(132)132 re – wenden.
1Fv – 207(235)235(263)263 li – wenden.
1Fh – 103(117)117(131)133 re.

5. Zopfmuster
Zöpfe mit Zunahmen str: *5 re – A – B – 5 re*.
Von * bis * wdh = 288(320)320(352)352 M.
1 Rd re str.
Zöpfe str: *5 re – C – D – 5 re*.
Von * bis * wdh.
1 Rd re str.
Wieder Zöpfe str.
3 Rd re str.

VERKÜRZTE REIHEN

127(143)143(159)159 re – wenden.
1Fv – 253(285)285(317)317 li – wenden.
1Fh – 126(142)142(158)158 re.

6. Zopfmuster
Zöpfe mit Zunahmen str: *B – 12 re – A*.
Von * bis * wdh = 324(360)360(396)396 M.
1 Rd re str.
Zöpfe str: *D – 12 re – C*.
Von * bis * wdh *.
1 Rd re str.
Wieder Zöpfe str.
1(5)5(5)5 Rd re str.

Gr. S(M):
Die Arbeit misst beim RdBeginn ca. 18(19) cm.
Weiterlesen bei Teilung.

Gr. L(XL)XXL:
7. Zopfmuster
Zöpfe ohne Zunahmen str: *6 re – C – D – 6 re*.
Von * bis * wdh = 360(396)396 M.
1 Rd re str.
Wieder Zöpfe str.
1 Rd re str.
Wieder Zöpfe str.
1(5)9 Rd re str.
Die Arbeit misst am RdBeginn ca. 21(23)25 cm.

TEILUNG

49(54)55(60)60 RückenM re str – 64(72)70(78)78 M stilllegen, ohne sie zu str – 12(12)18(18)28 neue M anschl – 98(108)110(120)120 VorderteilM re str – 64(72)70(78)78 M stilllegen, ohne sie zu str – 12(12)18(18)28 neue M anschl – 49(54)55(60)60 RückenM re str.

KÖRPER

Die 220(240)256(276)296 KörperM re str, bis die Arbeit ab der Schulter 56 cm misst.

Abnahmen str: 10(9)11(10)10 re – *2 re zus – 20(18)19(21)23 re*.
Von * bis * wdh. Enden mit 2 re zus – 10(9)12(11)9 re = 210(228)244(264)284 M.

Zu Nd Nr. 3 wechseln.
6 Rd Rippen str: *1 re verschr – 1 li*.
Von * bis * wdh.
Im Rippenmuster mit re verschr M nicht zu fest abk.

ÄRMEL

Die ÄrmelM wieder auf die Nd heben.
12(12)18(18)28 neue M aus den angeschl KörperM herausstr – 1 M aus dem Übergang zu den ÄrmelM herausstr – die 64(72)70(78)78 ÄrmelM str – 1 M aus dem Übergang zu den angeschl KörperM herausstr = 78(86)90(98)108 M.
6(6)9(9)14 der neu angeschl M re str.
Eine Markierung für den RdBeginn setzen.

8(2)10(2)6 Rd re str.
Abnahmen stricken: 1 re – 2 re zus – re bis zu den letzten 3 M str – 2 re verschr zus – 1 re = 76(84)88(96)106 M.

Die Abn in jeder 7.(6.)5.(5.)4. Rd insg 17(20)21(24)27-mal str = 44(46)48(50)54 M.

Weiter str, bis der Ärmel 42(41)41(40)39 cm misst.

Zu StrumpfNd Nr. 3 wechseln.
Abnahmen str: 4(6)8(10)14 re – *2 re zus – 8 re*.
Von * bis * wdh = 40(42)44(46)50 M.

4 Rd Rippen str: *1 re verschr – 1 li*.
Von * bis * wdh.
Im Rippenmuster mit re verschr M abk.

Den zweiten Ärmel genauso str.

HALSRAND

108(120)120(132)132 M mit beiden Qualitäten und Nd Nr. 3 aus der AnschlagR des Halsausschnitts herausstr.

4 Rd Rippen str: *1 re verschr – 1 li*.
Von * bis * wdh.
Im Rippenmuster mit re verschr M abk.

FERTIGSTELLUNG

Die Fäden vernähen.
Die Ärmel im Armausschnitt an den Körper nähen.

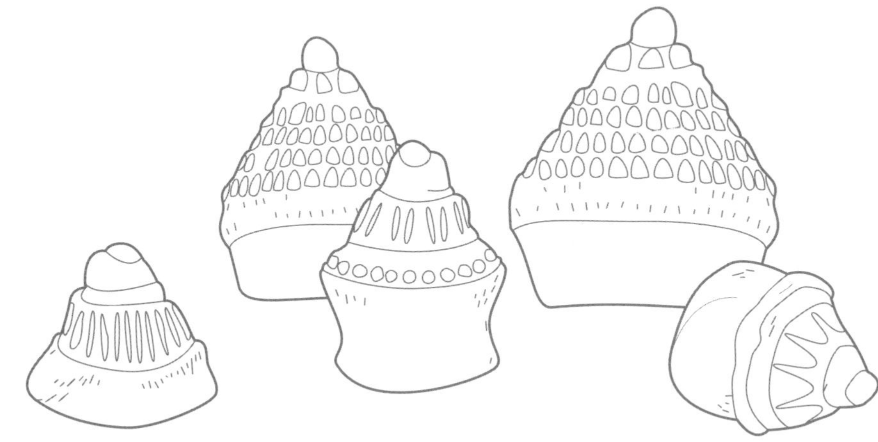

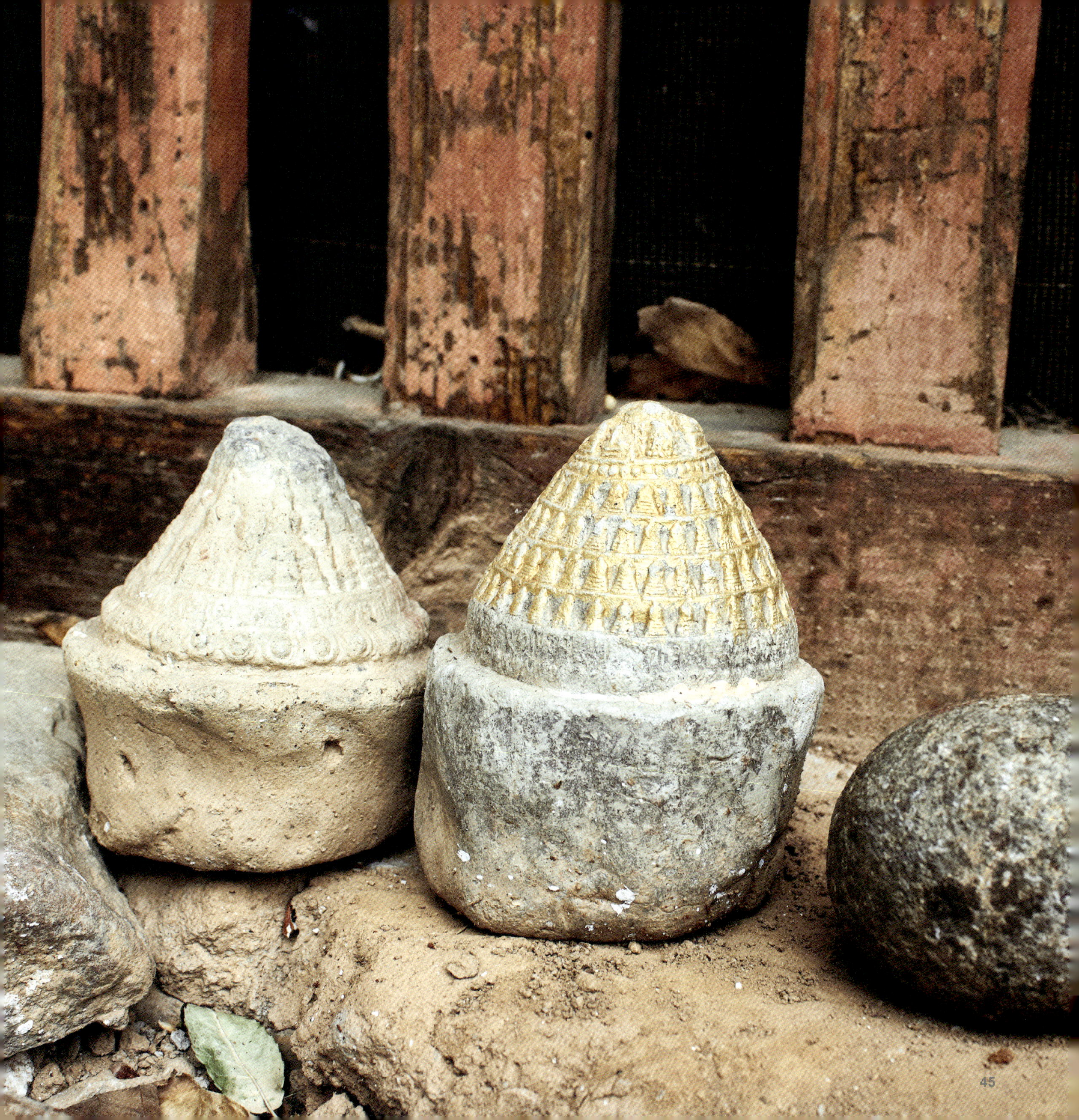

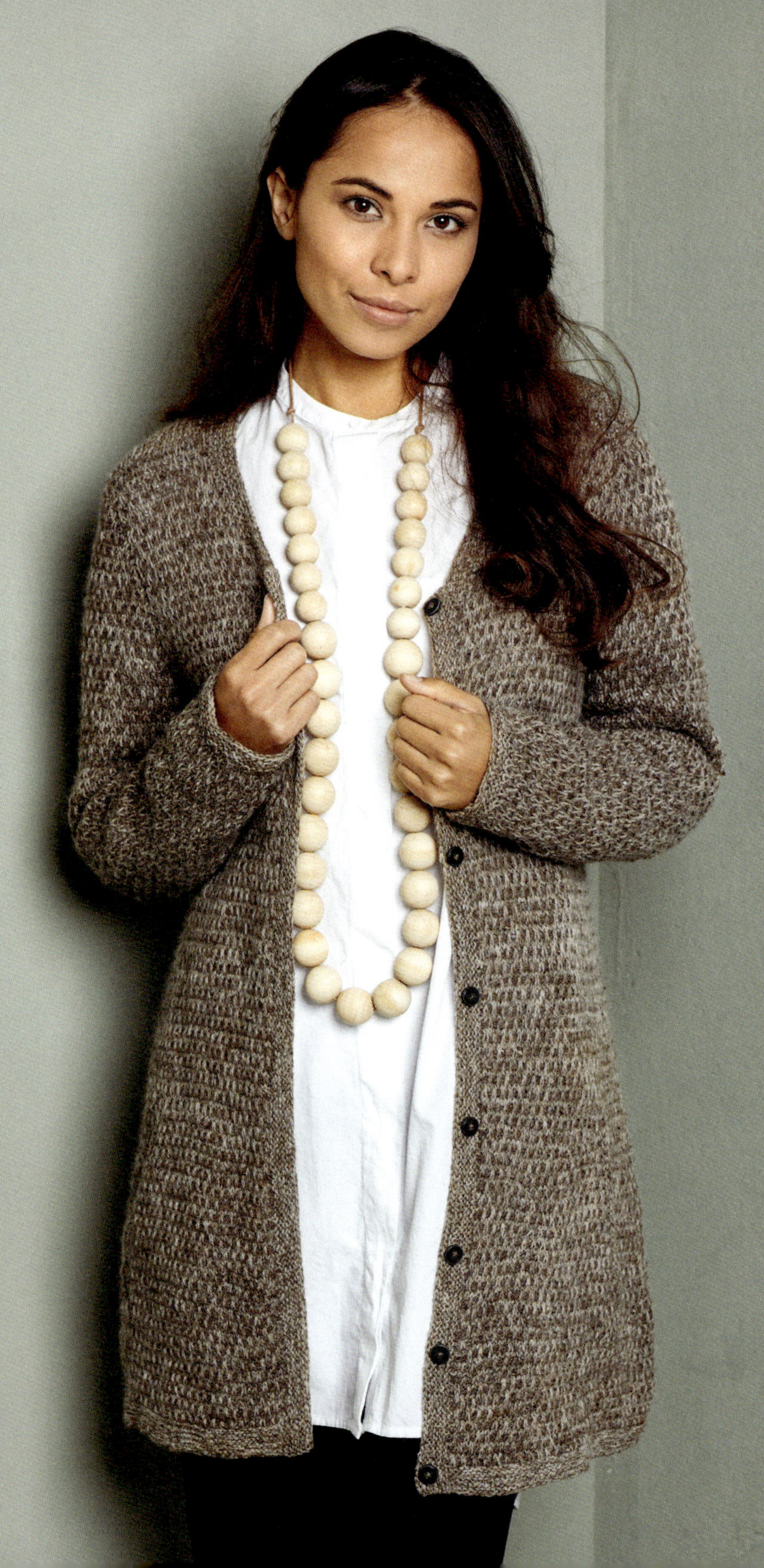

HEILIGE FELSEN

Energie ist in allem und überall. Wenn ein Felsen eine unregelmäßige Oberfläche hat, wenn er am Fuß von zwei großen Bergen liegt oder wenn er einfach auffällt – ja, ganz sicher hat er dann eine Menge Energie und ist heilig. In Verbindung mit dem Straßenbau kann man so in ein Dilemma geraten. Der Fall wird dem höchsten Mönch vorgetragen – mit ministeriellem Plan und der Anfrage, inwieweit der Weg darum herumführen soll oder ob der Felsen gesprengt werden darf ...

Wenn du nicht sicher bist, ob du die energiegeladenen Felsen erkennst, so achte einfach auf die gegossenen Tonsteine. Sie stehen zu Hunderten an den energiereichen Stellen. Sie schicken gute Gedanken an die guten Kräfte und Vorfahren.

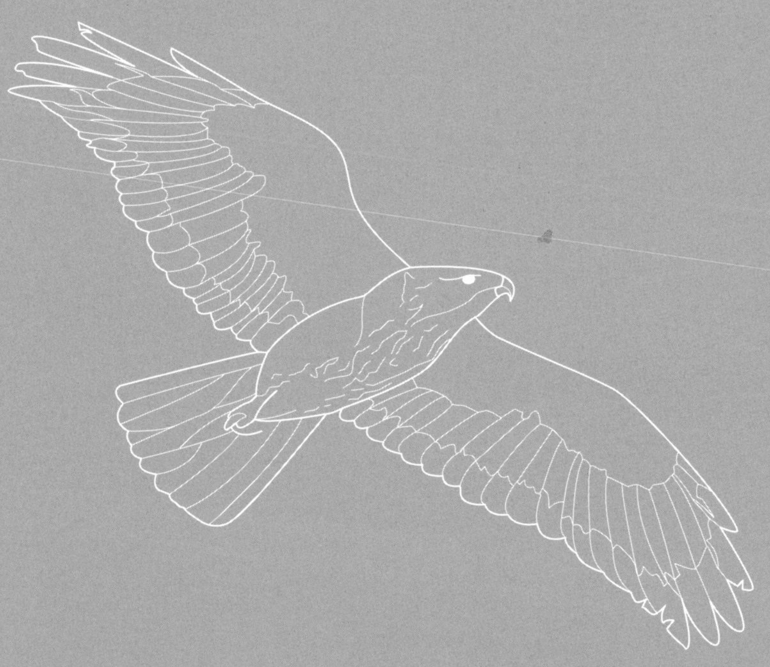

HEILIGE FELSEN

Gr.: S(M)L(XL)XXL

Halbe Oberweite: 47(51)55(59)65 cm
Länge: 77(78)78(79)79 cm
Innere Ärmellänge: 44(43)43(42)42 cm

MATERIAL

A: 200(250)250(250)250g Isager Tvinni Farbe 7s
B: 150(200)200(200)250g Isager Trio Farbe Khaki
C: 150(150)200(200)200g Isager Tweed Farbe Walnut

8 Knöpfe

Empfohlene Rundnadeln Nr. 3½ und 4

Maschenprobe glatt rechts mit Nd Nr. 4: 10 cm = 20 M und 28 R
Maschenprobe im Muster mit Nd Nr. 4: 10 cm = 21 M und 42 R

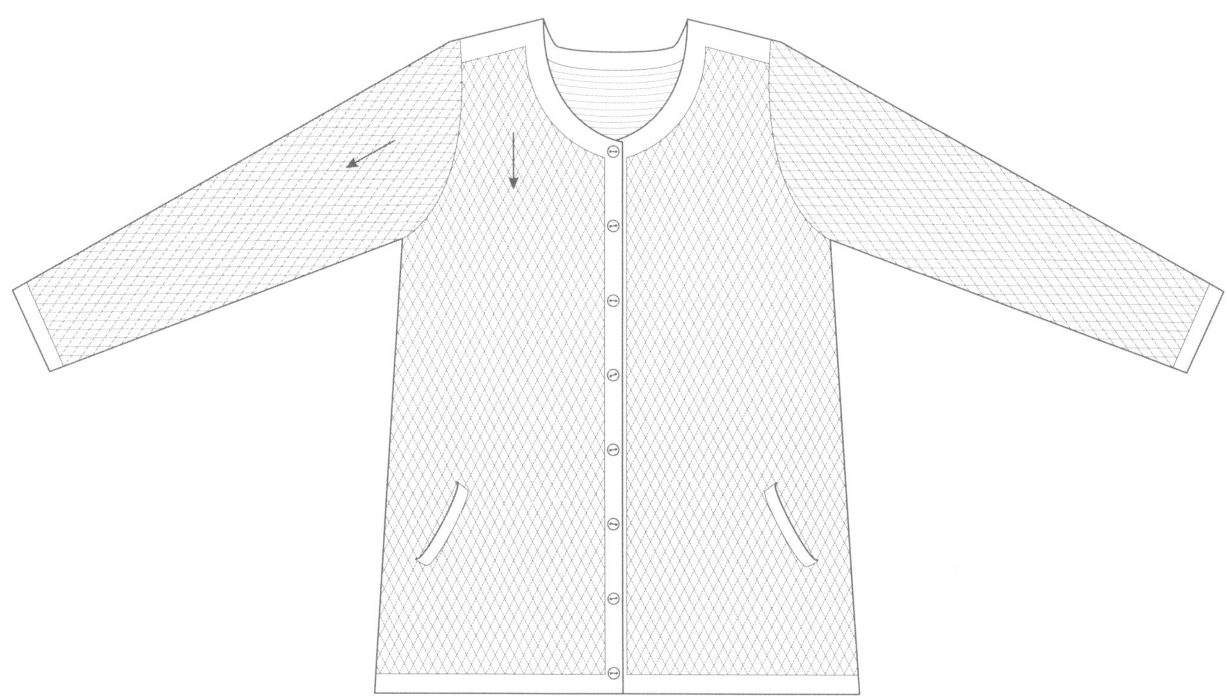

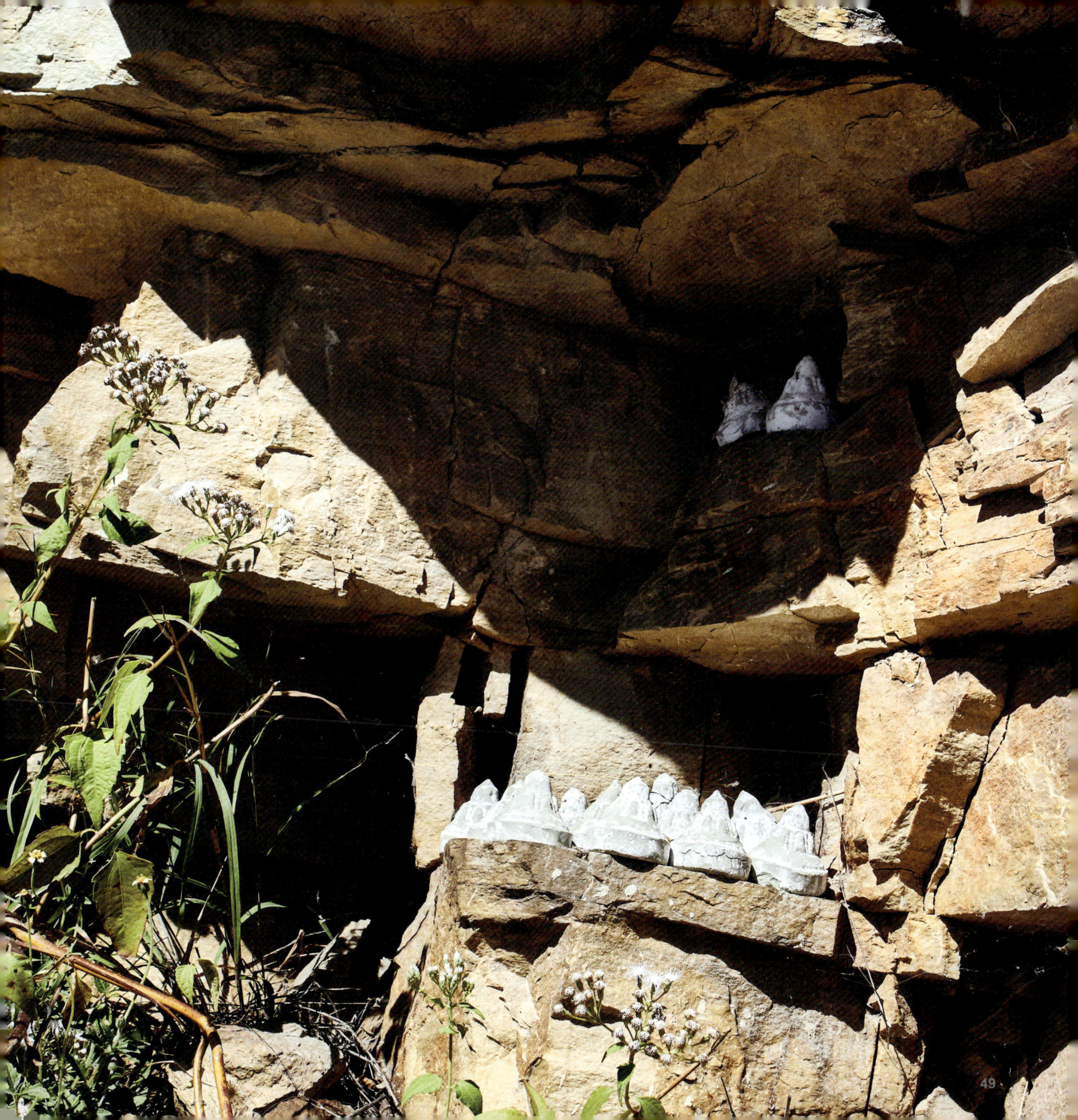

Die Jacke wird von oben nach unten gestrickt.

SCHULTER

15(17)17(19)21 M mit A + B und Nd Nr. 4 anschl.
33(33)37(37)37 R re str.
Die erste R ist eine RückR.
Die Fäden nicht abschneiden.

RECHTER ÄRMEL

Zunahmen mit A + B str.
Reihe 1 (HinR): 15(17)17(19)21 re str – am Ende der R 3 neue M anschl.
Reihe 2: 1 re – 17(19)19(21)23 li – am Ende der R 3 neue M anschl = 21(23)23(25)27 M.

Mit C str.
Reihe 3: *1 re – 1 M abh, mit dem Faden hinter der Arbeit = 1Fh*. Von * bis * wdh. Enden mit 1 re.
Reihe 4: *1 re – 1 M abh, mit dem Faden vor der Arbeit = 1Fv*. Von * bis * wdh. Enden mit 1 re.

Zunahmen mit A + B str.
Reihe 5: 21(23)23(25)27 re – 3 neue M anschl.
Reihe 6: 1 re – 23(25)25(27)29 li – 3 neue M anschl = 27(29)29(31)33 M.

Mit C str.
Reihe 7-8: wie Reihe 3-4 str.

Mit A + B str.
Reihe 9-10: am Ende der nächsten 2 R 3 neue M anschl = 33(35)35(37)39 M.

Mit C str.
Reihe 11-12: wie Reihe 3-4 str.

Alle Gr.:
Nun in allen A+B-Reihen beidseitig insg 12(13)13(14)15-mal eine Zun aus der letzten M mit 2aus1M str, dafür erst den vorderen Maschenbogen re und dann den hinteren Maschenbogen re verschr str.
Die Reihen mit C wie bisher str.
Weiter str, bis 57(61)61(65)69 M auf der Nd sind.

Danach wieder in allen A+B-Reihen beidseitig 2(2)3(3)4-mal am Ende der R 3 neue M anschl = 69(73)79(83)93 M.

Die Armkugel ist nun fertig.

Mit C str.
Reihe 1: 1 re – *1Fh – 1 re*. Von * bis * wdh.
Reihe 2: 1 re – *1Fv – 1 re*. Von * bis * wdh.

Mit A + B str.
Reihe 3-4: 2 R glatt rechts str, dabei die erste und letzte M immer re str.

Mit C str.
Reihe 5: 2 re – *1Fh – 1 re*.
Von * bis * wdh. Enden mit 1 re.
Reihe 6: 2 re – *1Fv – 1 re*.
Von * bis * wdh. Enden mit 1 re.

Mit A + B str.
Reihe 7-8: wie Reihe 3-4 str.

Reihe 1-8 wdh.
Noch einmal Reihe 1-2 str.

Abnahmen mit A + B str: 1 re – 2 re zus – re bis zu den letzten 3 M – 2 re verschr zus – 1 re = 67(71)77(81)91 M.

Die MusterR mit C wie bisher weiter str.

Die Abn in A + B-Reihen in jeder 16.(12.)12.(10.)8. R wdh, bis 49(49)53(55)55 M auf der Nd sind.

Weiter str, bis der Ärmel nach der Armkugel 42(41)41(40)40 cm misst.

Nach 2 MusterR mit C enden.
C abschneiden.

Zu Nd Nr. 3½ wechseln.
6 R re mit A + B str.
Alle M abketten.

Den linken Ärmel genauso str.

RÜCKEN

Mit Nd Nr. 4 und A + B 18(18)20(20)20 M von außen aus der kraus rechts gestrickten Schulter des linken Ärmels herausstr.
Am Anfang der Armkugel beg.
1 M aus jeder Rippe + 1 M aus dem Anschlag str.
Dann 29(31)31(33)33 neue M anschl.
18(18)20(20)20 M aus der rechten Schulter herausstr = 1 M aus der AnschlagR + 1 M aus jeder Rippe.
Es sind nun 65(67)71(73)73 M auf der Nd.

1 RückR str: 1 re – 63(65)69(71)71 li – 1 re.

Mit C str.
Reihe 1: 2 re – *1Fh – 1 re*.
Von * bis * wdh. Enden mit 1 re.
Reihe 2: 2 re – *1Fv – 1 re*.
Von * bis * wdh. Enden mit 1 re.

Mit A + B str.
Reihe 3-4: 2 R glatt str, dabei die erste und letzte M immer re str.

Mit C str.
Reihe 5: 1 re – *1Fh – 1 re*. Von * bis * wdh.
Reihe 6: 1 re – *1Fv – 1 re*. Von * bis * wdh.

Mit A + B str.
Reihe 7-8: 2 R glatt str, dabei die erste und letzte M immer re str.

Das Muster fortsetzen, bis insg 10 C-Streifen gestr sind.

Im Muster weiter str.
Zun mit 2aus1M aus der letzten M beider A+B-Reihen str.
An beiden Seiten insg 7 Zun str =

79(81)85(87)87 M.
Danach insg 2(3)3(4)6-mal am Ende beider A + B–Reihen 3 neue M anschl = 91(99)103(111)123 M.

Enden mit 2 MusterR in C.

Der Rücken misst ab den Schultern ca. 17(19)19(20)22 cm.
Die Fäden abschneiden und die M stilllegen.

RECHTES VORDERTEIL

Mit Nd Nr. 4 und A + B von außen 18(18)20(20)20 M aus der kraus gestrickten Schulter des rechten Ärmels herausstr.
Am Anfang der Armkugel beg.
1 M aus jeder Rippe + 1 M aus dem Anschlag str.

1 RückR str: 1 re – 16(16)18(18)18 li – 1 re.

Mit C str.
Reihe 1: 2 re – *1Fh – 1 re*. Von * bis * wdh.
Reihe 2: *1 re – 1Fv*. Von * bis * wdh. Enden mit 2 re.

Mit A + B str.
Reihe 3-4: 2 R glatt str, dabei die erste und letzte M immer re str.

Mit C str.
Reihe 5: *1 re – 1Fh*. Von * bis * wdh. Enden mit 2 re.
Reihe 6: 2 re – *1Fv – 1 re*. Von * bis * wdh.

Mit A str:
Reihe 7-8: 2 R glatt str, dabei die erste und letzte M immer re str.

Reihe 1-2 wdh.

2 A + B-Reihen glatt rechts und mit Zun für den Halsausschnitt str, dafür in der letzten M der HinR 2aus1M zun = 19(19)21(21)21 M.

Das Muster mit den Zun in der ersten A + B-Reihe fortsetzen, bis insg 7 Zun gestr sind = 25(25)27(27)27 M.
Das Muster fortsetzen, aber nun Zun für den Hals- **und** Armausschnitt str: am Ende der ersten A + B-Reihe 2 neue M anschl. Aus der letzten M der zweiten A + B-Reihe 2aus1M str.

Auf diese Weise insg 3(4)4(3)3-mal zun = 34(37)39(36)36 M.

Gr. (XL)XXL:
Am Ende der ersten A + B-Reihe 3 neue M anschl. Weiterhin aus der letzten M der zweiten A + B-Reihe 2aus1M str = (40)40 M.

Alle Gr.:
Ab hier keine weiteren M am Halsausschnitt anschl.
Noch 4(3)3(3)3-mal am Ende der ersten A + B-Reihe 2aus1M str = 38(40)42(43)43 M.

Danach am Ende der zweiten A + B-Reihe insg 2(3)3(4)6-mal 3 neue M anschl = 44(49)51(55)61 M.

Enden mit 2 MusterR mit C.
Die Fäden abschneiden und die M stilllegen.

LINKES VORDERTEIL

Mit Nd Nr. 4 und A + B von außen 18(18)20(20)20 M aus der kraus gestrickten Schulter des linken Ärmels heraus str.
Am Schulteranschlag beg.
1 M aus der AnschlagR + 1 M aus jeder Rippe.

RückR str: 1 re – 16(16)18(18)18 li – 1 re.

Mit C str.
Reihe 1: *1 re –1Fh*. Von * bis * wdh. Enden mit 2 re.
Reihe 2: 2 re – *1Fv – 1 re*. Von * bis * wdh.

Das Muster fortsetzen, bis insg 3 Musterstreifen mit C gestr sind.

2 R glatt mit A + B und Zunahmen str:
In der RückR aus der letzten M mit 2aus1M zun = 19(19)21(21)21 M.
Das Muster mit Zun in jeder zweiten A + B-Reihe fortsetzen, bis insg 7 Zun gestr sind = 25(25)27(27)27 M.

Das Muster fortsetzen, aber nun Zun für den Hals- **und** Armausschnitt str: Am Ende der ersten A + B-Reihe 2aus1M str. Am Ende der zweiten A + B-Reihe 2 neue M anschl.

Auf diese Weise insg 3(4)4(3)3-mal zun = 34(37)39(36)36 M.

Gr. (XL)XXL:
Weiterhin aus der letzten M der ersten A + B-Reihe 2aus1M str, aber nun am Ende der ersten A + B-Reihe 3 neue M anschl. = (40)40 M.

Alle Gr.:
Ab hier keine weiteren M am Halsausschnitt anschl.
Noch 4(3)3(3)3-mal am Ende der ersten A + B-Reihe 2aus1M M str = 38(40)42(43)43 M.

Danach am Ende der ersten A + B-Reihe insg 2(3)3(4)6-mal 3 neue M anschl = 44(49)51(55)61 M.

Enden mit 2 MusterR mit C.

KÖRPER

Nun in der HinR mit A + B alle Strickteile zusammenfügen.
44(49)51(55)61 re über das linke Vorderteil str – 9(9)13(13)13 neue M anschl – 91(99)103(111)123 re über den Rücken str – 9(9)13(13)13 neue M anschl – 44(49)51(55)61 re über das rechte Vorderteil str = 197(215)231(247)271 M.

Das Muster fortsetzen, bis ab den Armausschnitten insg 11 C-Streifen gestr sind.
1 R re mit A + B str.

1. Zunahme an der Seite (RückR):
1 re – 47(52)56(60)66 li – 1 neue li str, dafür den Querfaden vor der nächsten M verdreht auf die li Nd heben und li str – 1 li – 1 neue li – 99(107)115(123)135 li – 1 neue li – 1 li – 1 neue li – 47(52)56(60)66 li – 1 re = 201(219)235(251)275 M.

23(23)23(23)19 R im Muster str.
2. Zunahme an der Seite + 1. Zunahme am Rücken (RückR): 1 re – 48(53)57(61)67 li – 1 neue li – 1 li – 1 neue li – 37(41)45(49)55 li – 1 neue li – 1 li – 1 neue li – 25 li – 1 neue li – 1 li – 1 neue li – 37(41)45(49)55 li – 1 neue li – 1 li – 1 neue li – 48(53)57(61)67 li – 1 re = 209(227)243(259)283 M.

23(23)23(23)19 R im Muster str.
3. Zunahme an der Seite + 2. Zunahme am Rücken (RückR): 1 re – 49(54)58(62)68 li – 1 neue li – 1 li – 1 neue li – 39(43)47(51)57 li – 1 neue li – 1 li – 1 neue li – 27 li – 1 neue li – 1 li – 1 neue li – 39(43)47(51)57 li – 1 neue li – 1 li – 1 neue li – 49(54)58(62)68 li – 1 re = 217(235)251(267)291 M.

23(23)23(19)19 R im Muster str.
4. Zunahme an der Seite + 3. Zunahme am Rücken (RückR): 1 re – 50(55)59(63)69 li – 1 neue li – 1 li – 1 neue li – 41(45)49(53)59 li – 1 neue li – 1 li – 1 neue li – 29 li – 1 neue li – 1 li – 1 neue li – 41(45)49(53)59 li – 1 neue li – 1 li – 1 neue li – 50(55)59(63)69 li – 1 re = 225(243)259(275)299 M.

2 MusterR mit C str.

LINKE TASCHE

Mit A + B str.
Reihe 1 (HinR): 31(36)40(45)49 re – 2aus1M str. Die Arbeit wenden.
Reihe 2: 1 re – 31(36)40(45)49 li – 1 re.

Mit C str.
Reihe 3: 32(37)41(46)50 M im Muster str – 1 re. Wenden.
Reihe 4: 33(38)42(47)51 M im Muster str. Die erste und letzte M re str.

Nur über diese ersten M weiter str:
2 R glatt re mit A + B und Zun in der letzten M der HinR str.
2 MusterR mit C str.
Diese 4 R insg 11-mal str = 43(48)52(57)61 M.
Die Fäden abschneiden.
Diese 43(48)52(57)61 M stilllegen.

RECHTE TASCHE

Die Maschen von der linken auf die rechte Nd heben (ohne sie zu str), sodass nur noch die letzten 32(37)41(46)50 M des rechten Vorderteils auf der linken Nd sind.
Das Stricken der rechten Tasche beg dann in der HinR.

Mit A + B str.
Reihe 1 (HinR): 32(37)41(46)50 re. Wenden
Reihe 2: 1 re – 30(35)39(44)48 li – 2aus1M.

Mit C str.
Reihe 3: 33(38)42(47)51 M im Muster über das rechte Vorderteil str. Die erste und letzte M re str. Wenden.
Reihe 4: 33(38)42(47)51 M im Muster str.

Nur über diese letzten M weiter str:
2 R glatt re mit A + B und Zun in der letzten M der RückR str.
2 MusterR mit C str.
Diese 4 R insg 11-mal str = 43(48)52(57)61 M.
Die Fäden abschneiden.
Diese 43(48)52(57)61 M stilllegen.

ZWISCHEN DEN TASCHEN

20 neue M mit A + B anschl – weiter über die 161(169)177(183)199 KörperM re str (HinR) – 20 neue M anschl = 201(209)217(223)239 M.
1 re – 199(207)215(221)237 li – 1 re str.

Mit C im Muster str.
Reihe 1: 2re(1re)1re(2re)2re – *1Fv – 1 re*. Von * bis * wdh. Enden mit 1re(0re)0re(1re)1re.
Achte darauf, das Muster einzuhalten.

Nach der letzten Zun noch 23(23)19(19)19 R im Muster str.
5. Zunahme str (RückR): 1 re – 39 li – 1 neue li – 1 li – 1 neue li – 119(127)135(141)157 li – 1 neue li – 1 li – 1 neue li – 39 li – 1 re = 205(213)221(227)243 M.

19 R im Muster str.
6. Zunahme str (RückR): 1 re – 40 li – 1 neue li – 1 li – 1 neue li – 121(129)137(143)159 li – 1 neue li – 1 li – 1 neue li – 40 li – 1 re = 209(217)225(231)247 M.

2(2)6(6)6 R im Muster str.

Den linken Taschenbeutel str:
Mit A + B str.
Reihe 1: 31 re str. Wenden.
Reihe 2: 1 re – 29 li – 1 re.

Insg 30 R im Muster über diese 31 M str.
In der nächsten HinR mit A + B abk.
Die Fäden abschneiden.

Die Maschen von der linken auf die rechte Nd heben, sodass nur noch die letzten 31 M auf der li Nd sind.
Das Stricken der rechten Tasche kann dann in der HinR beg.
Insg 30 R im Muster über die letzten 31 M der Reihe str.
In der nächsten HinR mit A + B abk.
Die Fäden abschneiden.

Wieder über alle M str.
Die M der rechten und linken Tasche wieder mit str.
In der HinR außen am linken Vorderteil beg und 43(48)52(57)61 re str – weiter über 147(155)163(169)185 KörperM re str –

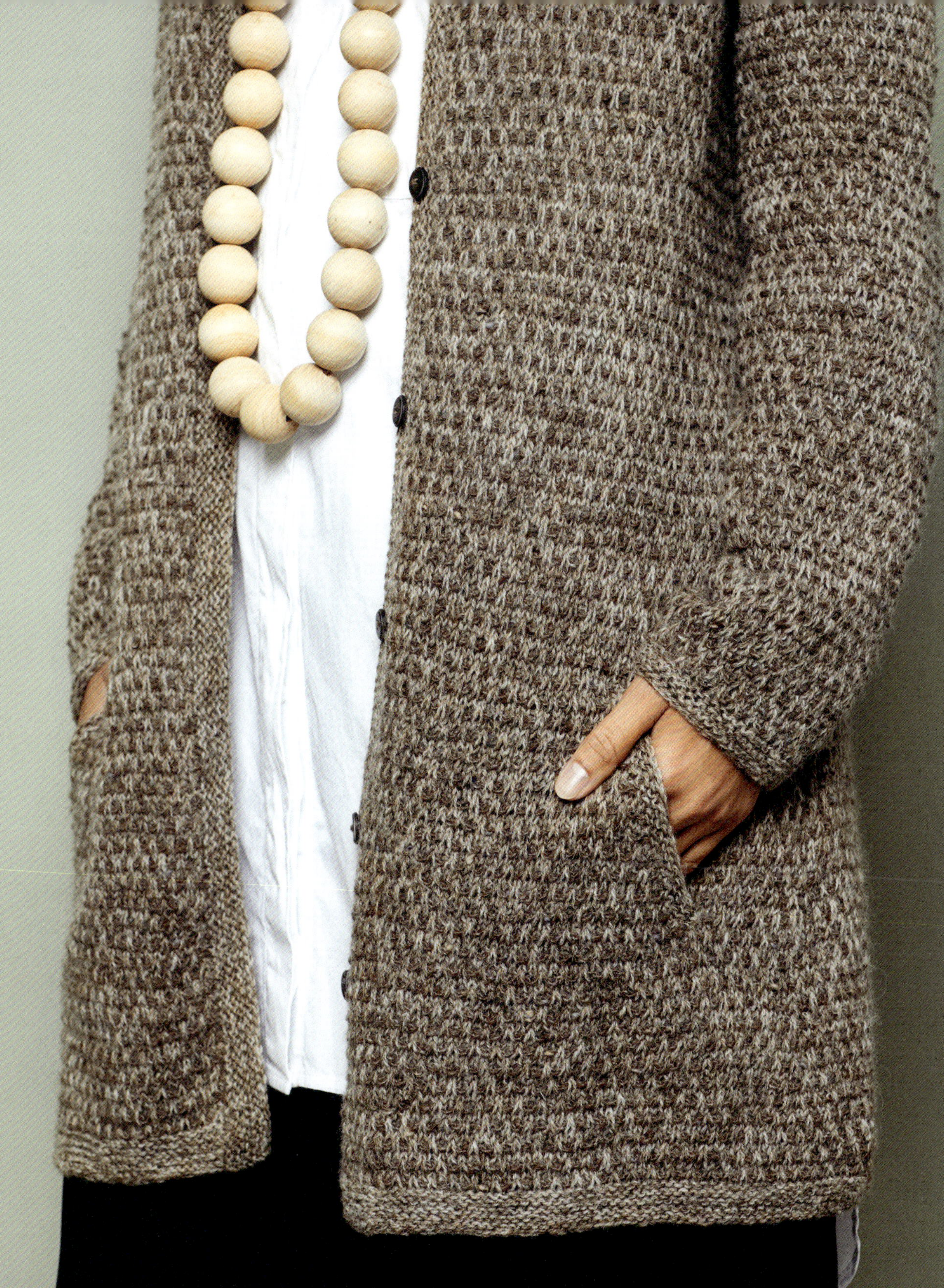

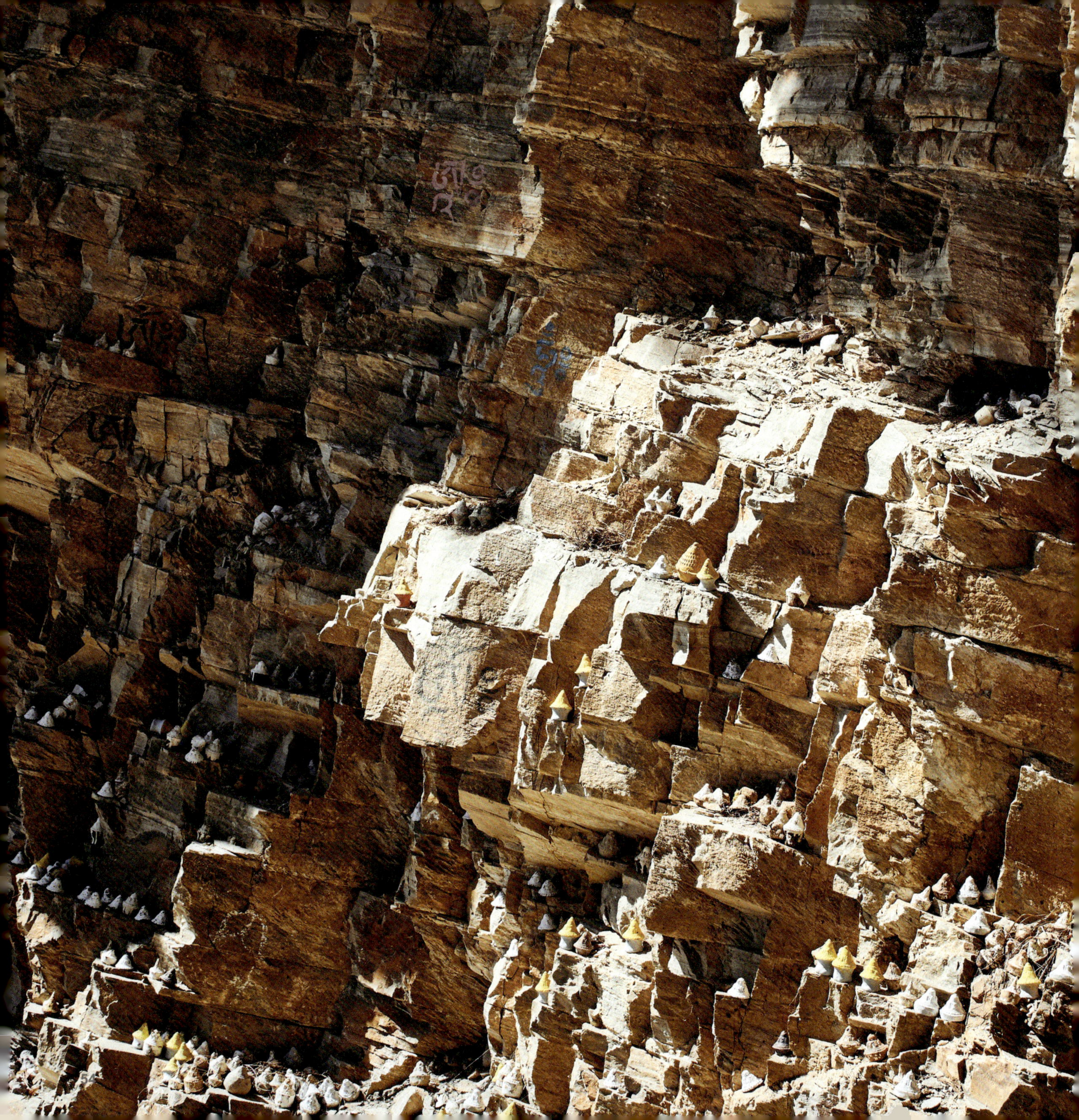

43(48)52(57)61 re über das rechte Vorderteil str = 233(251)267(283)307 M.

16(16)12(12)12 R im Muster str.
7. Zunahme str (RückR):
1 re – 53(58)62(67)73 li – 1 neue li – 1 li – 1 neue li – 123(131)139(145)157 li – 1 neue li – 1 li – 1 neue li – 53(58)62(67)73 li – 1 re = 237(255)271(287)311 M.

19 R im Muster str.
8. Zunahme str (RückR):
1 re – 54(59)63(68)74 li – 1 neue li – 1 li – 1 neue li – 125(133)141(147)159 li – 1 neue li – 1 li – 1 neue li – 54(59)63(68)74 li – 1 re = 241(259)275(291)315 M.

16(18)22(24)24 R im Muster str.
C abschneiden.

Zu Nd Nr. 3½ wechseln.
10 R re mit A + B str.
Alle M in der HinR abk.

HALSRAND

Von außen neue M mit A + B und Nd Nr. 3½ aus dem Halsausschnitt herausstr:
28(30)30(32)32 M aus dem rechten Vorderteil str – 15(17)17(19)19 M aus dem Schulteranschlag str – 29(31)31(33)33 M aus dem Nacken str – 15(17)17(19)19 M aus dem Schulteranschlag str – 28(30)30(32)32 M aus dem linken Vorderteil str = 115(125)125(135)135 M.

9 R re str.
Alle M in der HinR abk.

LINKER VORDERRAND

Von außen neue M mit A + B und Nd Nr. 3½ herausstr:
6 M aus dem Halsrand str. Danach am vorderen Rand immer 1 M aus 2 R str. 7 M aus dem unteren Rand str.
Es sind insg 135 M auf der Nd.

9 R re str.
Alle M in der HinR abk.

RECHTER VORDERRAND

Von außen neue M mit A + B und Nd Nr. 3½ herausstr:
7 M aus dem unteren Rand herausstr.
Danach immer 1 M aus 2 R str. 6 M aus dem Halsrand herausstr.
Es sind insg 137 M auf der Nd.

4 R re str.
Knopflöcher str (RückR): 2 re – *2 re zus – 2 neue M anschl – 2 re verschr zus – 14 re*.
Von * bis * wdh. Enden mit 2 re zus – 2 neue M anschl – 2 re verschr zus – 3 re.
Es sind nun 8 Knopflöcher gestr.

4 R re str.
Alle M in der HinR abk.

TASCHENRÄNDER

Von außen 23 neue M mit A + B und Nd Nr. 3½ aus dem schrägen Taschenrand herausstr.

3 R re str.
Alle M in der nächsten HinR abk.

An der anderen Tasche wdh.

FERTIGSTELLUNG

Vor dem Einnähen die Ärmel mit Nadeln in die Armausschnitte heften. Die Ärmel von außen einnähen.
Die Taschenbeutel an die Jackeninnenseite nähen.
Die Enden der Taschenränder an der Außenseite festnähen.
Die Fäden vernähen und die Knöpfe annähen.

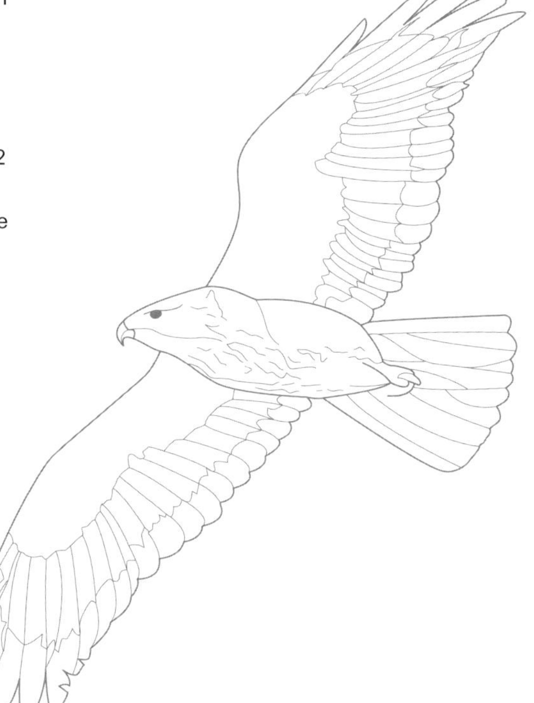

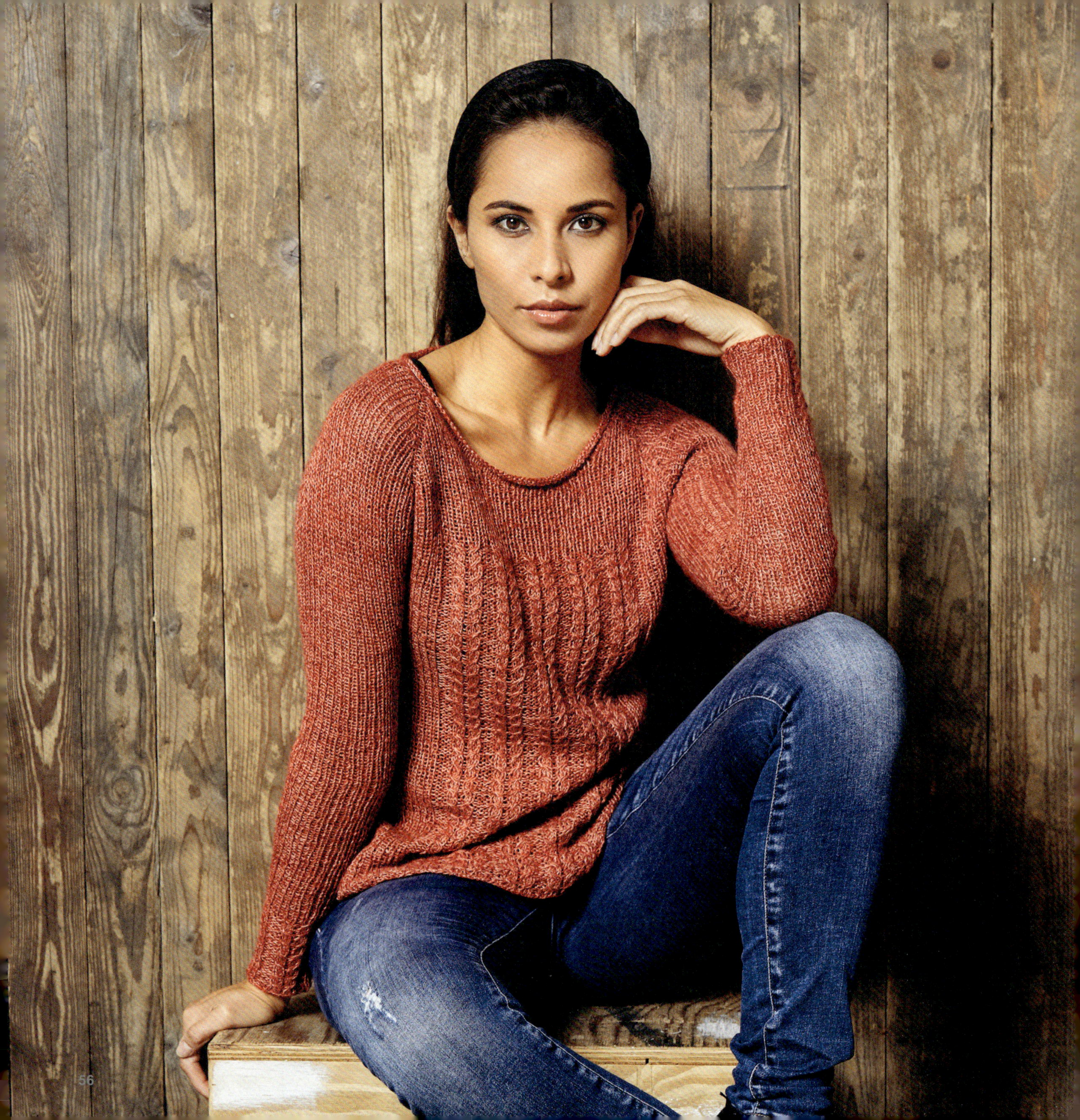

CHILI

Das Nationalgericht von Bhutan ist Chili in Käsesauce: Amma Datsi. Und ich sage euch: Das ist nichts für zarte Seelen. Jeder, der einen eigenen Garten hat, pflanzt Chili an. Er ist in der bhutanischen Küche absolut unentbehrlich. Zum Glück werden viele kleine Gerichte serviert, sodass man selbst dosieren und kombinieren kann, wie viel Chili man auf seinem Teller haben möchte. Wenn der Chili geerntet ist, muss er getrocknet werden. Hat man große Mengen, ist das ganze Dach voll. Sind es kleinere Mengen, hängt der Chili zum Trocknen an Schnüren aus den Fenstern.

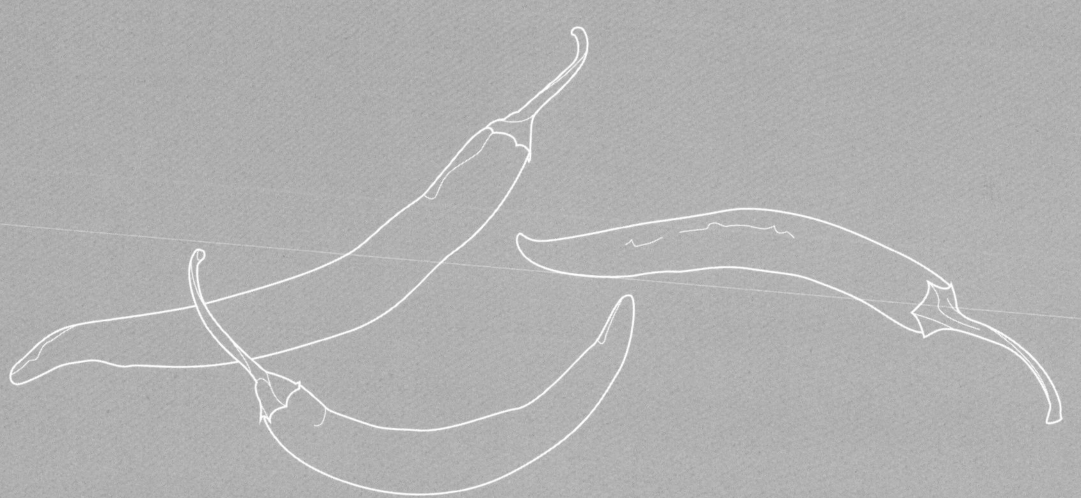

CHILI

Gr.: S(M)L(XL)XXL

Halbe Oberweite: 47(51)55(59)64 cm
Gesamtlänge: 56 cm
Ärmellänge: 44(43)42(41)40 cm

MATERIAL

150(150)150(200)200g Isager Alpaca 1 Farbe 21
150(150)200(200)200g Isager Trio Farbe Blush
Mit je 1 Faden beider Qualitäten stricken

Empfohlene Rund- und Strumpfnadeln Nr. 3½ + Rundnadel Nr. 3

Maschenprobe glatt rechts mit Nd Nr. 3½: 10 cm = 24 M und 32 R

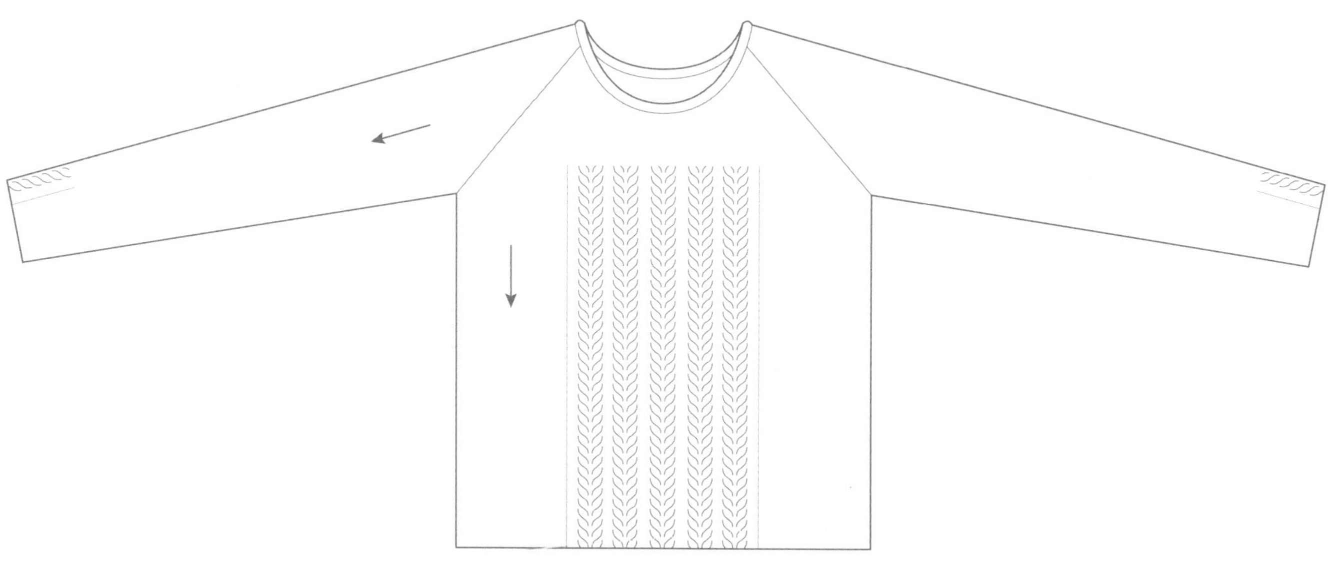

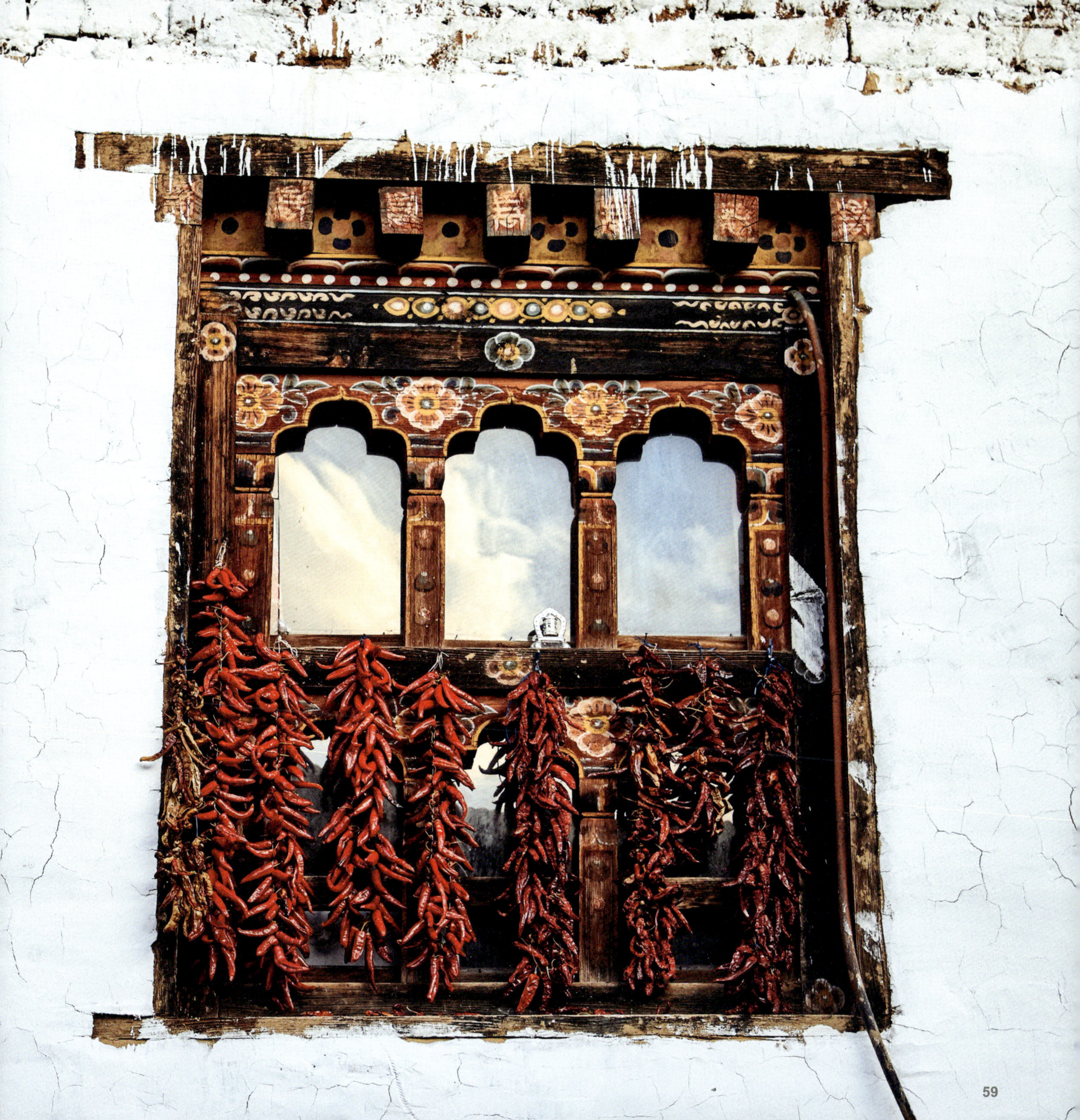

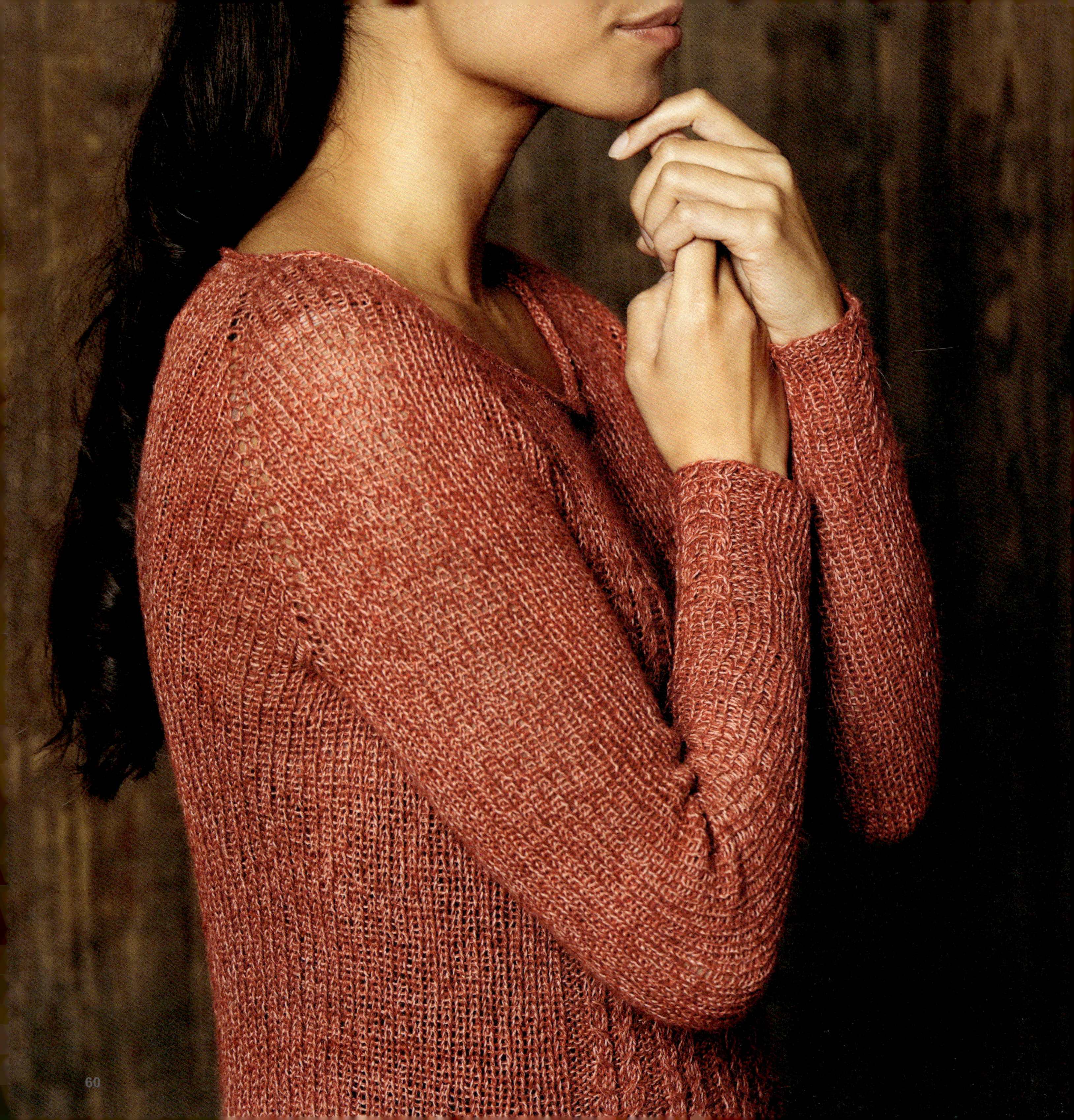

Zopf: 1 M auf eine HilfsNd vor die Arbeit setzen – 2 re – die M der HilfsNd re str – 1 li – 2 M auf eine HilfsNd hinter die Arbeit setzen – 1 re – die 2 M der HilfsNd re str.

RAGLANPASSE

71(75)79(83)83 M mit Nd Nr. 3½ und beiden Qualitäten anschl.

Reihe 1 (RückR):
2 re – *1 li – 1 re*. Von * bis * wdh. Enden mit 1 re.

Reihe 2:
Vorderteil: 2aus1M str, dafür erst 1 M aus dem vorderen, dann 1 M aus dem hinteren Maschenschenkel str.
Raglan: U – 1 li – U.
Ärmel: *1 re – 1 li*.
Von * bis * insg 5-mal str – 1 re = 11 M.
Raglan: U – 1 li – U.
Rücken: *1 re – 1 li*. Von * bis * insg 21(23)25(27)27-mal str – 1 re = 43(47)51(55)55 M.
Raglan: U – 1 li – U.
Ärmel: *1 re – 1 li*.
Von * bis * insg 5-mal str – 1 re = 11 M.
Raglan: U – 1 li – U.
Vorderteil: 2aus1M str.

Reihe 3:
Vorderteil: 1 re – 1 li.
Raglan: den U re verschr str – 1 re, diese M markieren – U re verschr str.
Ärmel: *1 li – 1 re*.
Von * bis * insg 5-mal str – 1 li.
Raglan: U re verschr str – 1 re, diese M markieren – U re verschr str.
Rücken: *1 li – 1 re*.
Von * bis * insg 21(23)25(27)27-mal str – 1 li.
Raglan: U re verschr str – 1 re, diese M markieren – U re verschr str.
Ärmel: *1 li – 1 re*.
Von * bis * insg 5-mal str – 1 li.
Raglan: U re verschr str – 1 re, diese M markieren – U re verschr str.
Vorderteil: 1 li – 1 re
Es sind insg 81(85)89(93)93 M auf der Nd.

Reihe 4:
2aus1M – 1 re – 1 li – U – 1 li – U – Rippen bis zur markierten M str – U – 1 li – U – Rippen bis zur markierten M str – U – 1 li – U – Rippen bis zur markierten M str – U – 1 li – U – 1 li – 1 re – 2aus1M.

Die erste und letzte M in allen R re str.
Reihe 5 (RückR):
Rippen str – U li verschr str – die markierte M re str = 91(95)99(103)103 M.

Reihe 6:
2aus1M – weiter in Rippen – vor und nach der markierten M Umschläge str, die markierten M li str – Rippen bis zur letzten M str - 2aus1M.

Die U abwechselnd re und li verschr str.
Die markierten M in den HinR li und in den RückR re str.

Reihe 5-6 insg.3-mal str.
Noch einmal Reihe 5 str = 121(125)129(133)133 M.
Es sind insg 5 ZunahmeR gestrickt.

Ab hier keine weiteren Zun am Anfang und Ende der HinR str.
Die Zun (= Umschläge) an den markierten M wie bisher weiter str. Gleichzeitig am Ende jeder R nun 3 neue M anschl.
An jeder Seite insg 2(3)3(4)4-mal 3 neue M anschl = 149(167)171(189)189 M.
Die letzte R ist eine RückR.
Die Fäden abschneiden.

In der HinR die ersten 45(51)51(57)57 M auf die rechte Nd heben, ohne sie zu str.
Eine Markierung direkt vor die markierte M setzen. Hier ist der neue RdBeginn.

Runde 1: *1 li – U – 57(63)67(73)73 RückenM in Rippen str – U – 1 li – U – 25(27)27(29)29 ÄrmelM (rechter Ärmel) in Rippen str – U – 1 li – U – die 19(23)23(27)27 M des rechten Vorderteils in Rippen str - 19(17)21(19)19 neue M anschl, die Arbeit zur Runde schließen und weiter über die 19(23)23(27)27 M des linken Vorderteils in Rippen str – U – 1 li – U – die 25(27)27(29)29 ÄrmelM (linker Ärmel) in Rippen str – U = 176(192)200(216)216 M.

In Runden weiter str.
Runde 2: *1 li – den U abhängig von dem Rippenmuster re oder li verschr str – in Rippen bis zum U str – den U re oder li verschr str*.
Von * bis * insg 4-mal str.
Runde 3: *1 li – U – Rippen bis zur markierten M str – U*.
Von * bis * insg 4-mal str.

Runde 2-3 insg 12-mal str = 272(288)296(312)312 M.
Noch einmal Runde 2 str.
Es sind insg 20(21)21(22)22 RaglanZun gestr.

Nun am Rücken und Vorderteil das Zopfmuster über den mittleren 53 M beg.
Runde 1: 1 li – U – 15(18)20(23)23 M in Rippen – *3 li – 3 re – 1 li – 3 re*.
Von * bis * insg 5-mal str.
3 li str – 15(18)20(23)23 M in Rippen – U – 1 li – U – 51(53)53(55)55 M in Rippen – U.
Das Ganze über das Vorderteil und den linken Ärmel noch einmal str.

Runde 2: 1 li – 1 M verschr – 15(18)20(23)23 M in Rippen – *3 li – Zopf*.
Von * bis * insg 5-mal str. 3 li – 15(18)20(23)23 M in Rippen – 1 M verschr – 1 li – 1 M verschr – 51(53)53(55)55 M in Rippen – 1 M verschr.
Das Ganze noch einmal str.

Die RaglanZun wie bisher weiter str.
Das Muster am Rücken und Vorderteil über die mittleren 53 M str: Die Zöpfe in jeder 4. Rd wdh.
Das Muster fortsetzen, bis weitere

8(9)11(12)14 RaglanZun gestrickt sind = 336(360)384(408)424 M.

Die Arbeit misst ca. 18(19)20(21)23 cm.

TEILUNG

Das Muster weiter str.
Die M auf Ärmel und Körper verteilen: 101(109)117(125)129 RückenM str – die nächsten 67(71)75(79)83 ÄrmelM stilllegen, ohne sie zu str – 11(13)15(17)25 neue M anschl – 101(109)117(125)129 VorderteilM str – die nächsten 67(71)75(79)83 ÄrmelM stilllegen, ohne sie zu str – 11(13)15(17)25 neue M anschl.

KÖRPER

Im Muster über die 224(244)264(284)308 KörperM str, bis die Arbeit ab Schulter ca. 56 cm misst.
Nach einer ZopfRd noch 1 Rd str.

Alle M im Muster abketten.

ÄRMEL

Die ÄrmelM auf StrumpfNd Nr. 3½ heben.
Unter den Ärmeln 11(13)15(17)25 neue M aus den angeschlagenen KörperM herausstr – 1 M aus dem Übergang zu den ÄrmelM str – die 67(71)75(79)83 ÄrmelM in Rippen str – 1 M aus dem Übergang zu den neuen M str = 80(86)92(98)110 M.

6(7)8(9)13 M str = die Mitte unter dem Ärmel. Hier eine Markierung für den neuen RdBeginn setzen.
8(8)10(6)10 Rd Rippen str.

Gr. S:
1. Abnahme: 2 li zus – Rippen bis zu den letzten 3 M str – 2 li zus – 1 re = 78 M.
6 Rd Rippen str.
2. Abnahme: 2 re zus – Rippen bis zu den letzten 3 M str – 2 re verschr zus – 1 li = 76 M.
6 Rd Rippen str.
Die Abn in jeder 7. Rd wdh.

Gr. (M):
1. Abnahme: 2 re zus – Rippen bis zu den letzten 3 M str – 2 re zus – 1 li = 84 M.
5 Rd Rippen str.
2. Abnahme: 2 li zus – Rippen bis zu den letzten 3 M str – 2 li zus – 1 re = 82 M.
5 Rd Rippen str.
Die Abn in jeder 6. Rd wdh.

Gr. L:
1. Abnahme: 2 li zus – Rippen bis zu den letzten 3 M str – 2 li zus – 1 re = 90 M.
4 Rd Rippen str.
2. Abnahme: 2 li zus – Rippen bis zu den letzten 3 M str – 2 li zus – 1 li = 88 M.
4 Rd Rippen str.
Die Abn in jeder 5. Rd wdh.

Gr. (XL)XXL:
1. Abnahme: 2 re zus – Rippen bis zu den letzten 3 M str – 2 re zus – 1 li = (96)108 M.
4 (3) Rd Rippen str.
2. Abnahme: 2 li zus – Rippen bis zu den letzten 3 M str – 2 li zus – 1 re = (94)106 M.
4 (3) Rd Rippen str.
Die Abn in jeder (5.)4. Rd wdh.

Wenn der Ärmel 37(36)35(34)33 cm misst, die „mittleren" 13 M markieren. Da die Ärmel eine gerade Maschenanzahl haben, soll die „mittlerste" linke M ausgezählt werden. An beiden Seiten davon 6 M markieren.
Rippen bis zu den markierten M str – 3 li – 3 re – 1 li – 3 re – 3 li – Rippen bis zum RdEnde str.

In der nächsten Rd über den markierten M Zöpfe wie am Körper str.
Die Zöpfe in jeder 4. Rd wdh.
Die Abn wie bisher fortsetzen, bis 44(46)46(50)54 M auf der Nd sind.

Weiter str, bis der Ärmel ca. 44(43)42(41)40 cm misst.
Nach einer ZopfRd noch 1 Rd str.
Alle M im Muster abketten.

Den zweiten Ärmel genauso str.

HALSRAND

Mit beiden Qualitäten und Nd Nr. 3 str.
Am Übergang zw rechtem Ärmel und Rücken beg: Aus jeder Rücken- und ÄrmelM 1 M herausstr – 15(18)18(21)21 M aus der linken Vorderteilseite str – 19(17)21(19)19 M aus den angeschl M in der Mitte str – 15(18)18(21)21 M aus der rechten Vorderteilseite str – aus jeder ÄrmelM 1 M str = 118(126)134(142)142 M.

5 Rd re str.
Alle M re abketten.
Den Rand einrollen lassen.

FERTIGSTELLUNG

Die Fäden vernähen.

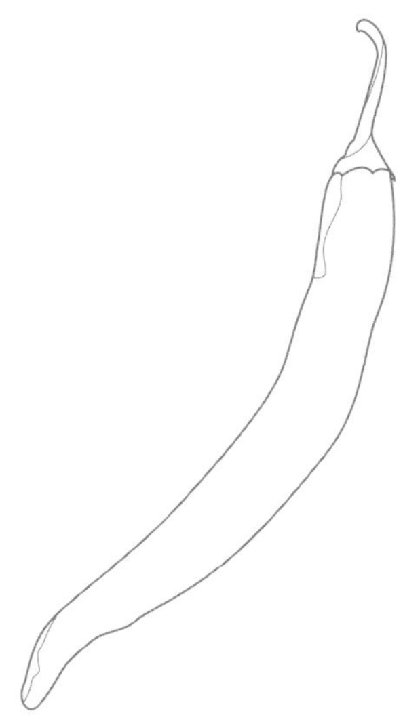

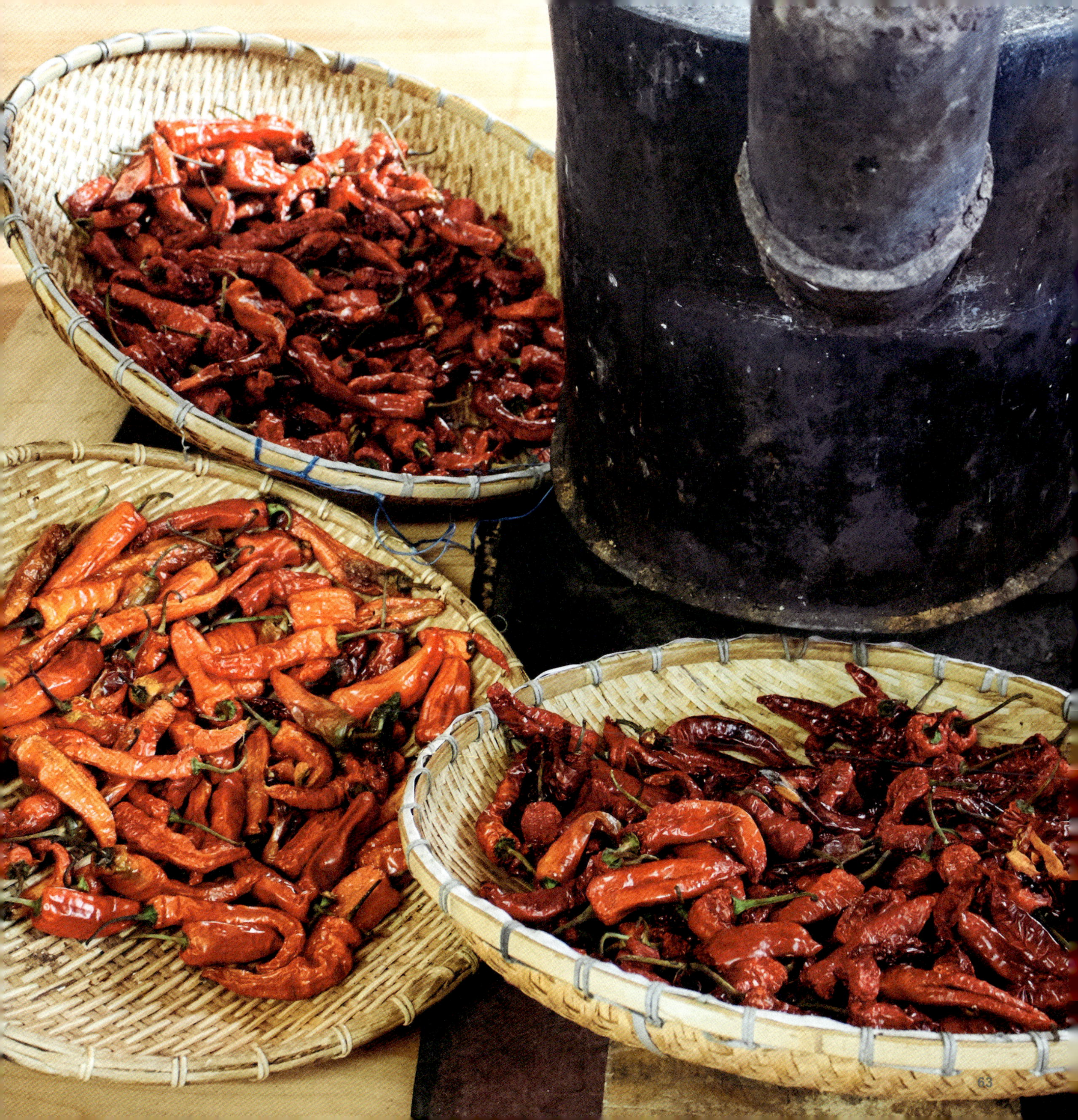

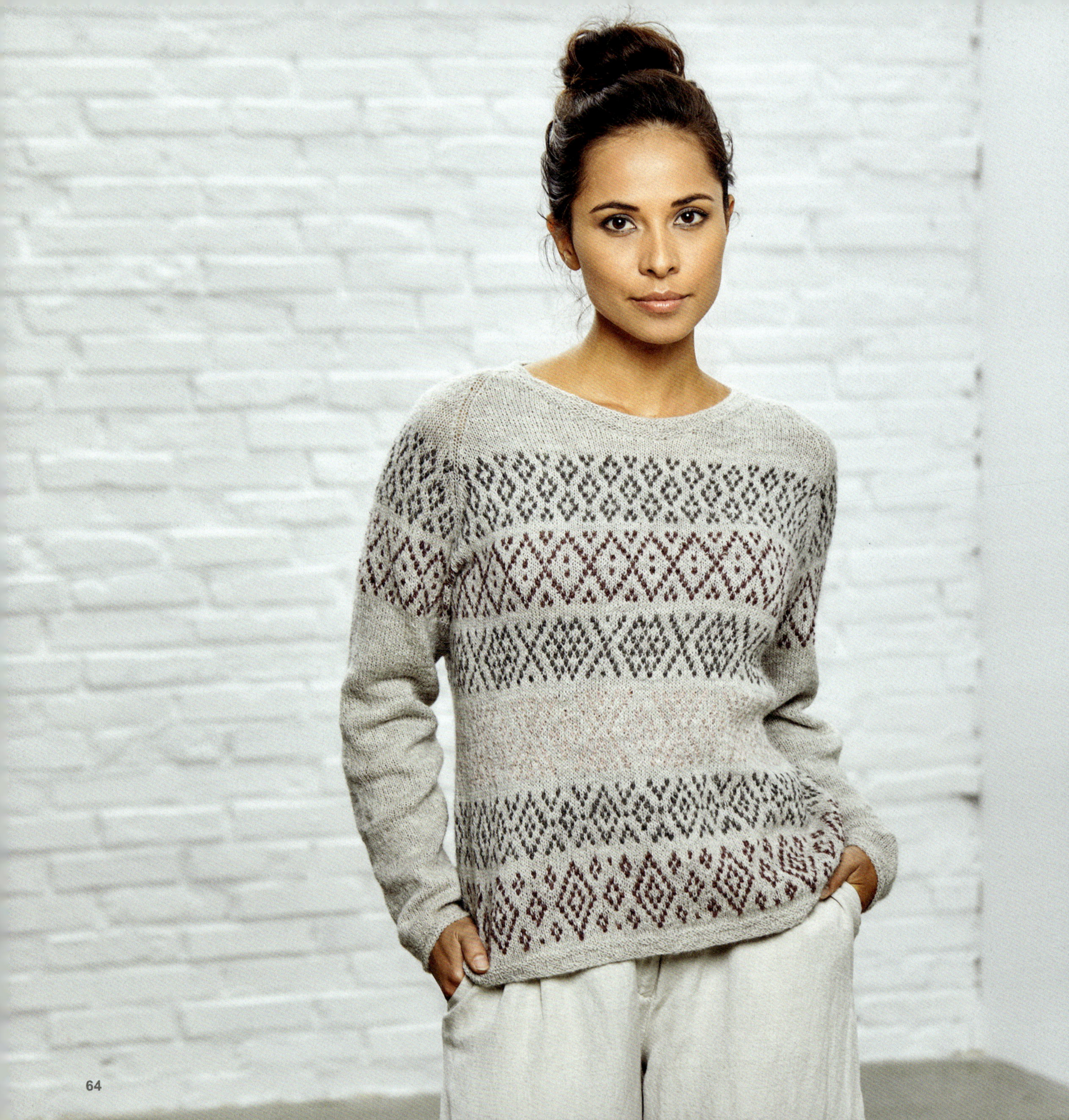

TEXTIL

In der gesamten Himalaya-Region gibt es eine bedeutende Webtradition, die verschiedenste Muster und Farben umfasst. Die Wolle der Yakochsen ist eine kratzige Angelegenheit, sie wird häufig für Riemen, Sättel und andere grob gewebte Textilien verwendet. Die Wolle der Baby-Yaks dagegen ist weich. Sie eignet sich gut für Decken und Schals. Die traditionelle Bekleidung der Männer wird von einem grob gewebten Gürtel zusammengehalten, der eng unter dem Bauch gebunden wird. Dadurch entsteht eine Tasche in dem Wickelkleid, die perfekt für das Mobiltelefon oder Kleingeld geeignet ist.
Eine alte Geschichte besagt: Will man einen Beamten schmieren, so kann man zuerst ein Pfund Butter aus der Kleidertasche hervorholen, reicht dies nicht aus, probiert man es weiter mit einem selbst gemachten Käse. Ist auch das noch nicht genug, ja dann muss man ganz hinten in der Tasche graben und einen Hahn hervorziehen. In der Kleidertasche ist Platz für allerhand.

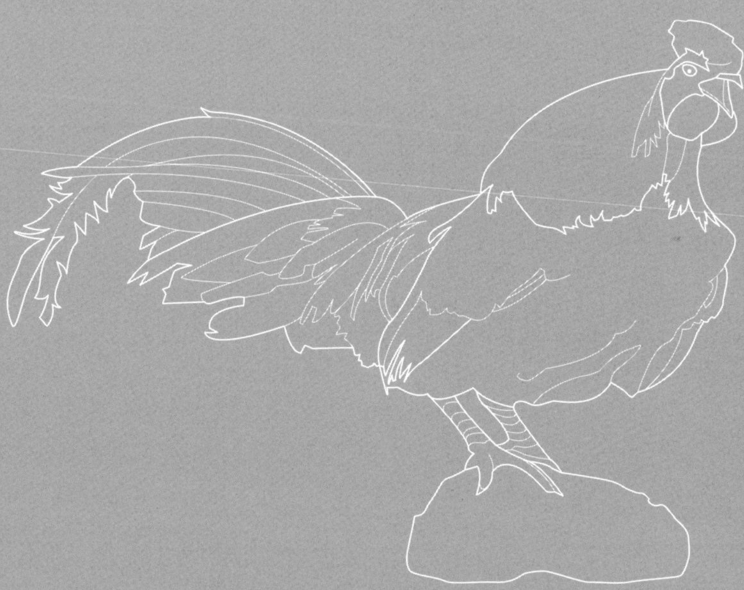

TEXTIL

Gr.: S(M)L(XL)XXL

Halbe Oberweite: 50(54)57(61)64 cm
Länge: 56(59)59(62)62 cm
Ärmellänge: 43(42)41(40)40 cm

MATERIAL

A: 200(250)250(250)300g Isager Alpaca 2 Farbe 2s
B: 50g Isager Tvinni Farbe 52
C: 50g Isager Tvinni Farbe 23s
D: 25g Isager Alpaca 2 Farbe 61

Empfohlene Rund- und Strumpfnadeln Nr. 2½ und 3

Maschenprobe glatt rechts mit Nd Nr. 3: 10 cm = 28 M und 36 R

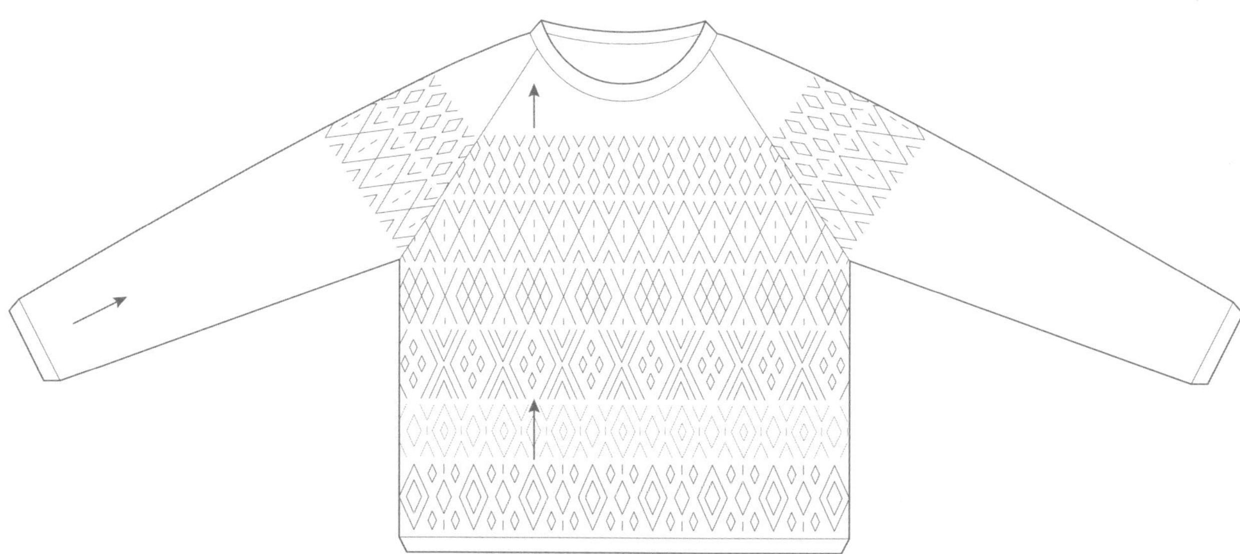

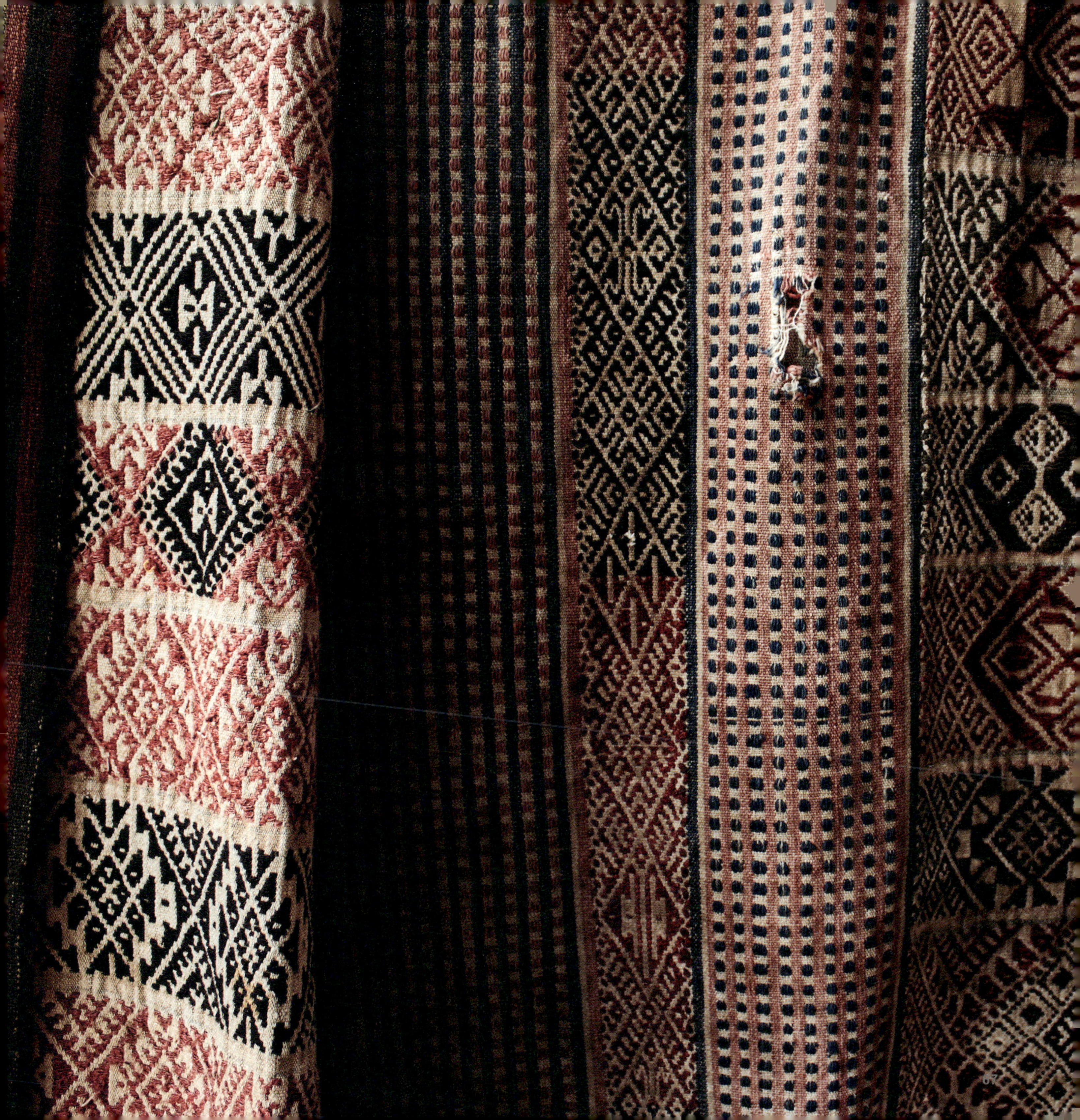

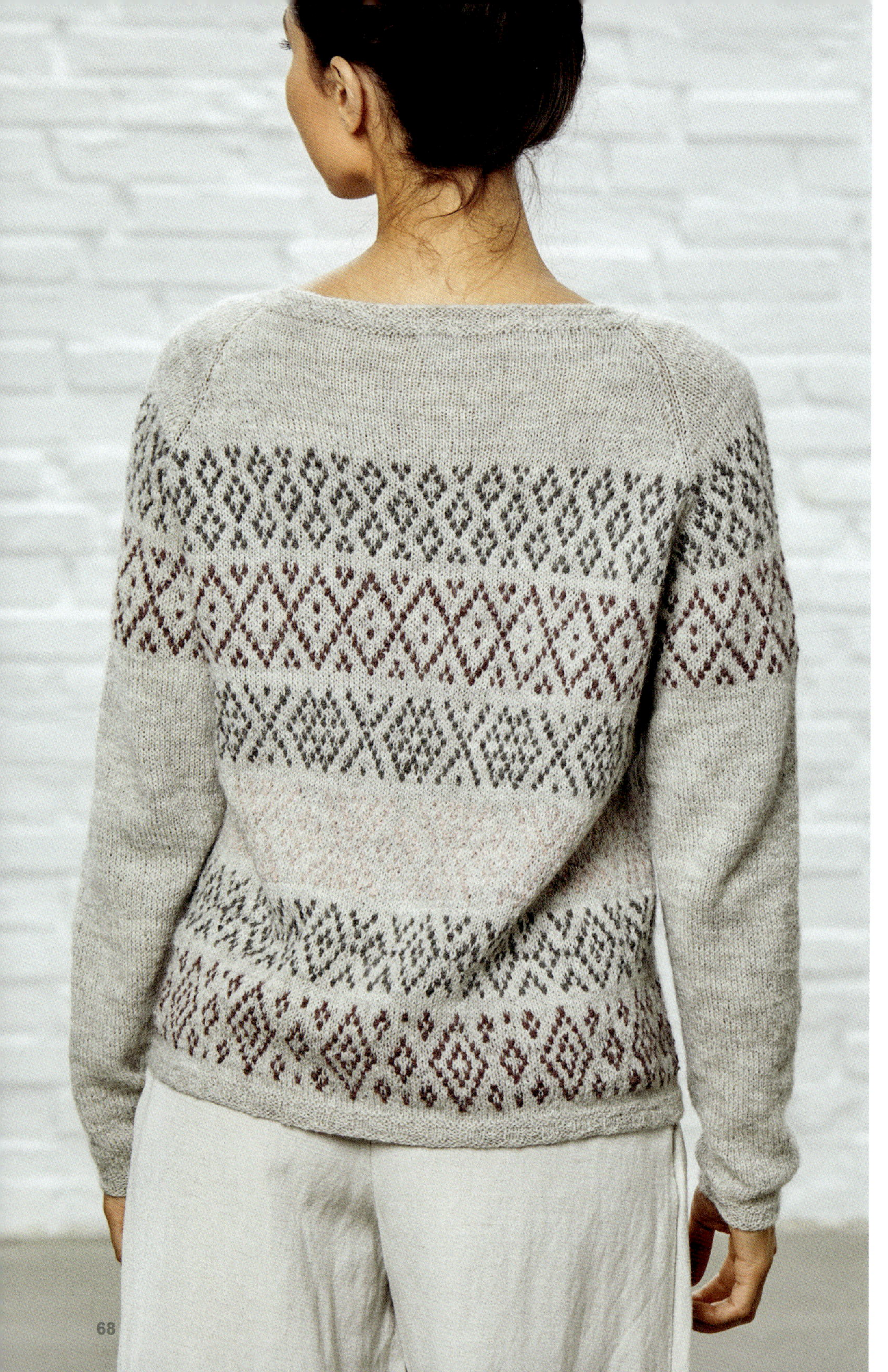

KÖRPER

252(270)288(306)324 M mit A und RundNd Nr. 2½ anschl.
In Reihen hin- und herstr.

4 R re str. Die erste R ist eine RückR.
3 R Rippen str: *3 re – 3 li*.
Von * bis * wdh. Enden mit 3 re – 2 li – 1 re.
4 R re str.

Zu Nd Nr. 3 wechseln.
Zur Runde schließen und den RdBeginn markieren
Zunahmen str (HinR): 4 re – *1 neue M re, dafür den Querfaden vor der nächsten M verschr str – 9 re*.
Von * bis * wdh. Enden mit 1 neue re – 5 re = 280(300)320(340)360 M.

3 Rd re str.

Laut Diagramm 1 mit A und B str.
B abschneiden.
4 Rd re mit A str.

Laut Diagramm 2 mit A und C str.
C abschneiden.
4 Rd re mit A str.

Laut Diagramm 3 mit A und D str.
D abschneiden.
4 Rd re mit A str.

Laut Diagramm 4 mit A und C str.
C abschneiden.
4 Rd re mit A str.

Laut Diagramm 5 die Runden 1-14 mit A und B str.
Die Arbeit misst ca. 35 cm.

Für den Armausschnitt abk (Rd 15):
10(10)15(15)20 M abk – 120(130)130(140)140 re str (die erste M ist bereits auf der Nd) – 20(20)30(30)40 M abk – 120(130)130(140)140 re str (die erste M ist bereits auf der Nd) –

10(10)15(15)20 M abk.
A und B abschneiden.

ÄRMEL

48(48)54(54)60 M mit A und Nd Nr. 2½ anschl. In Reihen hin- und herstr.

4 R re str. Die erste R ist eine RückR.
3 R Rippen str: *3 re – 3 li*.
Von * bis * wdh. Enden mit 3 re – 2 li – 1 re.
4 R re str.

Zu StrumpfNd Nr. 3 wechseln und zur Runde schließen.
Zunahmen str (HinR): 3(3)6(6)3 re – *1 neue re – 6 re*.
Von * bis * wdh. Enden mit 1 neue re – 3(3)6(6)3 re = 56(56)62(62)70 M.

4(4)6(6)6 Rd re str.
Zunahmen str: 1 re – 1 neue re – bis zur letzten M str – 1 neue re – 1 re = 58(58)64(64)72 M.

Den Ärmel zunächst einfarbig mit A weiter str. Die Zun in jeder 8.(6.)5.(4.)4. Rd wdh, bis 90(100)110(120)130 M auf der Nd sind. Weiter str, bis der Ärmel ca. 39(38)37(36)36 cm misst.

Laut Diagramm 5 die Runden 1-14 mit A und B str.

Für den Armausschnitt abk (Rd 15):
10(10)15(15)20 M abk – 70(80)80(90)90 M str (die erste M ist bereits auf der Nd) – 10(10)15(15)20 M abk.
A und B abschneiden.

Den zweiten Ärmel genauso str.

PASSE

Nun Körper und Ärmel zusammenfügen.
Laut Diagramm 5 mit A und B (Rd 16) weiter str: Im Muster 70(80)80(90)90 ÄrmelM str – im Muster 120(130)130(140)140 VorderteilM str – im Muster 70(80)80(90)90 ÄrmelM str – im Muster 120(130)130(140)140 RückenM str = 380(420)420(460)460 M.

Laut Diagramm 5 die Runden 16-22 str.
B abschneiden.

Mit A str.
Reihe 1 mit Abnahmen: 1 re str und markieren – 2 re zus – 65(75)76(85)85 re – 2 re verschr zus – 1 re str und markieren – 2 re zus – 115(125)125(135)135 re – 2 re verschr zus – 1 re str und markieren – 2 re zus – 65(75)76(85)85 re – 2re verschr zus – 1 re str und markieren – 2 re zus – 115(125)125(135)135 re – 2 re verschr zus = 372(412)412(452)452 M.
Reihe 2: 372(412)412(452)452 re.
Reihe 3 mit Abnahmen: Nach den markierten M 2 re zus und vor den markierten M 2 re verschr zusstr = 364(404)404(444)444 M.
Reihe 4: Alle M re str.

Laut Diagramm 6 mit A und C str.
Die Abn vor und nach den markierten M fortsetzen.

Nach dem Diagram 6 sind insg 13 AbnahmeR gestrickt = 276(316)316(356)356 M.
C abschneiden.

7(15)15(23)23 Rd re mit A str und in jeder 2. Rd Abn wie bisher an den markierten M str = 244(252)252(260)260 M.

In der nächsten Rd für den Halsausschnitt abk: 76(78)78(80)80 re str – 6(8)8(10)10 M abk – 162(166)166(170)170 re.
A abschneiden.

Danach in Reihen hin und her str.
Die M von der linken auf die rechte Nd heben, ohne sie zu str, sodass die HinR nun nach den abgeketteten M in der vorderen Mitte beginnt.

Reihe 1 (HinR): Am Anfang der R 3 M abk – re mit Abn wie bisher str.
Reihe 2: Am Anfang der R 3 M abk – die R li zu Ende str.
Es sind nun 224(230)230(236)236 M auf der Nd.

Reihe 3-4: Wie Reihe 1-2 str = 210(216)216(222)222 M.

Reihe 5: Am Anfang der R 2 M abk – re mit Abn wie bisher str.
Reihe 6: Am Anfang der R 2 M abk – die R li zu Ende str.
Reihe 5-6 insg 6-mal str = 138(144)144(150)150 M.

Reihe 17: 2 re zusstr – bis zu den letzten 2 M re und mit Abn wie bisher str – 2 re zus.
Reihe 18: 1 re – li bis zur letzten M str – 1 re.
Reihe 17-18 insg 6-mal str = 78(84)84(90)90 M.
Den Faden nicht abschneiden.
Die Passe misst am Rücken nun 19(21)21(23)23 cm.

HALSRAND

Mit A und Nd Nr. 2½ str (HinR): 2 re zus – 1 re – 2 re zus – 3(5)5(7)7 re – 2 re verschr zus – 1 re – 2 re zus – 53(55)55(57)57 re – 2 re verschr zus – 1 re – 2 re zus – 3(5)5(7)7 re – 2 re verschr zus – 1 re – 2 re zus.
Neue M von außen aus dem Halsausschnitt herausstr:
26(28)28(27)27 neue M aus der linken Ausschnittseite bis zu den mittleren M str – 5(7)7(9)9 neue M aus der Vorderteilmitte str – 26(28)28(27)27 neue M aus der rechten Ausschnittseite str = 128(140)140(146)146 M.

In Reihen hin und her str. Mit der RückR beginnen.

4 R re str.
3 R Rippen str: 4 re – *3 li – 3 re*. Von * bis * wdh. Enden mit 3 li – 1 re.
4 R re str.
Alle M abketten.

FERTIGSTELLUNG

Die Öffnungen unter den Ärmeln zusammennähen. Den unteren Rand und die Ärmelränder schließen.
Die Fäden vernähen.

DIAGRAMM 6

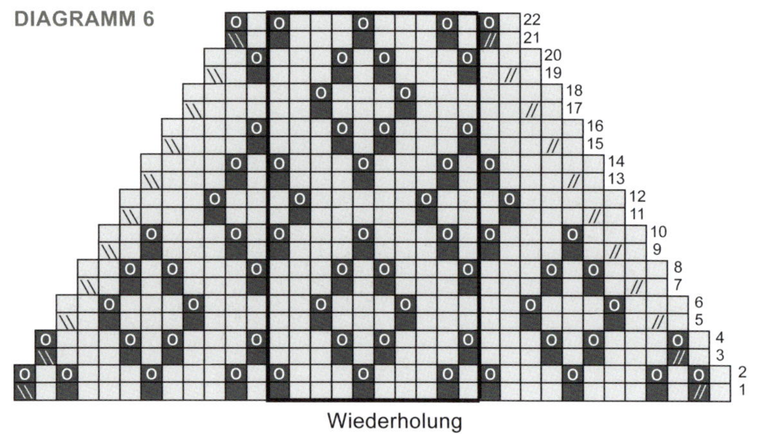

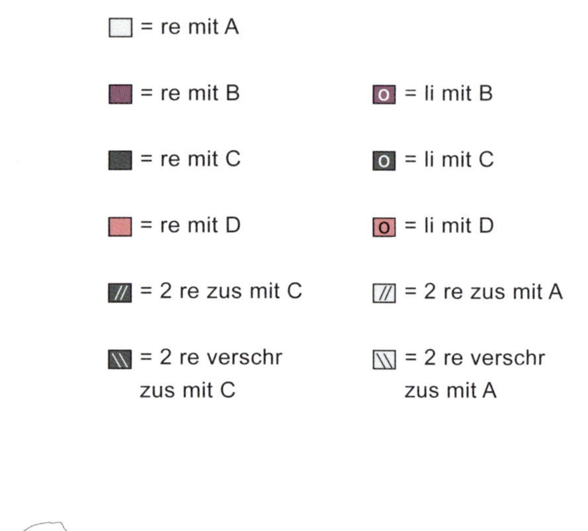

DIAGRAMM 5

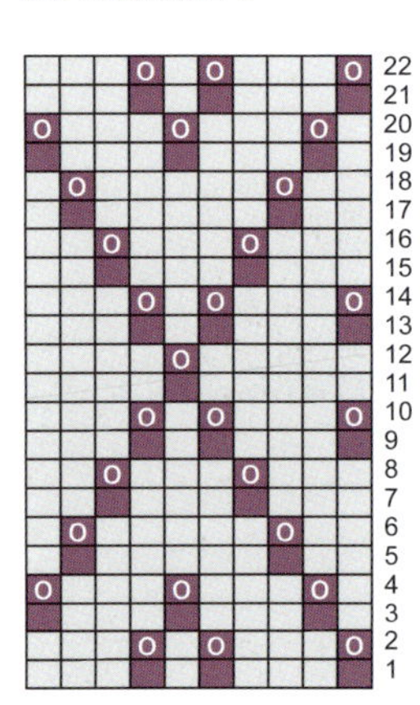

DIAGRAMM 4

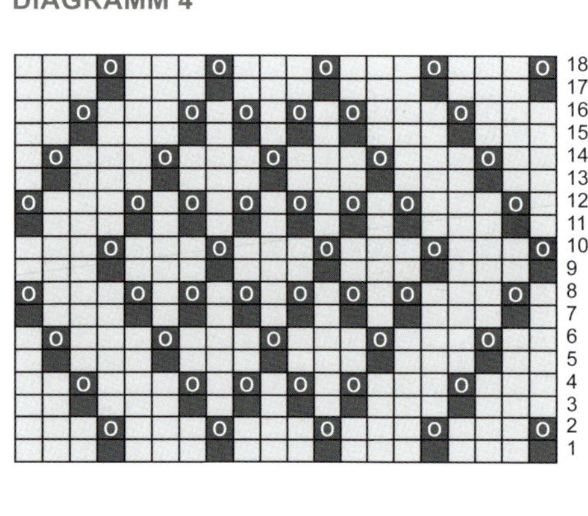

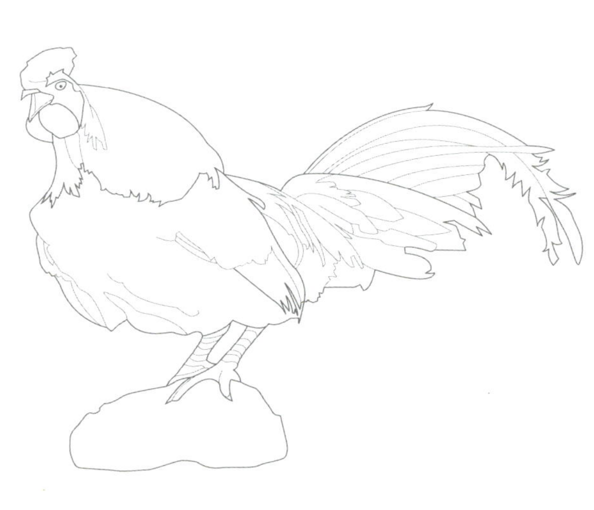

DIAGRAMM 3

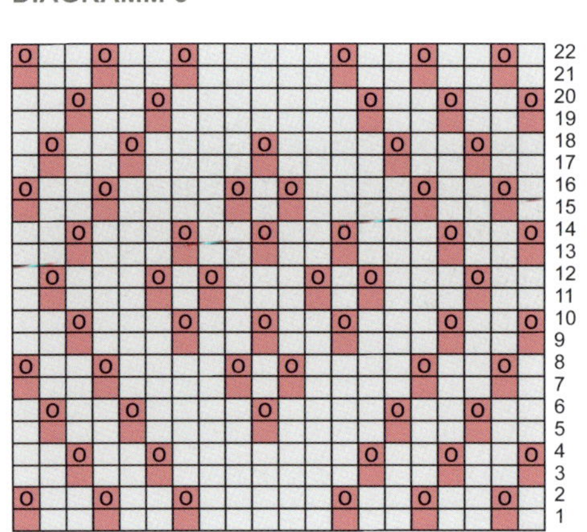

DIAGRAMM 2

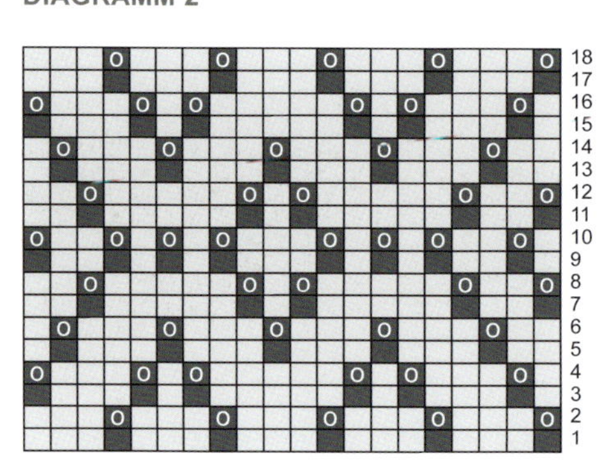

DIAGRAMM 1

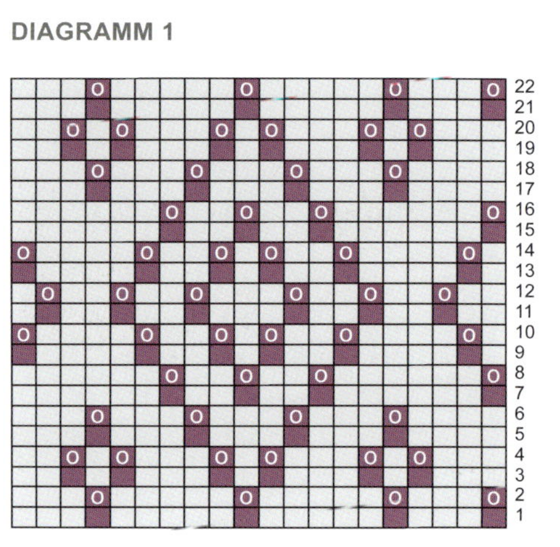

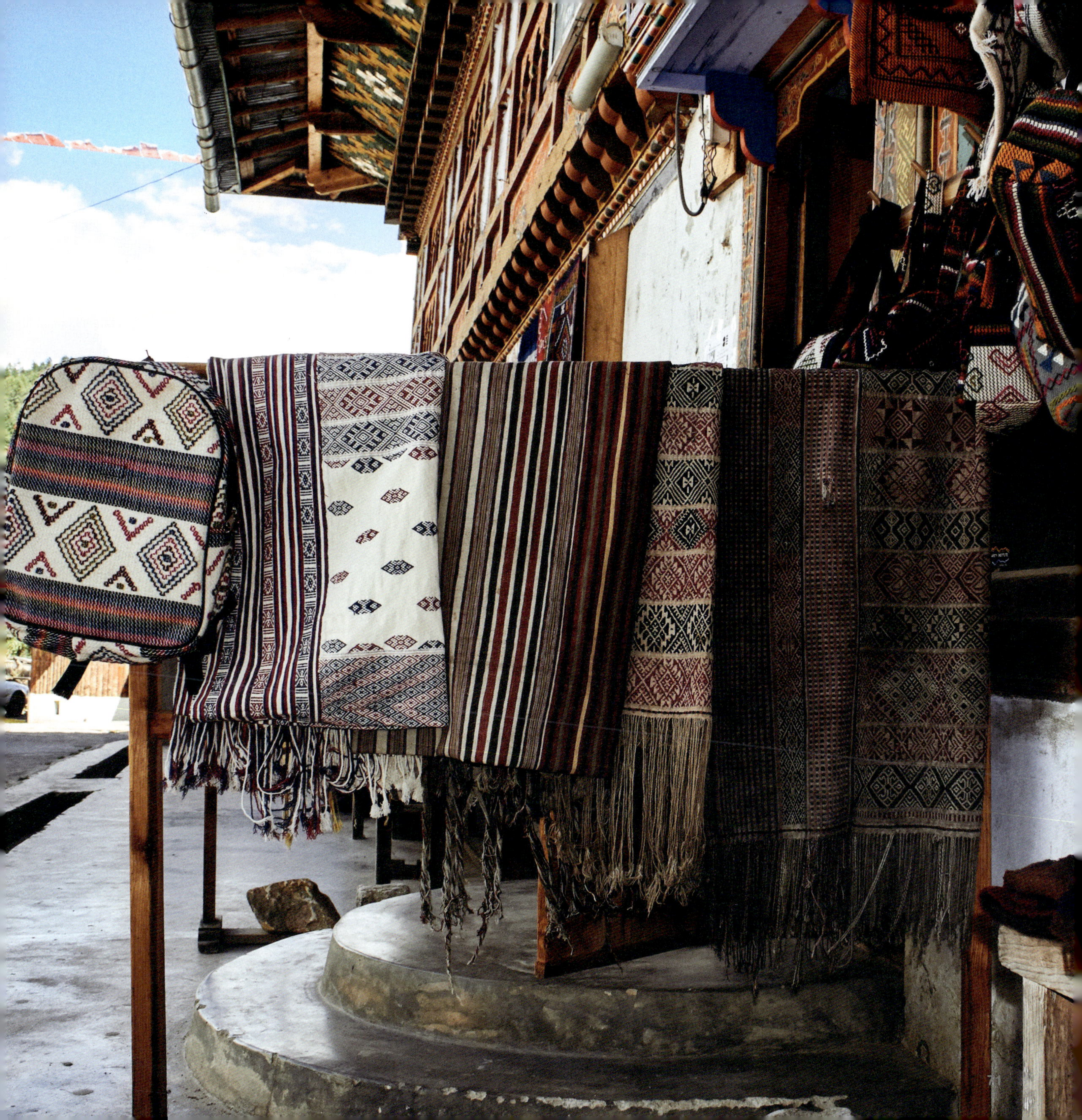

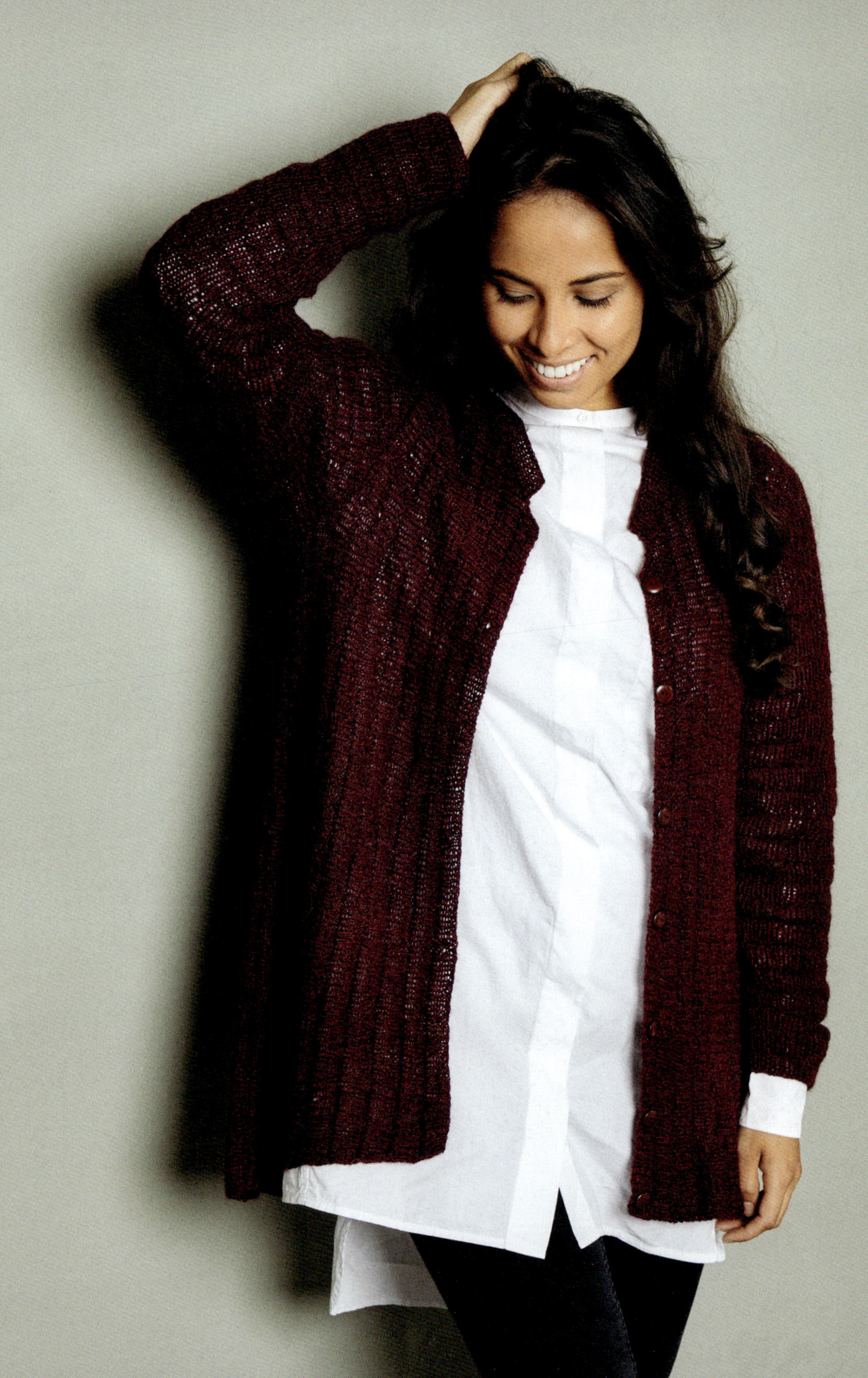

MÖNCHE

Bhutan ist ein buddhistisches Königreich. Das Land hat 750.000 Einwohner – ca. 15.000 von ihnen sind Mönche. Das ist eine ganze Menge. Es gibt zwar auch weibliche Mönche, aber die meisten sind Männer. Man kann für kurze Zeit Mönch sein oder man entscheidet sich, ein Leben lang Mönch zu sein. In Bhutan denkt man, das beste Alter, um in ein Mönchskloster einzutreten, sei 6 Jahre. In diesem Alter ist der Mensch am offensten. Die Jüngsten leben in einem gemeinsamen Schlafsaal und haben einen älteren Mönch, der ihnen hilft. Es ist nicht ungewöhnlich, dass der Großvater mit in das Kloster zieht und seinen Enkel im ersten Jahr unterstützt.

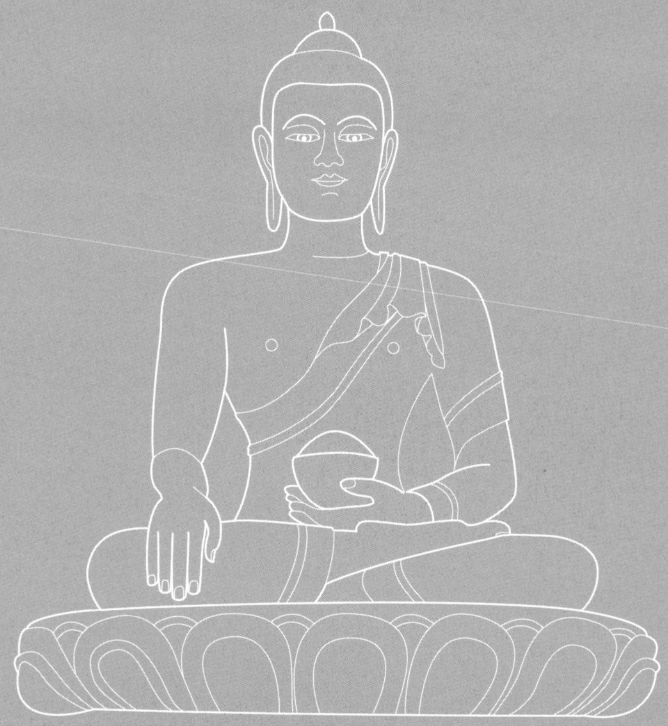

MÖNCHE

Gr.: S(M)L(XL)XXL

Rückenbreite: 47(50)55(59)64 cm
Rückenlänge: 78 cm
Innere Ärmellänge: 44(43)43(42)41 cm

MATERIAL

200(200)200(250)250g Isager Alpaca 1 Farbe 36
250(250)250(300)300g Isager Trio Farbe Bordeaux

7 Knöpfe

Empfohlene Strumpf- und Rundnadeln Nr. 3½

Maschenprobe glatt rechts: 10 cm = 24 M und 34 R

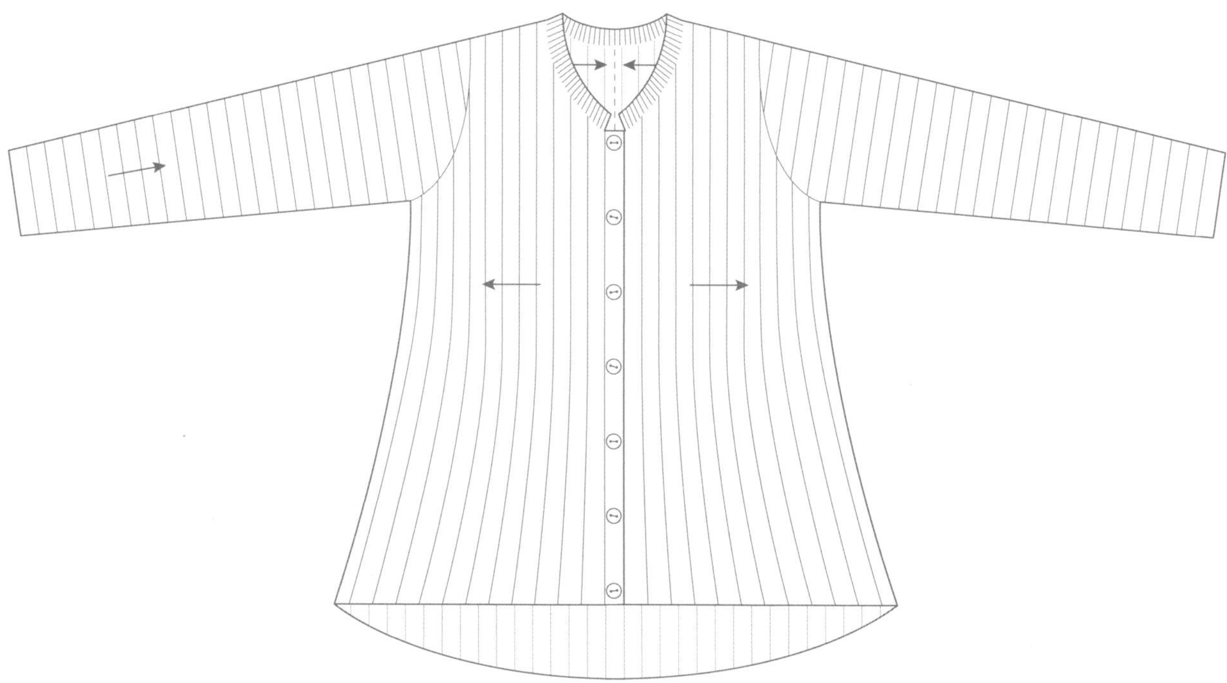

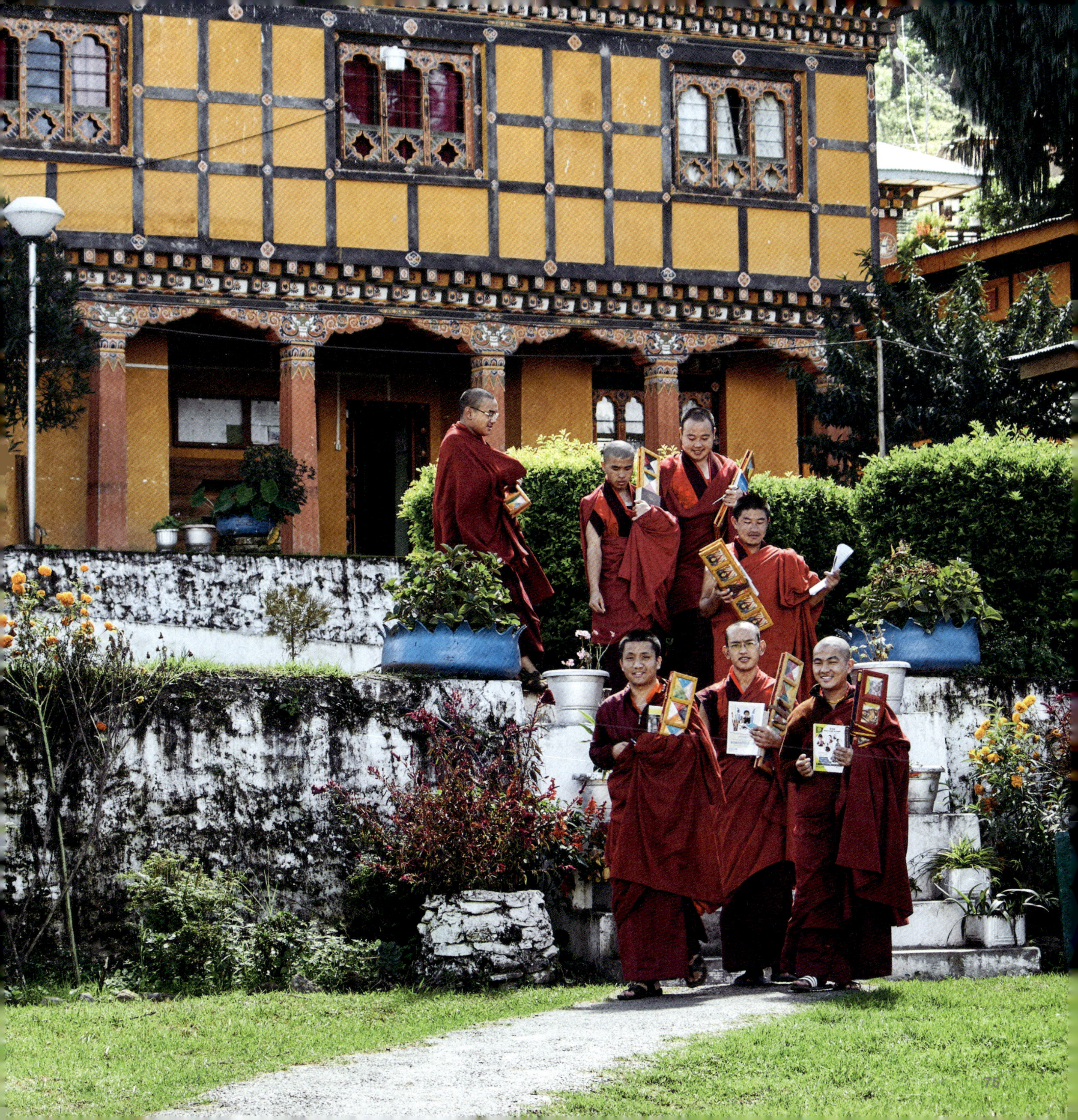

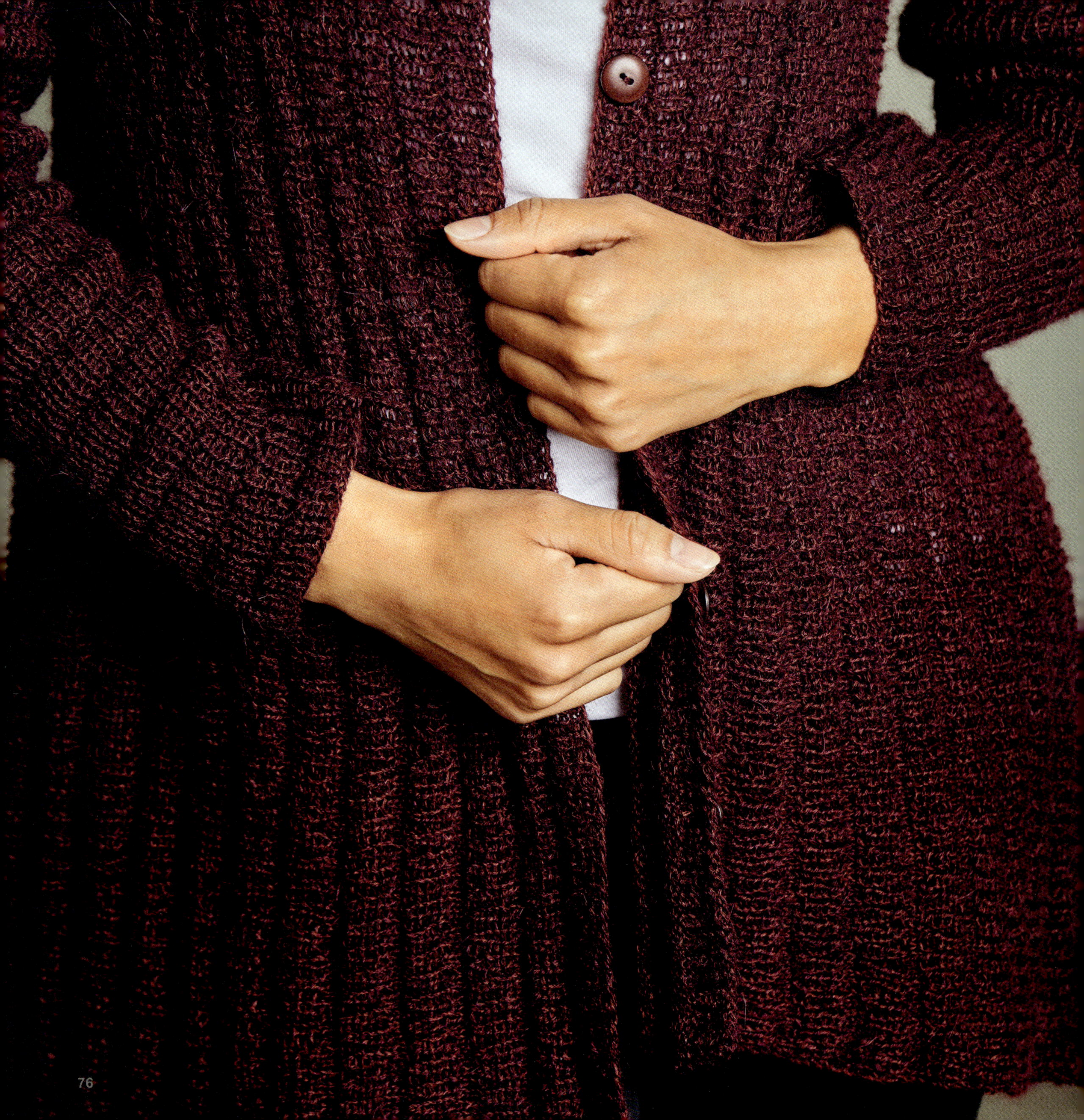

Spezielle Abkürzung
1 verdr neue M = Am Anfang oder Ende einer Reihe wird eine neue M mit dem Schlingenanschlag neu aufgenommen, dafür mit dem Arbeitsfaden eine Schlaufe von hinten nach vorne um den linken Daumen legen, mit der rechten Nd von unten in die Schlaufe gehen, die Schlaufe vom Daumen gleiten lassen und die neue M auf der rechten Nadel festziehen.

LINKES VORDERTEIL

125 M mit Nd Nr. 3½ anschl.

1. RIPP-STREIFEN
Reihe 1 (RückR): 2 re – *1 li – 1 re*.
Von * bis * wdh. Enden mit 1 re.
Reihe 2: 1 re – *1 li – 1 re*. Von * bis * wdh.
Reihe 3-7: wie Reihe 1-2 str.

Glatt rechts mit verkürzter Reihe str:
60 re – die Arbeit wenden.
1 verdr neue M – 59 li – 1 re.

Reihe 8: 1 re – 1 neue M re, dafür den Querfaden vor der nächsten M re verschr str – 59 re – die verdr neue M mit der nächsten M re verschr zusstr – am Ende der R 2 neue M am Halsausschnitt anschl.
Reihe 9: 1 re – 126 li – 1 re.

2. RIPP-STREIFEN
Das Rippenmuster wird immer versetzt zum vorherigen Ripp-Streifen gestr, d. h. die rechten M werden nun li gestr und die linken M werden nun re gestr.
Reihe 10: 1 re – *1 li – 1 re*. Von * bis * wdh.
Am Ende der R 2 neue M anschl.
Reihe 11: 1 re – *1 li – 1 re*.
Von * bis * wdh. Enden mit 1 re.
Reihe 12-15: Wie Reihe 10-11 str.
Es sind nun 134 M auf der Nd.

Glatt rechts mit verkürzter Reihe str:
70 re str – die Arbeit wenden.
1 verdr neue M – 69 li str – 1 re.

Reihe 16: 1 re – 1 neue re – 69 re – die verdr neue M mit der nächsten M re verschr zusstr – am Ende der R 2 neue M anschl.
Reihe 17: 1 re – 135 li – 1 re.

3. RIPP-STREIFEN
Reihe 18: 1 re – *1 li – 1 re*. Von * bis * wdh.
Am Ende der R 2 neue M anschl.
Reihe 19: 2 re – *1 li – 1 re*.
Von * bis * wdh. Enden mit 1 re.
Reihe 20-23: Wie Reihe 18-19 str.
Es sind nun 143 M auf der Nd.

Glatt rechts mit verkürzter Reihe str:
80 re – die Arbeit wenden.
1 verdr neue M – 79 li str – 1 re.

Reihe 24: 1 re – 1 neue re – 79 re – die verdr neue M mit der nächsten M re verschr zusstr – am Ende der R 2 neue M anschl.
Reihe 25: 1 re – 144 li – 1 re.

4. RIPP-STREIFEN
Reihe 26: *1 re – 1 li*. Von * bis * wdh.
Am Ende der R 2 neue M anschl.
Reihe 27: 1 re – *1 li – 1 re*.
Von * bis * wdh. Enden mit 1 re.
Reihe 28-31: wie Reihe 26-27 str.
Es sind nun 152 M auf der Nd.

Der Halsausschnitt ist jetzt fertig.
Am Ende der HinR eine Markierung setzen.

LINKE SCHULTER

Glatt rechts mit verkürzter Reihe str:
90 re str – die Arbeit wenden.
1 verdr neue M – 89 li str – 1 re.
Reihe 1: 1 re – 1 neue re – 89 re – die verdr neue M mit der nächsten M re zusstr – re zu Ende str.
Reihe 2: 1 re – 151 li – 1 re.

5. RIPP-STREIFEN
6 R versetzte Rippen str. Abnahmen str: am Ende der 1. und 5. R 2 M re zusstr.

Danach eine verkürzte Reihe mit Zun wie bisher str, aber nun nach 100 M wenden = 152 M.

6. RIPP-STREIFEN
6 R versetzte Rippen mit Abn am Ende der 1. und 5. R str.
Verkürzte Reihe mit Zun wie bisher str, aber nach 110 M wenden = 151 M.

7. RIPP-STREIFEN
6 R versetzte Rippen mit Abn am Ende der 1. und 5. R str.
Verkürzte Reihe mit Zun wie bisher str, aber nach 100 M wenden = 150 M.

8. RIPP-STREIFEN
6 R versetzte Rippen mit Abn am Ende der 1. und 5. R str= 148 M.

Gr. S(M): Weiterlesen bei Armausschnitt.

Gr. L(XL)XXL:
Verkürzte Reihe mit Zun wie bisher str, aber nach 90 M wenden = 149 M.

9. RIPP-STREIFEN:
6 R versetzte Rippen mit Abn str = 147 M.

LINKER ARMAUSSCHNITT

Es sind 148(148)147(147)147 M auf der Nd.
Verkürzte Reihe mit Zun wie bisher str, aber nach 90(90)80(80)80 M wenden.
In der RückR für den Armausschnitt die ersten 22(22)24(24)24 M abk – 126(126)123(123)123 li str – 1 re.

9.(9.)10.(10.)10. RIPP-STREIFEN
6 R versetzte Rippen str und gleichzeitig insg 3-mal am Anfang der RückR 4 M abk = 115(115)112(112)112 M.

Verkürzte Reihe mit Zun wie bisher str, aber am Ende der 1. R 2 M re zusstr – nach 80(80)70(70)70 M wenden = 115(115)112(112)112 M.

10.(10.)11.(11.)11. RIPP-STREIFEN
6 R versetzte Rippen mit Abn am Ende der 1. und 5. R str = 113(113)110(110)110 M.
Verkürzte Reihe mit Zun wie bisher str, aber nach 70(70)60(60)60 M wenden.

11.(11.)12.(12.)12. RIPP-STREIFEN
6 R versetzte Rippen mit Abn wie bisher str = 112(112)109(109)109 M.
Verkürzte Reihe mit Zun wie bisher str, aber nach 60(60)70(70)70 M wenden.

Gr. (M)L(XL)XXL:
(12.)13.(13.)13. RIPP-STREIFEN
6 R versetzte Rippen ohne Abn str.
Verkürzte Reihe mit Zun wie bisher str, aber nach (70)80(80)80 M wenden = (114)111(111)111 M.

Gr. (XL)XXL:
(14.)14. RIPP-STREIFEN
6 R versetzte Rippen ohne Abn str.
Verkürzte Reihe mit Zun wie bisher str, aber nach 90 M wenden = (112)112 M.

Gr. XXL:
15. RIPP-STREIFEN
6 R versetzte Rippen ohne Abn str.
Verkürzte Reihe ohne Zun str und nach 80 M wenden.
16. RIPP-STREIFEN
6 R versetzte Rippen ohne Abn str.
Verkürzte Reihe ohne Zun str und nach 90 M wenden.

Alle Gr.:
12.(13.)14.(15.)17. RIPP-STREIFEN
6 R versetze Rippen mit Zun am Ende der 1. und 5. R str: Die letzte M mit 2aus1M str, dafür erst 1 M aus dem vorderen, dann 1 M aus dem hinteren Maschenschenkel str = 115(116)113(114)114 M.
Verkürzte Reihe mit Zun wie bisher str, aber nach 70(80)90(100)100 M wenden.

13.(14.)15.(16.)18. RIPP-STREIFEN
6 R versetze Rippen mit Zun wie zuvor str = 118(119)116(117)117 M.
Verkürzte Reihe mit Zun wie bisher str, aber nach 80(90)100(110)110 M wenden.

14.(15.)16.(17.)19. RIPP-STREIFEN
6 R versetzte Rippen mit Zun am Ende aller HinR str = 122(123)120(121)121 M.
Verkürzte Reihe mit Wende nach 90(100)110(100)100 M str.
Zun wie bisher str und zusätzlich in der HinR die letzte M als Zun mit 2aus1M str = 124(125)122(123)123 M.

Gr. (M)L(XL)XXL:
(16.)17.(18.)20. RIPP-STREIFEN
6 R versetzte Rippen mit Zun am Ende aller HinR str = (128)125(126)126 M.
Verkürzte Reihe mit Zun wie bisher str, aber nach (110)100(90)90 M wenden. Zusätzlich in der HinR die letzte M als Zun mit 2aus1M str = (130)127(128)128 M.

Gr. (XL)XXL:
(19.)21. RIPP-STREIFEN
6 R versetzte Rippen mit Zun wie bisher str = 131 M.
Verkürzte Reihe mit Zun wie bisher str, aber nach 80 M wenden. Zusätzlich in der HinR wie zuvor 2aus1M str = 133 M.

Alle Gr.:
15.(17.)18.(20.)22. RIPP-STREIFEN
6 R versetzte Rippen str und in Verlängerung aller HinR 2 M anschl = 130(136)133(139) 139 M.

LINKE SCHULTER, RÜCKEN

Verkürzte Reihe mit Wende nach 100(100)90(70)70 M str.
Zun wie bisher str und am Ende der HinR 37(33)36(32)32 neue M anschl = 168(170)170(172)172 M.

16.(18.)19.(21.)23. RIPP-STREIFEN
6 R versetzte Rippen mit Zun am Ende der 1 und 5. R str.
Verkürzte Reihe wie bisher str, aber nach 110(90)80(60)60 M wenden = 171(173)173(175)175 M.

17.(19.)20.(22.)24. RIPP-STREIFEN
6 R versetzte Rippen mit Zun str.
Verkürzte Reihe mit Zun wie bisher str, aber nach 100(80)70(70)70 M wenden = 174(176)176(178)178 M.

18.(20.)21.(23.)25. RIPP-STREIFEN
6 R versetzte Rippen mit Zun str.
Verkürzte Reihe mit Zun wie bisher str, aber nach 90(70)60(80)80 M wenden = 177(179)179(181)181 M.

19.(21.)22.(24.)26. RIPP-STREIFEN
6 R versetzte Rippen mit Zun str.
Verkürzte Reihe mit Zun wie bisher str, aber nach 80(60)70(90)90 M wenden = 180(182)182(184)184 M.

Gr. L(XL)XXL:
23.(25.)27. RIPP-STREIFEN
6 R versetzte Rippen mit Zun str.
Verkürzte Reihe mit Zun wie bisher str, aber nach 80(100)100 M wenden = 185(187)187 M.

LINKER NACKEN

Am Ende der HinR eine Markierung setzen.

20.(22.)24.(26.)28. RIPP-STREIFEN
6 R versetzte Rippen ohne Zun str.
Verkürzte Reihen mit Zun wie bisher str, nach 70(70)90(110)110 M wenden und zusätzlich am Ende der HinR 2 M zusstr = 180(182)185(187)187 M.

21.(23.)25.(27.)29. RIPP-STREIFEN
6 R versetzte Rippen ohne Zun str.
Verkürzte Reihe mit Zun wie bisher str, nach 60(80)100(100)100 M wenden und zusätzlich am Ende der HinR 2 M zusstr.

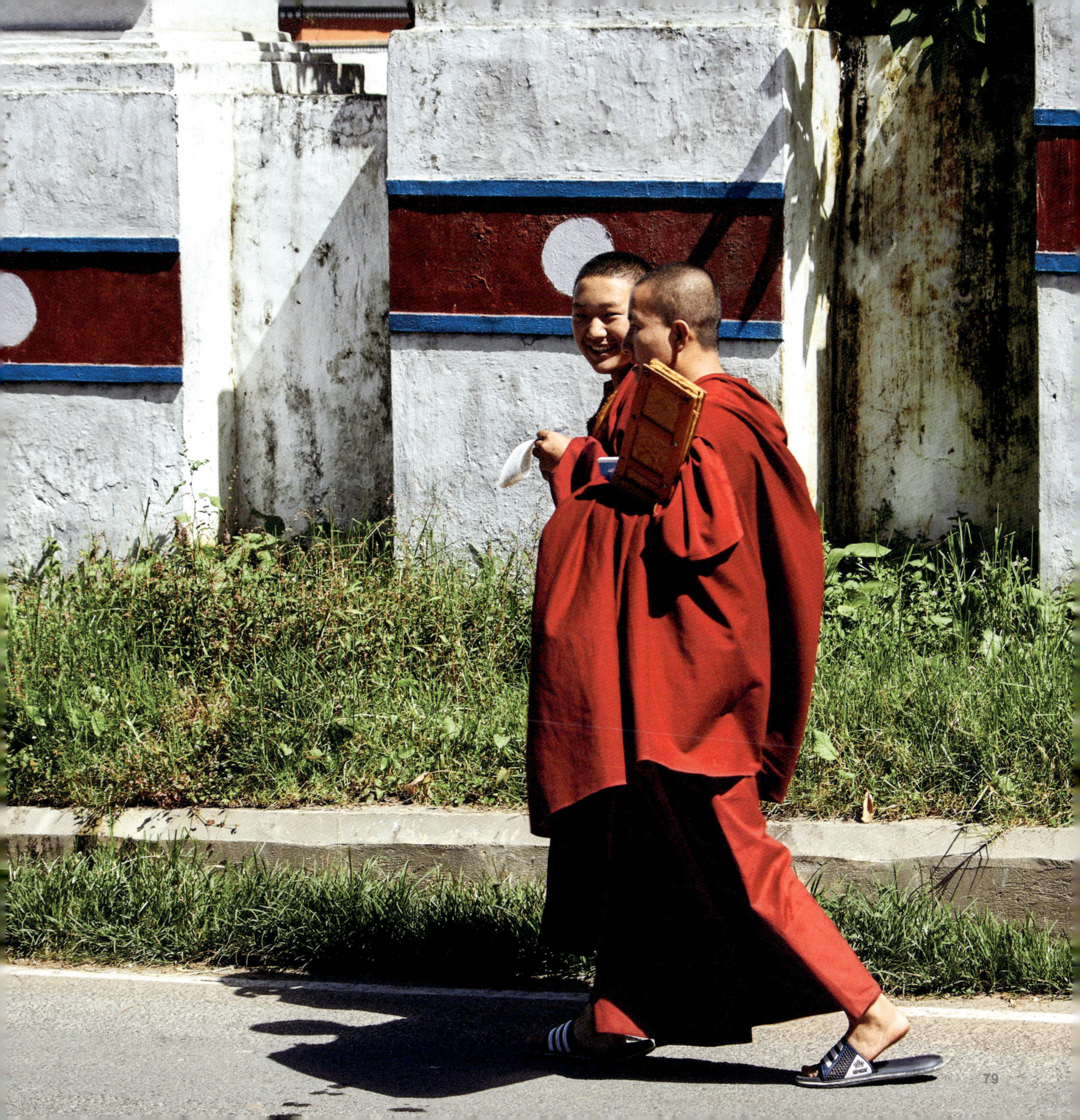

22.(24.)26.(28.)30. RIPP-STREIFEN
6 R versetzte Rippen ohne Zun str.
Verkürzte Reihe mit Zun wie bisher str, nach 70(90)110(90)90 M wenden und zusätzlich am Ende der HinR 2 M zusstr.

23.(25.)27.(29.)31. RIPP-STREIFEN
6 R versetzte Rippen ohne Zun str. 1 R re str.

Die Fäden abschneiden.
Die 180(182)185(187)187 M stilllegen.

RECHTES VORDERTEIL

125 M mit Nd Nr. 3½ anschl.

1. RIPP-STREIFEN
Reihe 1 (RückR): 2 re – *1 li – 1 re*.
Von * bis * wdh. Enden mit 1 re.
Reihe 2: 1 re – *1 li – 1 re*. Von * bis * wdh.
Reihe 3-4: wie R 1-2 str.
Knopflöcher str: 4 M Rippen – *2 li zus – 2 neue M anschl – 2 re verschr zus – 15 M Rippen – 2 re zus – 2 neue M anschl – 2 li zus – 15 M Rippen*. Von * bis * wdh. Enden mit 2 li zus – 2 neue M anschl – 2 re verschr zus – 3 M Rippen.
2 R Rippen wie bisher str.

Glatt rechts mit verkürzter Reihe:
Reihe 8: 1 R re str.
1 re – 59 li – die Arbeit wenden.
U – 59 re str – 1 neue re – 1 re.

Reihe 9: 1 re – 60 li – den U mit der nächsten M li verschr zusstr – am Ende der R 2 neue M anschl.

2. RIPP-STREIFEN
6 R versetzte Rippen str und am Ende aller RückR 2 neue M anschl = 134 M.
Verkürzte Reihe mit Zun wie bisher str, aber nach 70 M wenden.
Am Ende der R 2 neue M anschl.

3. RIPP-STREIFEN
6 R versetzte Rippen mit Zun wie bisher str = 143 M.
Verkürzte Reihe mit Zun wie bisher str, aber nach 80 M wenden.
Am Ende der R 2 neue M anschl.

4. RIPP-STREIFEN
6 R versetzte Rippen mit Zun wie bisher str =152 M.

Der Halsausschnitt ist nun fertig.
Am Anfang der HinR eine Markierung setzen.

RECHTE SCHULTER

Verkürzte Reihe mit Zun wie bisher str, aber nach 90 M wenden.
Keine weiteren M am Ende der RückR anschl.

5. RIPP-STREIFEN
6 R versetzte Rippen mit Abn am Anfang der 1. und 5. R str, dafür 2 M re zusstr.
Verkürzte Reihe mit Zun wie bisher str, aber nach 100 M wenden = 152 M.

6. RIPP-STREIFEN
6 R versetzte Rippen mit Abn wie zuvor str.
Verkürzte Reihe mit Zun wie bisher str, aber nach 110 M wenden = 151 M.

7. RIPP-STREIFEN
6 R versetzte Rippen mit Abn wie bisher str.
Verkürzte Reihe mit Zun wie bisher str, aber nach 100 M wenden = 150 M.

8. RIPP-STREIFEN
6 R versetzte Rippen mit Abn wie bisher str = 148 M.

Gr. S(M): weiterlesen bei Armausschnitt.

Gr. L(XL)XXL:
Verkürzte Reihe mit Zun wie bisher str, aber nach 90 M wenden = 149 M.
9. RIPP-STREIFEN
6 R versetzte Rippen mit Abn wie bisher str = 147 M.

RECHTER ARMAUSSCHNITT

In der HinR die ersten 22(22)24(24)24 M für den Armausschnitt abk - 126(126)123(123)123 re str.
Verkürzte Reihe mit Zun wie bisher str, aber nach 90(90)80(80)80 M wenden.

9.(9.)10.(10.)10. RIPP-STREIFEN
6 R versetzte Rippen str und gleichzeitig insg 3-mal am Anfang der HinR 4 M abk = 115(115)112(112)112 M.

Am Anfang der 1. R 2 re zusstr und gleichzeitig verkürzte Reihe mit Zun wie bisher str. Nach 80(80)70(70)70 M wenden = 115(115)112(112)112 M.

10.(10.)11.(11.)11. RIPP-STREIFEN
6 R versetzte Rippen str und gleichzeitig am Anfang der 1. und 5. R 2 re zusstr = 113(113)110(110)110 M.
Verkürzte Reihe mit Zun wie bisher str, aber nach 70(70)60(60)60 M wenden.

11.(11.)12.(12.)12. RIPP-STREIFEN
6 R versetzte Rippen mit Abn am Anfang der 1. und 5. R str = 112(112)109(109)109 M.
Verkürzte Reihe mit Zun wie bisher str, aber nach 60(60)70(70)70 M wenden = 113(113)110(110)110 M.

Gr. (M)L(XL)XXL:
(12.)13.(13.)13. RIPP-STREIFEN
6 R versetzte Rippen ohne Abn str.
Verkürzte Reihe mit Zun wie bisher str, aber nach (70)80(80)80 M wenden = (114)111(111)111 M.

Gr. (XL)XXL:
(14.)14. RIPPENSTREIFEN
6 R versetzte Rippen ohne Abn str.
Verkürzte Reihe mit Zun wie bisher str, aber nach 90 M wenden = (112)112 M.

Gr. XXL:
15. RIPP-STREIFEN

6 R versetzte Rippen ohne Abn str.
Verkürzte Reihe ohne Zunahme str und nach 80 M wenden.
16. RIPP-STREIFEN
6 R versetzte Rippen ohne Abn str.
Verkürzte Reihe ohne Zun str und nach 90 M wenden.

Alle Gr.:
12.(13.)14.(15.)17. RIPP-STREIFEN
6 R versetzte Rippen mit Zunahme str, dafür in der 1. und 5. R 2 M aus der ersten M str = 115(116)113(114)114 M.
Verkürzte Reihe mit Zun wie bisher str, aber nach 70(80)90(100)100 M wenden.

13.(14.)15.(16.)18. RIPP-STREIFEN
6 R versetzte Rippen mit Zun wie zuvor str = 118(119)116(117)117 M.
Verkürzte Reihe mit Zun wie bisher str, aber nach 80(90)100(110)110 M wenden.

14.(15.)16.(17.)19. RIPP-STREIFEN
6 R versetzte Rippen mit Zun am Anfang jeder HinR str = 122(123)120(121)121 M.
Verkürzte Reihe mit 2aus1M am Anfang der 1. R str.
Zun wie bisher str aber nach 90(100)110(100)100 M wenden. Am Anfang der HinR 2aus1M str = 124(125)122(123) 123 M.

Gr. (M)L(XL)XXL:
(16.)17.(18.)20. RIPP-STREIFEN
6 R versetzte Rippen mit Zun wie zuvor str = (128)125(126)126 M.
Verkürzte Reihe mit Zun in der HinR str. Zun wie bisher str, aber nach (110)100(90)90 M wenden = (130)127(128)128 M.

Gr. (XL)XXL:
(19.)21. RIPP-STREIFEN
6 R versetzte Rippen mit Zun wie zuvor str = 131 M.
Verkürzte Reihe mit Zun wie bisher str, aber nach 80 M wenden. In der HinR zun = 133 M.

Alle Gr.:
15.(17.)18.(20.)22. RIPP-STREIFEN
6 R versetzte Rippen str und am Ende aller RückR 2 neue M anschl = 130(136)133(139)139 M.

RECHTE SCHULTER, RÜCKEN

Verkürzte Reihe mit Zun wie bisher str, aber nach 100(100)90(70)70 M wenden.
37(33)36(32)32 neue M in Verlängerung der RückR anschl = 168(170)170(172)172 M.

16.(18.)19.(21.)23. RIPP-STREIFEN
6 R versetzte Rippen mit Zun am Anfang der 1. und 5. R str. Mit 2aus1M beg – 1 re – 1 li – in Rippen fortsetzen.
Verkürzte Reihe mit Zun wie bisher str, aber nach 110(90)80(60)60 M wenden = 171(173)173(175)175 M.

17.(19.)20.(22.)24. RIPP-STREIFEN
6 R versetzte Rippen mit Zun str.
Verkürzte Reihe mit Zun wie bisher str, aber nach 100(80)70(70)70 M wenden = 174(176)176(178)178 M.

18.(20.)21.(23.)25. RIPP-STREIFEN
6 R versetzte Rippen mit Zun str.
Verkürzte Reihe mit Zun wie bisher str, aber nach 90(70)60(80)80 M wenden = 177(179)179(181)181 M.

19.(21.)22.(24.)26. RIPP-STREIFEN
6 R versetzte Rippen mit Zun str.
Verkürzte Reihe mit Zun wie bisher str, aber nach 80(60)70(90)90 M wenden = 180(182)182(184)184 M.

Gr. L(XL)XXL:
23.(25.)27. RIPP-STREIFEN
6 R versetzte Rippen mit Zun str.
Verkürzte Reihe mit Zun wie bisher str, aber nach 80(100)100 M wenden = 185(187)187 M.

RECHTER NACKEN

Am Anfang der HinR eine Markierung setzen.

20.(22.)24.(26.)28. RIPP-STREIFEN
6 R versetzte Rippen ohne Zun str.
Verkürzte Reihe mit Zun wie bisher str, aber nach 70(70)90(110)110 M wenden.
Am Anfang der letzten HinR 1 M abk = 180(182)185(187)187 M.

21.(23.)25.(27.)29. RIPP-STREIFEN
6 R versetzte Rippen ohne Zun str.
Verkürzte Reihe mit Zun wie bisher str, aber nach 60(80)100(100)100 M wenden.
Am Anfang der letzten HinR 1 M abk.

22.(24.)26.(28.)30. RIPP-STREIFEN
6 R versetzte Rippen ohne Zun str.
Verkürzte Reihe mit Zun wie bisher str, aber nach 70(90)110(90)90 M wenden.
Am Anfang der letzten HinR 1 M abk.

23.(25.)27.(29.)31. RIPP-STREIFEN
6 R versetzte Rippen ohne Zun str.
1 R re str.

Die linke Seite wieder auf die Nd setzen.
Die beiden Seiten zusstr. Dafür die Arbeit mit den Außenseiten aneinanderlegen. Mit einer dritten Nd die gegenüberliegenden M zusstr und dabei gleichzeitig abk.

HALSRAND

Die Schultern von der Außenseite zusnähen. Aus dem Halsrand mit Nd Nr. 3 und beiden Fäden neue M herausstr.
Von außen am rechten Vorderteil beg. Keine M aus dem 1. Ripp-Streifen str, erst in dem glatt gestrickten Streifen beg:
30 M bis zur Schulternaht str – 49 M aus dem Nacken str – 30 M aus dem linken Vorderteil bis zum letzten Ripp-Streifen str = 109 M.

Reihe 1 (RückR): 2 re – *1 li – 1 re*.
Von * bis * wdh. Enden mit 1 re.

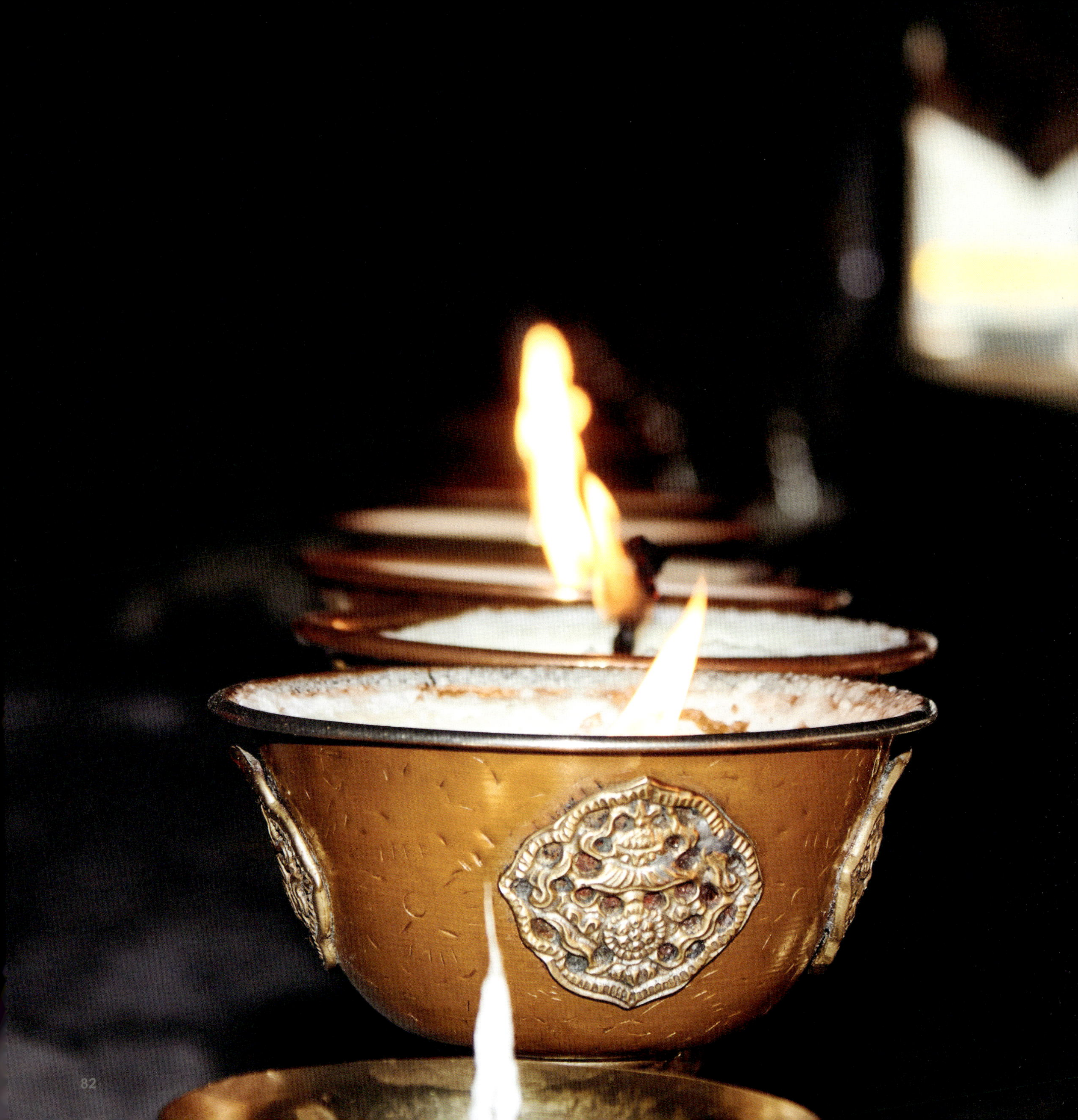

Reihe 2: 1 re – *1 li – 1 re*. Von * bis * wdh.
Reihe 3-7: wie Reihe 1-2 str.
Alle M in der HinR abk.

ÄRMEL

54(58)60(60)60 M mit StrumpfNd Nr. 3½ anschl.
Zur Runde schließen.

6 Rd Rippen str: *1 re – 1 li*.

Zunahmen str: 1 re – 1 neue M re, dafür den Querfaden vor der nächsten M re verschr str – re bis zur letzten M – 1 neue re – 1 re = 56(60)62(62)62 M.
1 Rd re str.
6 Rd mit versetzten Rippen str.

Gr. S(M)L:
6 Rd versetzte Rippen + 2 glatt gestr Rd mit Zun in jeder 8. Rd str, bis insg 18(18)2 Zun gestr sind = 90(94)64 M.

Gr. L:
Nach der letzten Zun 7 R str.

Gr. L(XL):
Doppel-Zunahme str: 1 re – 1 neue re – 1 re – 1 neue re – re bis zu den letzten 2 M – 1 neue re – 1 re – 1 neue re – 1 re = 68(66) M.
Zun in jeder 8. Rd str, dabei in jeder 3.(2.) ZunahmeR Doppel-Zunahme str, bis insg 104(110) M auf der Nd sind.

Gr. XXL:
Zun in jeder 6. Rd str. In jeder 1. und 2. ZunahmeR DoppelZun (s. Gr. L(XL) in jeder 3. ZunahmeR EinzelZun str, bis insg 120 M auf der Nd sind.

Alle Gr.:
Gerade hoch mit versetzten Rippen str, bis die Arbeit 44(43)42(41)40 cm misst. Nach einer geraden Rundenanzahl enden.

Für den Armausschnitt abk: 3 M abk – 87(91)101(107)117 M im Muster str.
Die Arbeit wenden. Am Anfang der RückR 3 M abk = 84(88)98(104)114 M.

Weiter mit versetzten Rippen str.
Beidseitig 1(1)2(2)2-mal 2 M abk = 80(84)90(96)106 M.
Beidseitig 17(19)17(18)19-mal 1 M abk = 46(46)56(60)68 M.
Beidseitig 3(3)4(5)6-mal 2 M abk = 34(34)40(40)44 M.
Beidseitig 1-mal 3 M abk = 28(28)34(34)38 M.
Beidseitig 1-mal 4 M abk = 20(20)26(26)30 M.
Die letzten M abk.

Den zweiten Ärmel genauso str.

FERTIGSTELLUNG

Vor dem Einnähen die Ärmel mit Stecknadeln in die Armausschnitte heften.
Die Ärmel von außen einnähen.
Die Fäden vernähen. Die Knöpfe annähen.
Die Jacke nass machen und vorsichtig in der Maschine schleudern.
Zum Trocknen einen Besenstiel durch die Ärmel schieben und daran einige Stunden aufhängen.
Danach liegend fertig trocknen lassen.

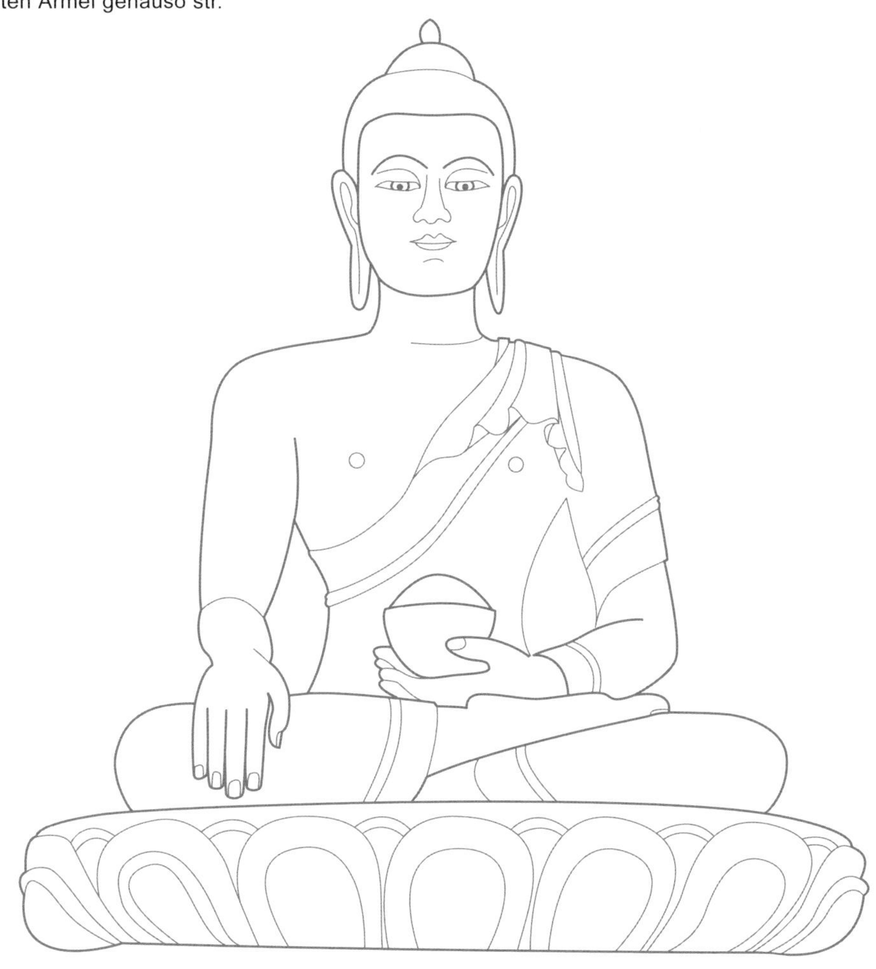

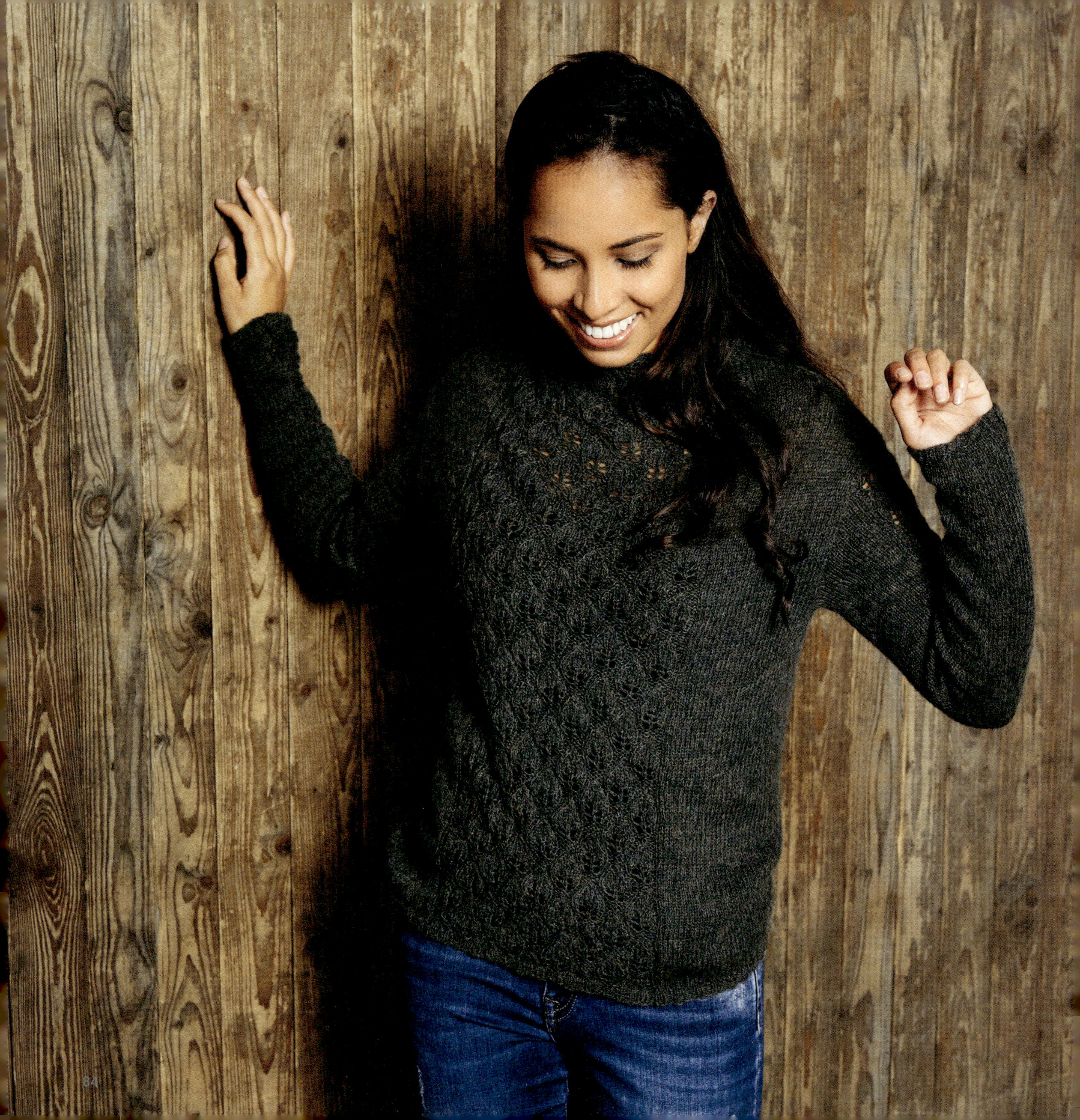

DIE SCHWARZEN WÄLDER

Der nördliche Teil Bhutans wird von den Himalayabergen bestimmt. Der südliche Teil grenzt an das warme Klima Indiens. Der innere Himalaya besteht aus großen Waldarealen, die sich an den Bergen hochziehen – Die schwarzen Berge. An den riesigen Nadelbäumen hängen zwischen den Ästen weiße Moose herunter und ähneln dem Bart eines alten Mannes. Sie werden deshalb auch Yeti genannt – nach dem großen Schneemenschen. Vielleicht taucht er ja noch einmal auf.

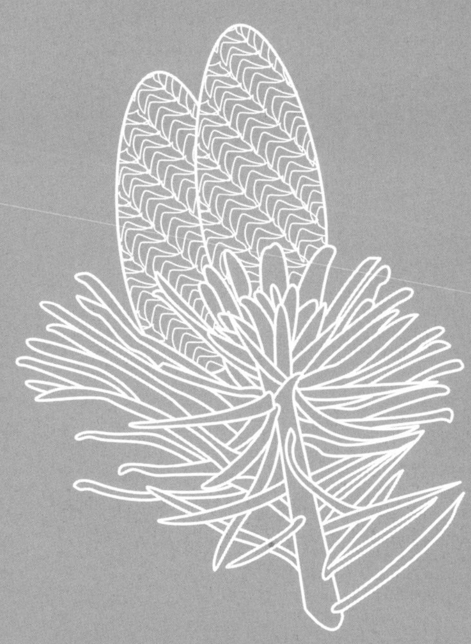

DIE SCHWARZEN WÄLDER

Gr.: S(M)L(XL)XXL

Halbe Oberweite: 49(52)57(60)67 cm
Länge: 60(62)62(63)65 cm
Innere Ärmellänge: 44(43)43(42)41 cm

MATERIAL

150(200)200(200)250g Isager Alpaca 1 Farbe Forest
200(200)250(250)250g Isager Trio Farbe Bottle green

Empfohlene Strumpf- und Rundnadeln Nr. 2½ und 3

Maschenprobe glatt rechts mit Nd Nr. 3: 10 cm = 24 M und 35 R

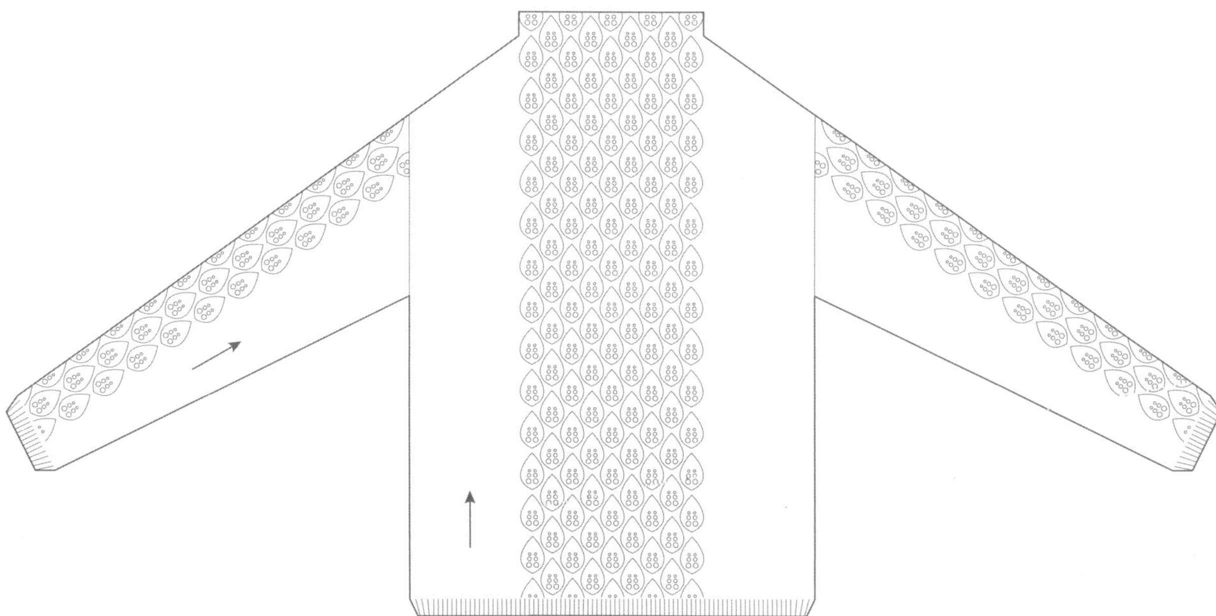

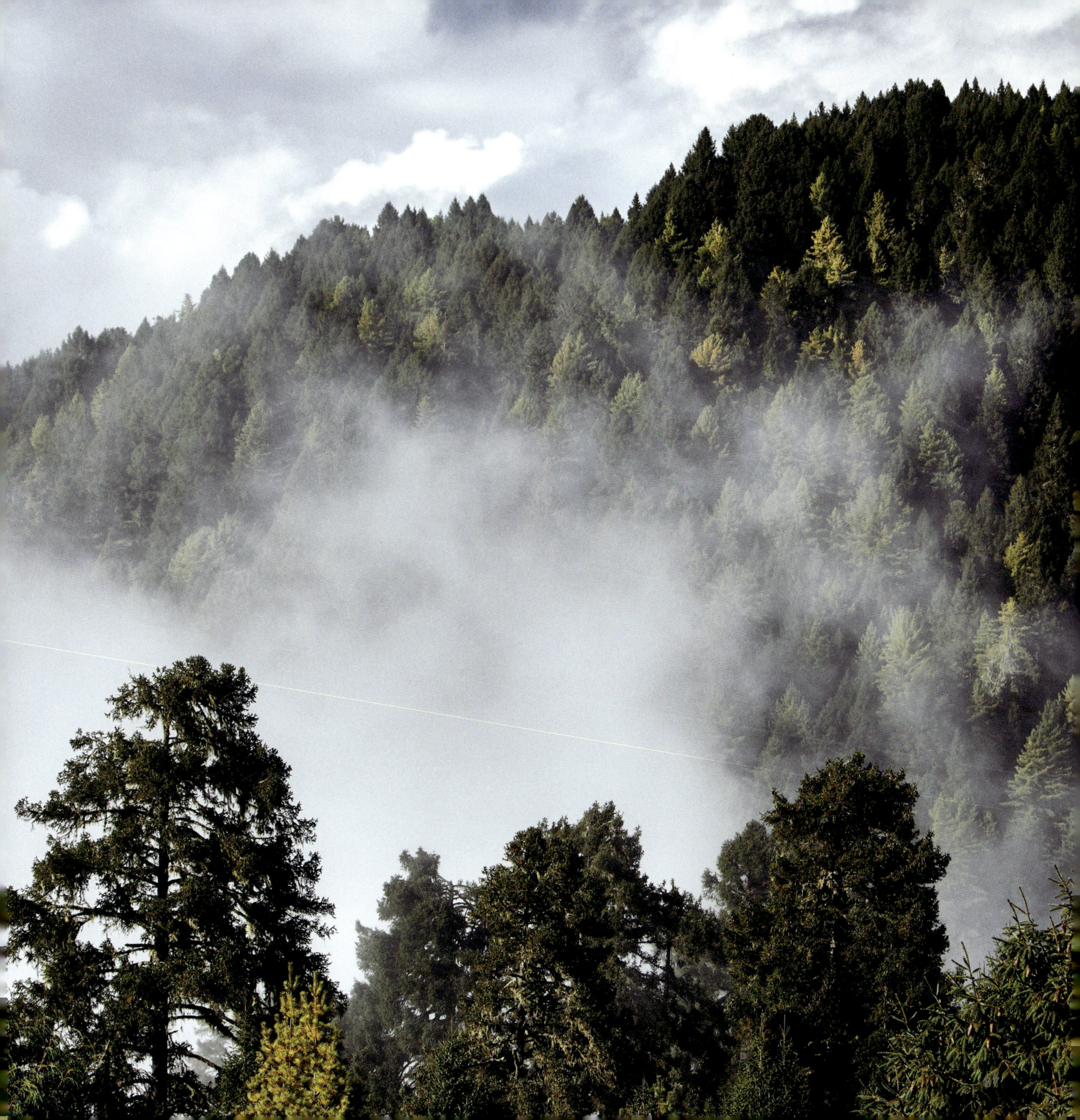

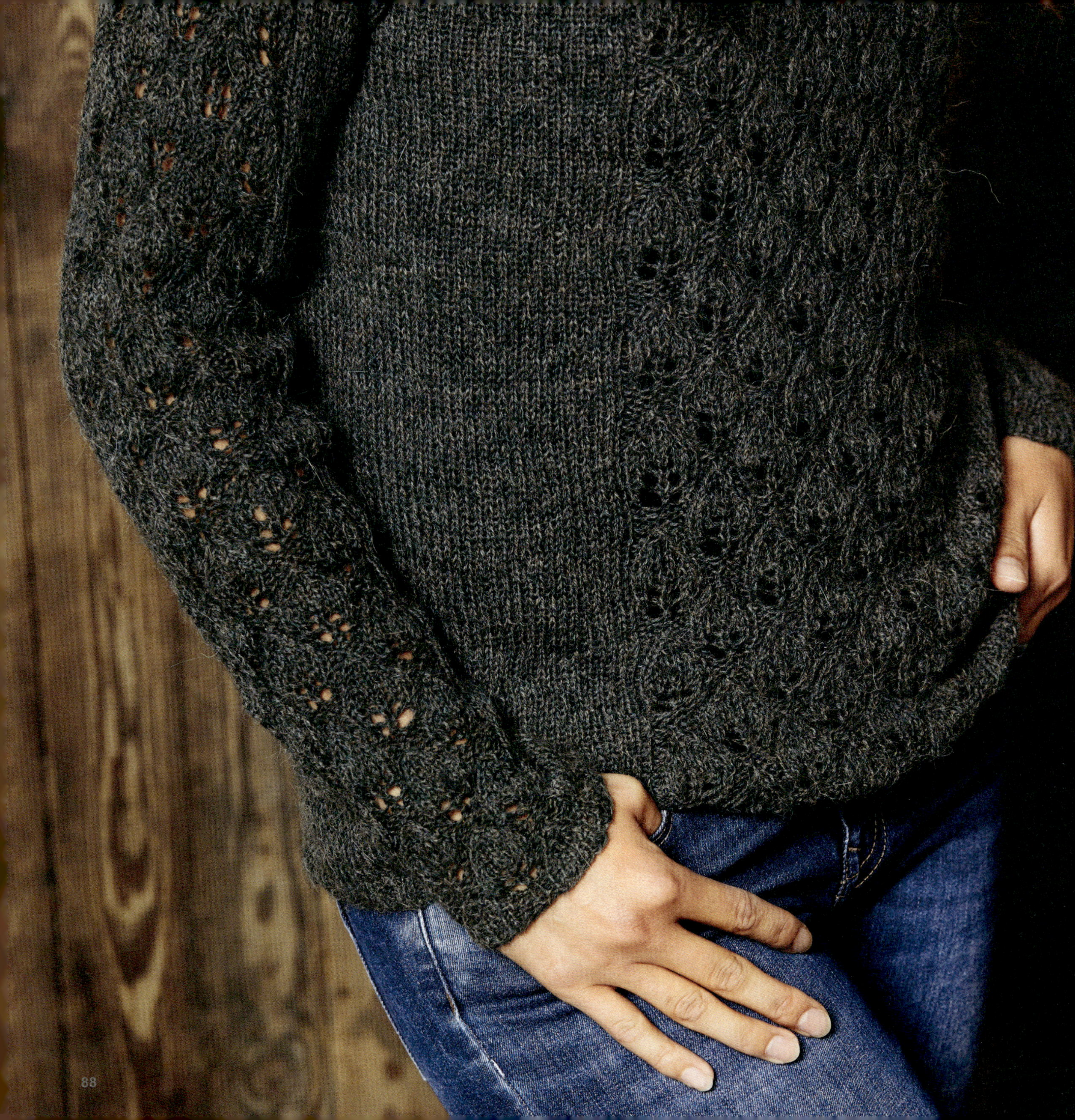

KÖRPER

234(250)274(290)322 M mit RundNd Nr. 2½ anschl.

5 Rd Rippen str:
Erstes Seitenteil: 1 re – *2 li – 2 re*.
Von * bis * wdh, bis 29(33)33(37)45 M gestr sind. Eine Markierung setzen.
Mittelteil: *2 li – 2 re – 1 li – 1 re – 1 li – 2 re – 2 li – 1 re*. Von * bis * insg 4(4)5(5)5-mal str.
Enden mit 2 li – 2 re – 1 li – 1 re – 1 li – 2 re – 2 li. Eine Markierung setzen.
Zweites Seitenteil: *2 re – 2 li*. Von * bis * wdh, bis 28(32)32(36)44 M gestr sind. Enden mit 1 re. Eine Markierung setzen.
Hier ist die Seitennaht.
Das Ganze noch einmal str.

Zu Nd Nr. 3 wechseln.
Nun mit dem Muster laut Diagramm weiter str.
Runde 1: 29(33)33(37)45 re – den Muster-Rapport 4(4)5(5)5-mal str. Den Abschluss-Rapport str - 58(66)66(74)90 re – den Muster-Rapport 4(4)5(5)5-mal str.
Enden mit dem Abschluss-Rapport – 29(33)33(37)45 re.

Die Maschenanzahl variiert je nach DiagrammR.

Mit dem Muster in vorderer und hinterer Mitte weiter gerade hoch str, bis die Arbeit ca. 36(35)33(32)30 cm misst.
Nach einer ungeraden DiagrammR enden.

Das Muster weiter str, aber nun für die Armausschnitte abk: 2 M abk – 27(31)31(35)43 re (die erste M ist bereits auf der Nd) – den Muster-Rapport 4(4)5(5)5-mal str.
Den Abschluss-Rapport str – 27(31)31(35)43 re – 4 M über der Seitennaht abk – 27(31)31(35)43 re (die erste M ist bereits auf der Nd) – den Muster-Rapport 4(4)5(5)5-mal str. Enden mit dem Abschluss-Rapport – 29(33)33(37)45 re.

Jede Hälfte für sich fertig str.

RÜCKEN

Die Strickarbeit wenden. In der RückR die ersten 2 M abk – bis zu den abgeketteten M weiter str.
Im Muster 60(64)70(74)80 R über die RückenM hin- und herstr = 17(18)20(21)23 cm.
Mit einer RückR enden.
Die Fäden abschneiden.
Die M stilllegen.

VORDERTEIL

Im Muster 61(65)71(75)81 R über die VorderteilM hin- und herstr = 17(18)20(21)23 cm.
Mit einer RückR beg.
Mit einer RückR enden.
Die M auf der Nd lassen.

PASSE

Die RückenM wieder auf die Nd heben und in Rd das Muster nun wieder über Rücken und Vorderteil str.
Mit dem Vorderteil beg.

Abnahmen str: *2 re zus – 25(29)29(33)41 re – Muster-Rapport 4(4)5(5)5-mal str. Abschluss-Rapport str – 25(29)29(33)41 re – 2 re verschr zus*. Über die RückenM weiter str und von * bis * wdh = 222(238)262(278)310 M.

Die Abn in jeder R insg. 26(30)30(34)42-mal str = 122(122)146(146)146 M.
Am Vorderteil und Rücken ist nur noch je 1 glatte M vor und nach dem Diagramm vorhanden.

HALS

Ca. 2 cm im Muster gerade hoch str.
Nach einer 8. oder 16. MusterRd enden.
3 R li über alle M str.
Alle M locker re abk.

ÄRMEL

53(53)61(61)61 M mit StrumpfNd 2½ anschl.
4 Rd Rippen str:
Erstes Seitenteil: 1 re – *2 li – 2 re*.
Von * bis * insg 9(9)13(13)13 M str.
Eine Markierung setzen.
Mittelteil: *2 li – 2 re – 1 li – 1 re – 1 li – 2 re – 2 li – 1 re*. Von * bis * insg. 2-mal str.
Enden mit 2 li – 2 re – 1 li – 1 re – 1 li – 2 re – 2 li.
Eine Markierung setzen.
Zweites Seitenteil: *2 re – 2 li*. Von * bis * über insg 9(9)13(13)13 M str.
Eine Markierung setzen.

Zu Nd Nr. 3 wechseln.
Das Muster str.
Runde 1: 9(9)13(13)13 re – den Muster-Rapport 2-mal str. Den Abschluss-Rapport str – 9(9)13(13)13 re.

Runde 2 mit Zunahme: 1 re – 1 neue M re, dafür den Querfaden vor der nächsten M re verschr str – 8(8)12(12)12 re – den Muster-Rapport 2-mal str.
Den Abschluss-Rapport str – 8(8)12(12)12 re – 1 neue re – 1 re = 55(55)63(63)63 M.

Die Zun in jeder 10.(8.)8.(6.)4. Rd insg 14(18)18(22)28-mal str.
Vor und nach dem Diagramm sind nun 23(27)31(35)41 glatt gestr M.

Weiter str, bis der Ärmel ca. 44(43)43(42)41 cm misst.
Mit einer ungeraden MusterR enden.

Das Muster laut Diagramm weiter str, aber nun für den Armausschnitt abk: 3 M abk – die Rd zu Ende str. Wenden und auch am Anfang der RückR 3 M abk – die R zu Ende str.

Ab jetzt in Reihen hin und her str.
Weiterhin am Anfang jeder R 2 M abk, bis alle glatt gestrickten M abgekettet sind.
Die letzten M abk.
Die Fäden abschneiden.
Den zweiten Ärmel genauso str.

FERTIGSTELLUNG

Die Ärmel in die Armausschnitte einnähen.
Die Fäden vernähen.

DIAGRAMM

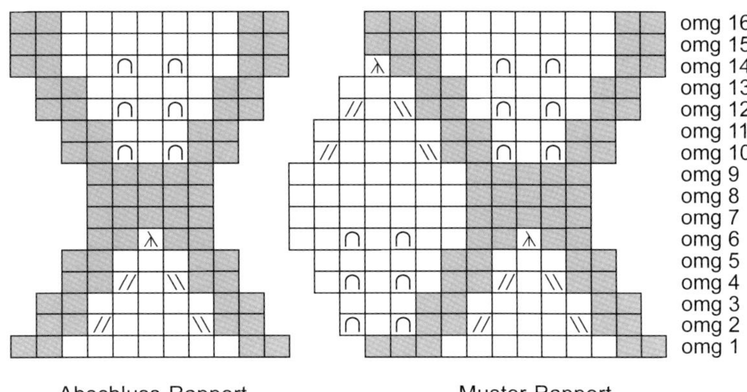

Abschluss-Rapport

Muster-Rapport

□ = re

■ = li

// = 2 re zus

\\ = 2 re verschr zus

⅄ = 3 re zus, dafür 1 M abh – 2 re zus – die abgeh M über die 2 zusgestr M heben

∩ = U

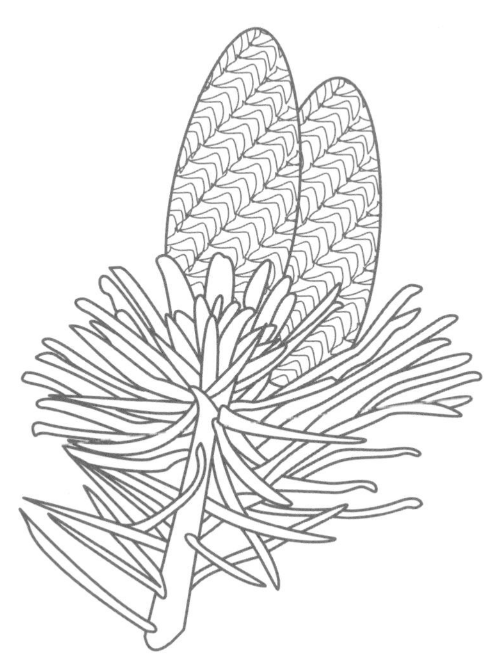

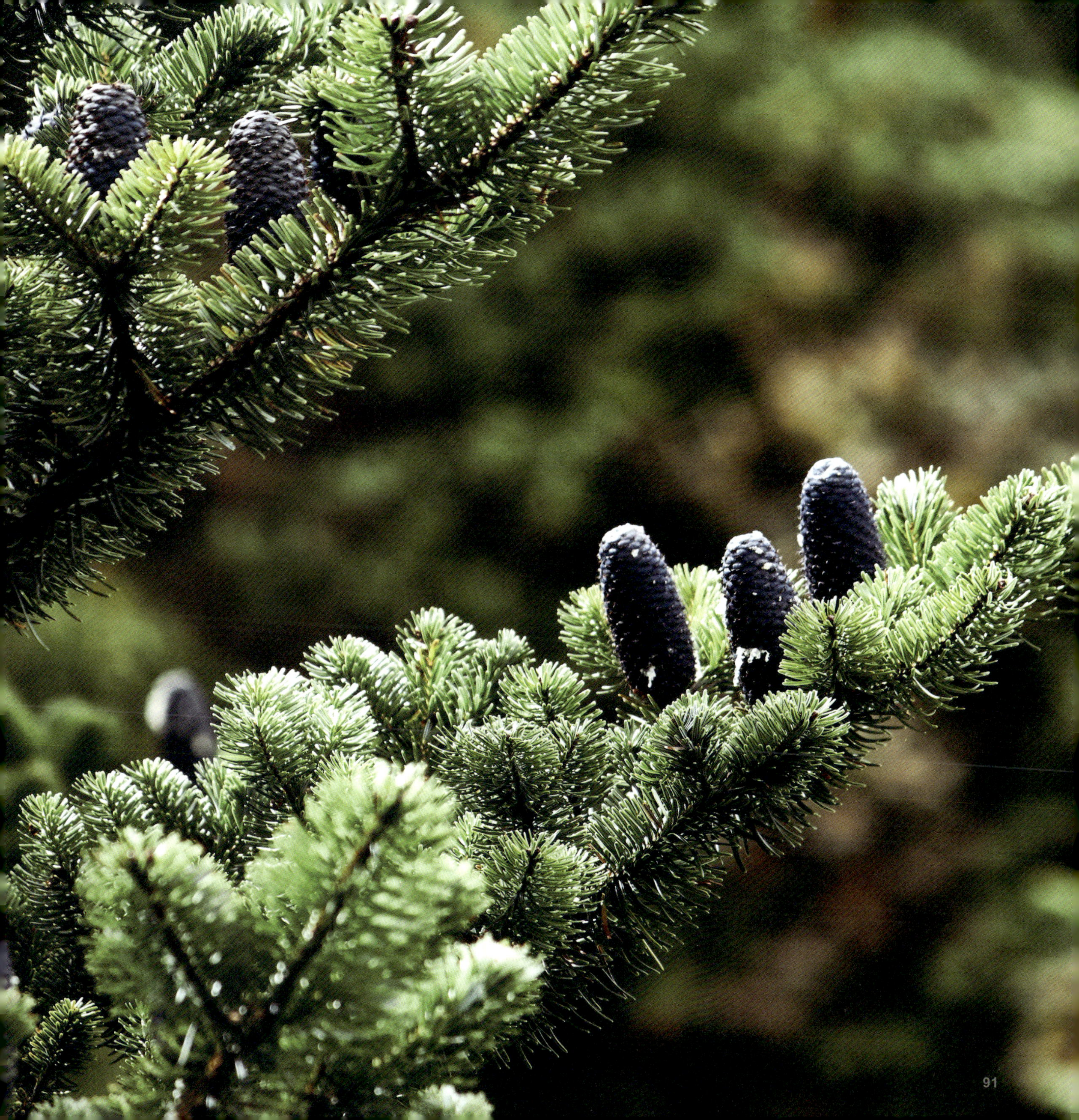

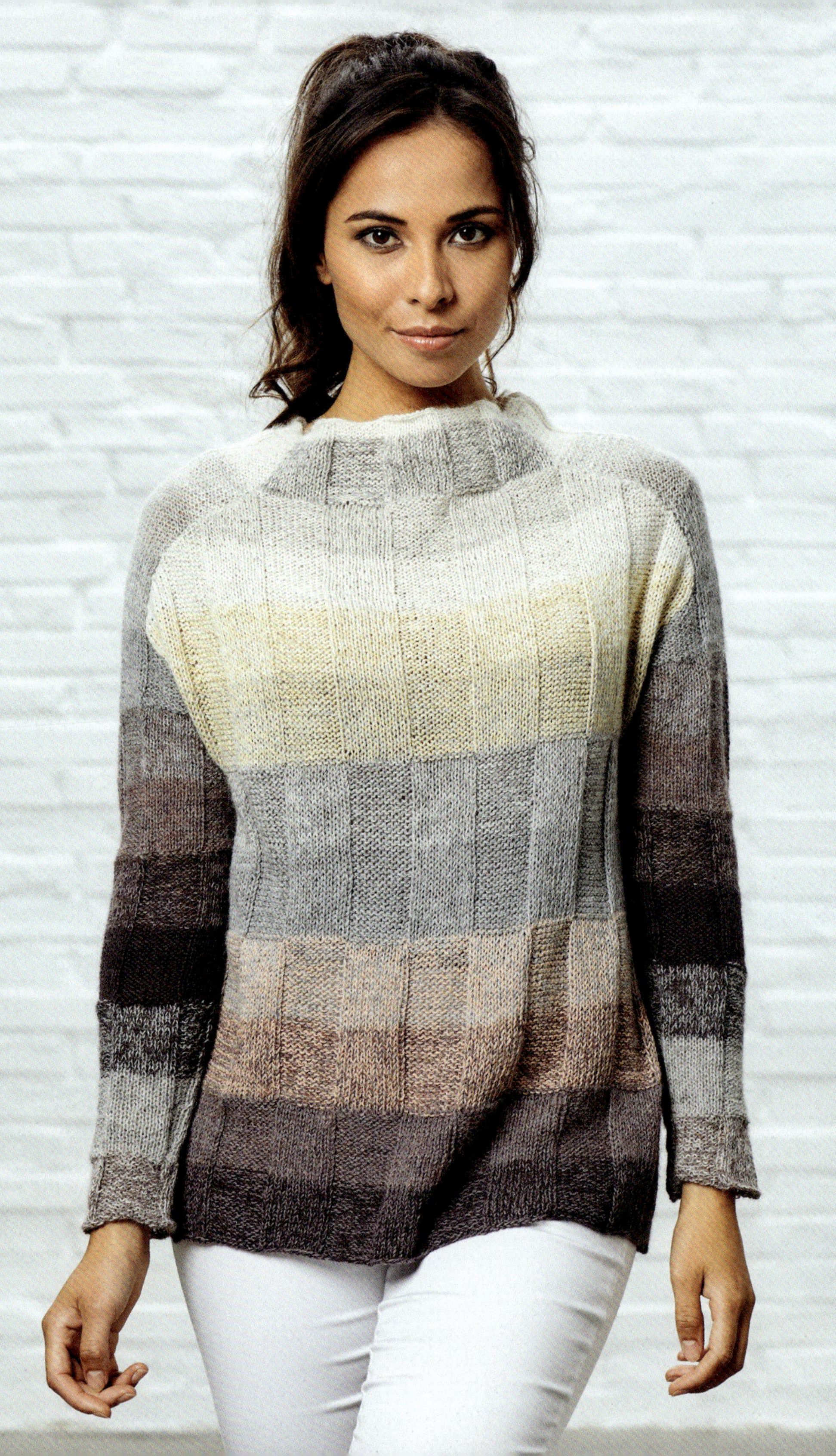

DAS NEST DES TIGERS

Der wichtigste Tempel in Bhutan ist das Nest des Tigers. Er liegt auf einem Felsvorsprung hoch oben in den Bergen und gleicht einer Fata Morgana. Nach einer dreistündigen Wanderung durch die großen Wälder, über schmale Gebirgswege und steile Treppen gelangt man dorthin. Ich mag gar nicht daran denken, wie es überhaupt möglich war, diesen Tempel zu bauen.
Mein fantastischer Guide Tashi ist ein Erzähler ...
Die Geschichte besagt, dass der große indische Meister Guru Rinpoche eine Eingebung zu diesem heiligen Ort hatte. Er verwandelte einen Bergtiger in ein fliegendes Wesen und auf dem Rücken des Tigers stehend flog er von Ostbhutan nach Westbhutan, landete auf dem Felsvorsprung und baute diesen wunderbaren Tempel. Die Tage auf den Touren vergehen mit Berichten über die Geschichte Bhutans, auf eine wunderbare Art gemischt mit Erzählungen und Märchen aus der Vergangenheit und Gegenwart. Am Ende des Tages, wenn die Müdigkeit sich meldet, bin ich nicht mehr sicher, was Erzählung und was Wirklichkeit ist.

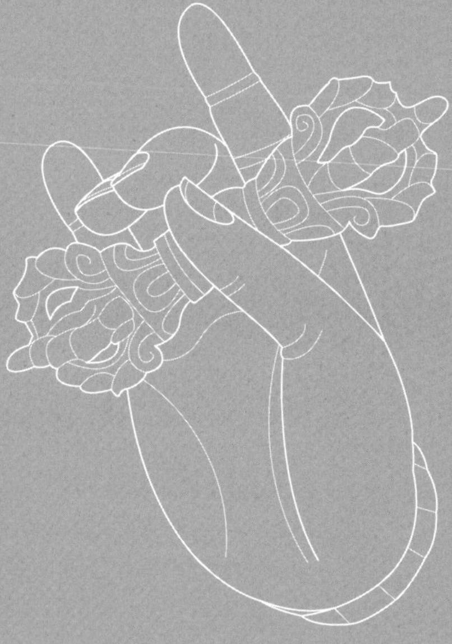

DAS NEST DES TIGERS

Gr.: S(M/L)XL/XXL

Halbe Oberweite: 55(61)66 cm
Länge: 55(58)60 cm
Innere Ärmellänge: 43(41)39 cm

MATERIAL

A1: 50g Isager Bomulin Farbe 60
A2: 50g Isager Alpaca 1 Farbe 60
B1: 50g Isager Bomulin Farbe 62
B2: 50g Isager Alpaca 1 Farbe Sky
C1: 50g Isager Bomulin Farbe 41
C2: 50g Isager Alpaca 1 Farbe 3s
D1: 50g Isager Bomulin Farbe 58
D2: 50g Isager Alpaca 1 Farbe 2s
E1: 50g Isager Bomulin Farbe 0
E2: 50g Isager Alpaca 1 Farbe 0
Den Pullover mit doppeltem Faden stricken

Empfohlene Rundnadel Nr. 3, 3½ und 4, Strumpfnadeln Nr. 4

Maschenprobe glatt rechts: 10 cm = 20 M und 28 R

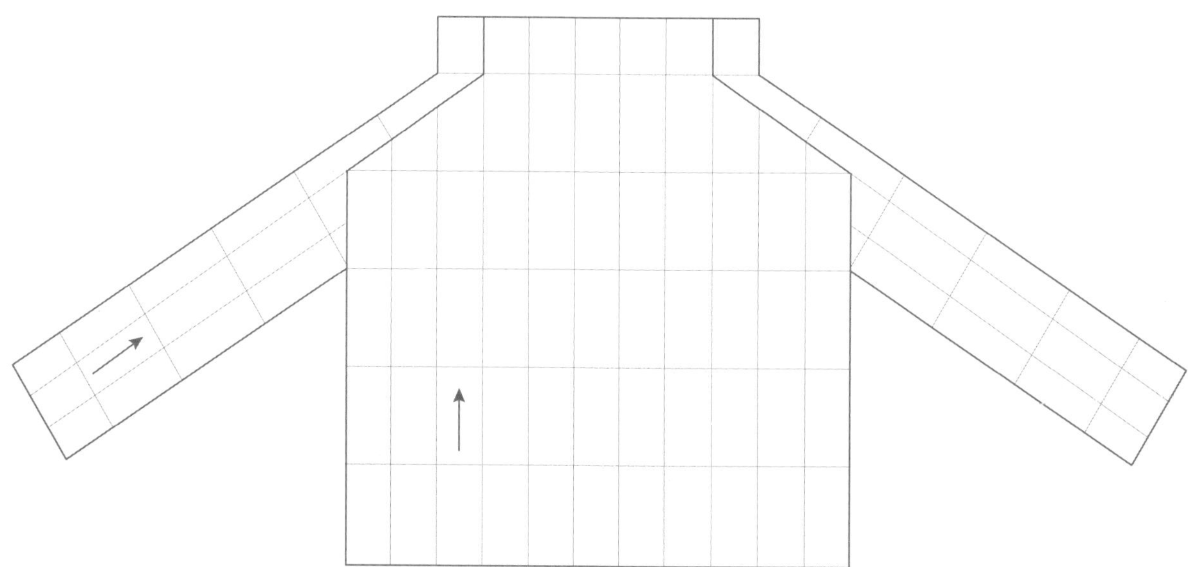

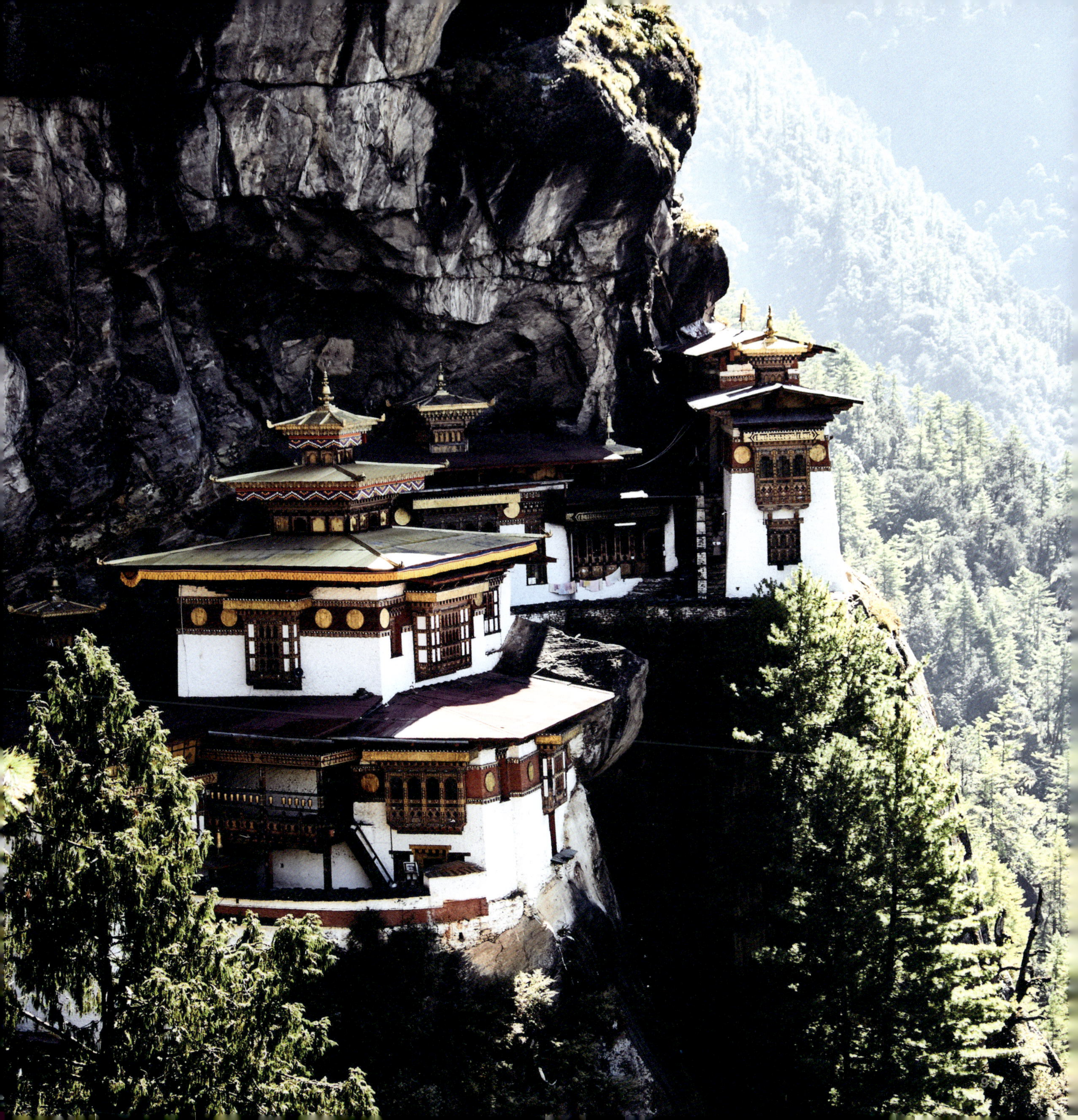

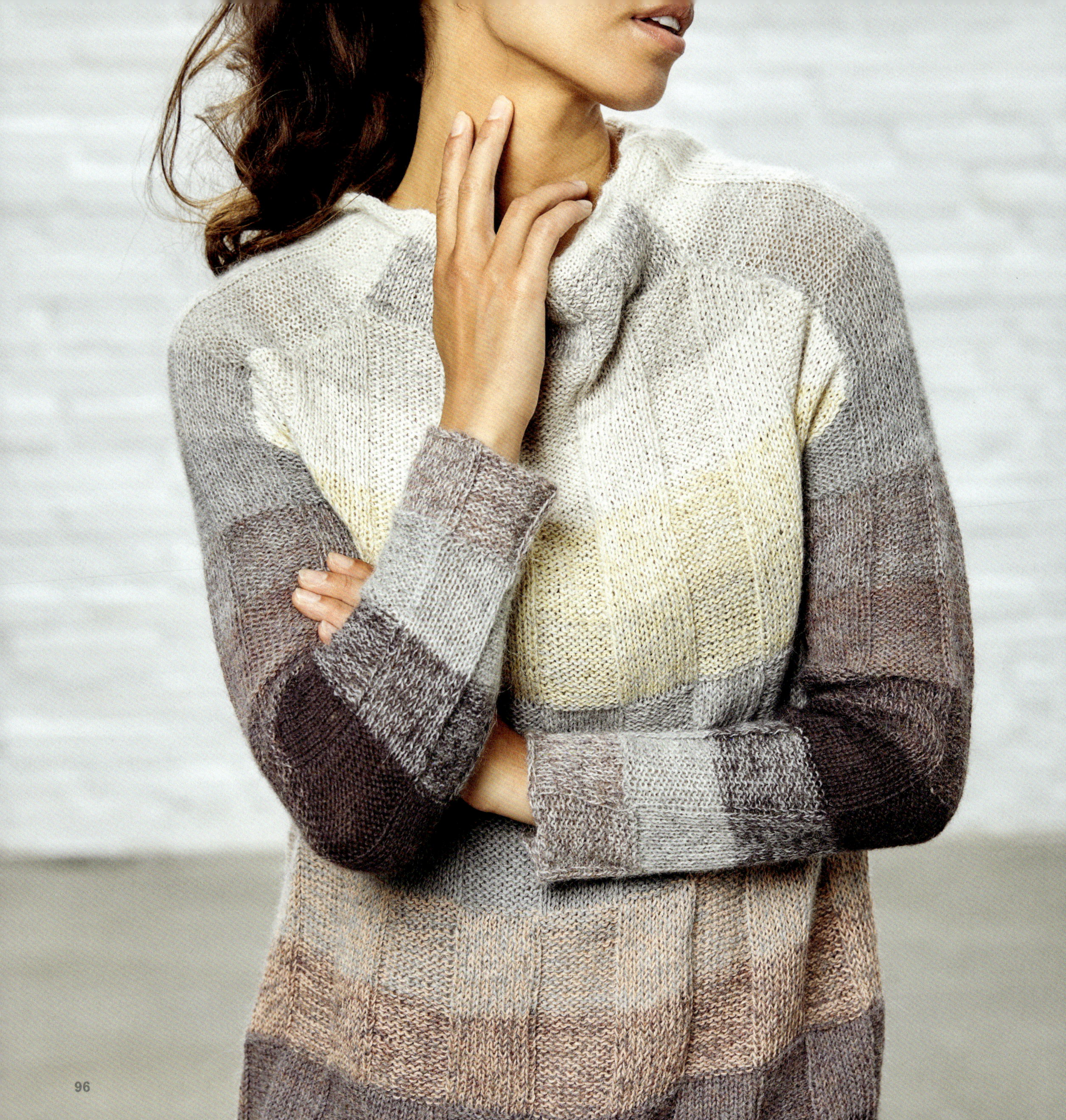

KÖRPER

220(242)264 M mit RundNd Nr. 4 und A1 + A2 anschl und zur Rd schließen.

1. STREIFEN
Mit A1 + A2 str:
16 Rd str: *10(11)12 re – 10(11)12 li*.
Von * bis * wdh.
A2 abschneiden.
Die Arbeit misst 6 cm.

2. STREIFEN
Mit A1 + B2 str:
16 Rd wie bisher str.
A1 abschneiden.

3. STREIFEN
Mit B1 + B2 str:
16 Rd str: *10(11)12 li – 10(11)12 re*.
Von * bis * wdh.
B2 abschneiden.

4. STREIFEN
Mit B1 + C2 str:
16 Rd wie den 3. Streifen str.
B1 abschneiden.

5. STREIFEN
Mit C1 + C2 str:
16 Rd str: *10(11)12 re – 10(11)12 li*.
Von * bis * wdh.
C2 abschneiden.

6. STREIFEN
Mit C1 + D2 str:
14(10)6 Rd wie den 5. Streifen str.
Nun die Arbeit in Vorderteil und Rücken teilen.

RÜCKEN

Mit C1 + D2 weiter str:
Reihe 1: Die erste M mit 2aus1M str, dafür erst 1 M aus dem vorderen, dann 1 M aus dem hinteren Maschenschenkel str – 9(10)11 re – *10(11)12 li – 10(11)12 re*.
Von * bis * insg 4-mal str.
Enden mit 10(11)12 li – 9(10)11 re – 2aus1M str = 112(123)134 M.
Die Strickarbeit wenden.
Reihe 2 (RückR): 1 re – *10(11)12 li – 10(11)12 re*. Von * bis * insg 5-mal str.
Enden mit 10(11)12 li – 1 re.

In Reihen über den Rücken weiter str.
Die erste und letzte M in allen R re str.
Noch 0(4)8 R str.
C1 abschneiden.

7. STREIFEN
Mit D1 + D2 str:
Reihe 1 (HinR): 1 re – *10(11)12 li – 10(11)12 re*.
Von * bis * insg 5-mal str.
Enden mit 10(11)12 li – 1 re.
Reihe 2 (RückR): 11(12)13 re – *10(11)12 li – 10(11)12 re*.
Von * bis * insg 5-mal str. Enden mit 1 re.
Insg 16 R str.
D2 abschneiden.

8. STREIFEN
Mit D1 + E2 str:
16 R wie bisher str.

9. STREIFEN
Mit E1 + E2 str:
Reihe 1 (HinR): 1 re – *10(11)12 li – 10(11)12 re*.
Von * bis * insg 5-mal str.
Enden mit 10(11)12 li – 1 re.
Reihe 2 (RückR): 11(12)13 re – *10(11)12 li – 10(11)12 re*.
Von * bis * insg 5-mal str. Enden mit 1 re.
Über die Schulter weiter str.

SCHULTER

Das Muster weiter str und GLEICHZEITIG für die Schulterschrägen abk: In allen R die erste M abk – im Muster str - die letzten 2 M re zusstr.
Nach insg 16 R mit E1 + E2 sind 84(95)106 M auf der Nd.
E2 abschneiden.

10. STREIFEN
Mit E1 + D2 str.
16 R mit E1 + D2 str und am Anfang und Ende der R abn wie bisher = 52(63)74 M.
D2 abschneiden.

11. STREIFEN
Gr. S:
Mit E1 + C2 str.
16 R Muster ohne Abn str. In der ersten R rechts über links und links über rechts str – danach rechts über rechts und links über links.

Gr. (M/L)XL/XXL:
Mit E1 + C2 str:
(3)6 R im Muster mit Abn wie bisher str. In der ersten R rechts über links und links über rechts str – danach rechts über rechts und links über links = (57)62 M.
(13)10 R im Muster ohne Abn str.

Alle Gr.:
Die Fäden abschneiden und die M stilllegen.

VORDERTEIL

Mit C1 + D2 str.
Reihe 1 (HinR): 2aus1M – 9(10)11 li – *10(11)12 re – 10(11)12 li*.
Von * bis * insg 4-mal str. Enden mit 10(11)12 re – 9(10)11 li – 2aus1M = 112(123)134 M.
Die Arbeit wenden.
Reihe 2: 11(12)13 re – *10(11)12 li – 10(11)12 re*. Von * bis * insg 5-mal str. Enden mit 1 re.

Über das Vorderteil in Reihen hin- und herstr.
Die erste und letzte M in allen R re str.
Noch 0(4)8 R str.
C1 abschneiden.

7. STREIFEN
Mit D1 + D2 str:
Reihe 1 (HinR): 11(12)13 re – *10(11)12 li – 10(11)12 re*.

Von * bis * insg 5-mal str. Enden mit 1 re.
Reihe 2 (RückR): 1 re – *10(11)12 li – 10(11)12 re*. Von * bis * insg 5-mal str. Enden mit 10(11)12 li – 1 re.
Insg 16 R str.
D2 abschneiden.

8. STREIFEN
Mit D1 + E2 str:
16 R wie bisher str.

9. STREIFEN
Mit E1 + E2 str:
Reihe 1 (HinR): 11(12)13 re – *10(11)12 li – 10(11)12 re*. Von * bis * insg 5-mal str. Enden mit 1 re.
Reihe 2 (RückR): 1 re – *10(11)12 li – 10(11)12 re*. Von * bis * insg 5-mal str. Enden mit 10(11)12 li – 1 re.

Im Muster weiter str und GLEICHZEITIG für die Schulterschrägen abk wie am Rücken.

RECHTER ÄRMEL

Den Ärmel von oben nach unten str.
22(24)26 M mit Nd Nr. 4 und 2 Fäden E2 anschl.

1. STREIFEN
15 R str: 11(12)13 re – 10(11)12 li – 1 re.
Die erste R ist eine RückR.
Einen der E2-Fäden abschneiden.

2. STREIFEN
Mit D2 + E2 str.
16 R str: 1 re – 10(11)12 li – 11(12)13 re.
E2 abschneiden.

3. STREIFEN
Mit 2 Fäden D2 str.
16 R wie den 2. Streifen str.
Einen der D2-Fäden abschneiden.

4. STREIFEN
Mit C2 + D2 str.
16 R wie den 1. Streifen str.
D2 abschneiden.
An jeder Seite eine Markierung setzen.

5. STREIFEN
Mit 2 Fäden C2 str.
Reihe 1: 11(12)13 re – 10(11)12 li – 1 re – 3 neue M am Ende der R anschl.
Reihe 2: 1 re – 3 li – 10(11)12 re – 10(11)12 li – 1 re – 3 neue M anschl.
Reihe 3: 1 re – 3 li – 10(11)12 re – 10(11)12 li – 4 re – 3 neue M anschl.
Reihe 4: 1 re – 6 li – 10(11)12 re – 10(11)12 li – 4 re – 3 neue M anschl = 34(36)38 M.

Weiterhin am Ende jeder R 3 neue M anschl. Wenn an jeder Seite 10(11)12 M angeschl wurden, werden die nächsten neu angeschl M li gestr, bis wieder 10(11)12 neue M angeschl wurden. Danach werden die neuen M wieder re gestr usw.
Nach 16 R sind 70(72)74 M auf der Nd.
Einen der C2 Fäden abschneiden.

6. STREIFEN
Gr. S(M/L):
Mit StrumpfNd und B2 + C2 in Rd str.
Runde 1: 5(3) re – *10(11) li – 10(11) re*.
Von * bis * wdh. Enden mit 4(2) li – 1 re.
Rd 1 wdh, bis mit B2 + C2 insg 8 Rd gestr sind.

Gr. XL/XXL:
Mit B2 + C2 str.
Reihe 1: 1 re – *12 li – 12 re*. Von * bis * wdh. Enden mit 1 li – 3 neue M anschl.
Reihe 2: 4 re – *12 li – 12 re*. Von * bis * wdh. Enden mit 1 li – 3 neue M anschl = 80 M.
Mit StrumpfNd in Rd weiter str: 4 re – 12 li – 12 re – 4 li.
Im Muster insg 10 Rd mit B2 + C2 str.

Alle Gr.:
Abnahmen str: 2 re zus – im Muster str - die letzten 2 M li verschr zusstr = 68(70)78 M.
Die Abn in jeder 8.(8.)6. Rd wdh, bis noch 42(46)48 M auf der Nd sind.
Die 2. M der Rd gibt vor, ob 2 re oder 2 li zusgestr werden. Ebenfalls am Ende der Rd 2 re verschr oder 2 li verschr zusstr.
GLEICHZEITIG das Streifenmuster fortsetzen.

STREIFENABFOLGE

Nach 17(16)16 Rd mit B2 + C2 wird C2 abgeschnitten.
7. STREIFEN
17(16)16 Rd mit 2 Fäden B2 str.
Einen der Fäden abschneiden.
8. STREIFEN
17(16)16 Rd mit A2 + B2 str.
B2 abschneiden.
9. STREIFEN
18(16)15 Rd mit 2 Fäden A2 str.
Einen der Fäden abschneiden.
10. STREIFEN
17(16)15 Rd mit A2 + C2 str.
A2 abschneiden.
11. STREIFEN
18(16)15 Rd mit C2 + D2 abschneiden.
Einen der Fäden abschneiden.

Gr. XL/XXL:
Falls C2 knapp wird, kann es mit D2 ersetzt werden.

Alle Gr.:
12. STREIFEN
17(17)15 Rd mit B2 + D2.

Im Muster abk.

LINKER ÄRMEL

22(24)26 M mit Nd Nr. 4 und 2 Fäden E2 anschl.

1. STREIFEN
15 R str: 1 re – 10(11)12 li – 11(12)13 re.
Die erste R ist eine RückR.
Einen der Fäden abschneiden.

2. STREIFEN
Mit D2 + E2 str.
16 R str: 11(12)13 re – 10(11)12 li – 1 re.
E2 abschneiden.

3. STREIFEN
Mit 2 Fäden D2 str.
16 R wie den 2. Streifen str.
Einen der Fäden abschneiden.

4. STREIFEN
Mit C2 + D2 str.
16 R wie den 1. Streifen str.
D2 abschneiden.
An jeder Seite eine Markierung setzen.

5. STREIFEN
Mit 2 Fäden C2 str.
Reihe 1: 1 re – 10(11)12 li – 11(12)13 re – 3 neue M am Ende der R anschl.
Reihe 2: 4 re – 10(11)12 li – 10(11)12 re – 1 re – 3 neue M anschl.
Reihe 3: 4 re – 10(11)12 li – 10(11)12 re – 4 li – 3 neue M anschl.
Reihe 4: 7 re – 10(11)12 li – 10(11)12 re – 4 li – 3 neue M anschl.

Weiterhin am Ende jeder R 3 neue M anschl.
Nach 10(11)12 neuen M an jeder Seite, werden die nächsten neu angeschl M li gestr, bis wieder 10(11)12 neue M angeschl wurden.
Danach die neuen M wieder re str usw.
Nach 16 R sind 70(72)74 M auf der Nd.
Einen der Fäden abschneiden.

6. STREIFEN
Gr. S(M/L):
Mit StrumpfNd und B2 + C2 in Rd str.
Rd 1: 1 re – 4(2) li – *10(11) re – 10(11) li*.
Von * bis * wdh. Enden mit 5(3) re.
Rd 1 wdh, bis insg 8 Rd mit B2 + C2 gestr sind.

Gr. XL/XXL:
Mit B2 + C2 str.
Reihe 1: 1 re – *12 re – 12 li*. Von * bis * wdh.
Enden mit 1 re – 3 neue M anschl.
Reihe 2: 1 re – 3 li – *12 re – 12 li*.
Von * bis * wdh.
Enden mit 1 re – 3 neue M anschl = 80 M.
Mit StrumpfNd in Rd weiter str: 4 li – 12 re – 12 li – 4 re.
Im Muster insg 10 Rd mit B2 + C2 str.

Wie den rechten Ärmel fertig str.

HALSRAND

Die M des Rückens und Vorderteils wieder auf eine Nd setzen.
Mit 2 Fäden E2 und Nd Nr. 3 str.

Über den Rücken str: 2 li zus – 9(10)11 li – 10(11)12 re – 10(11)12 li – 10(11)12 re – 9(10)11 li – 2 li zus.
Weiter über den linken Ärmel str: 20(22)24 neue M aus der AnschlagR des Ärmels herausstr.
Über das Vorderteil str: 2 re zus – 9(10)11 re – 10(11)12 li – 10(11)12 re – 10(11)12 li – 9(10)11 re – 2 re zus.
Weiter über den rechten Ärmel str: 20(22)24 neue M aus der AnschlagR des Ärmels herausstr = 140(154)168 M.

5 Rd str: *10(11)12 li – 10(11)12 re*.
Von * bis * wdh.
Mit rechten M und etwas fester abketten.

FERTIGSTELLUNG

Die Ärmel in die Armausschnitte nähen.
Die Markierungen an den Ärmeln sollen dabei auf die Übergänge von Körper zu Schultern treffen.
Die Fäden vernähen.

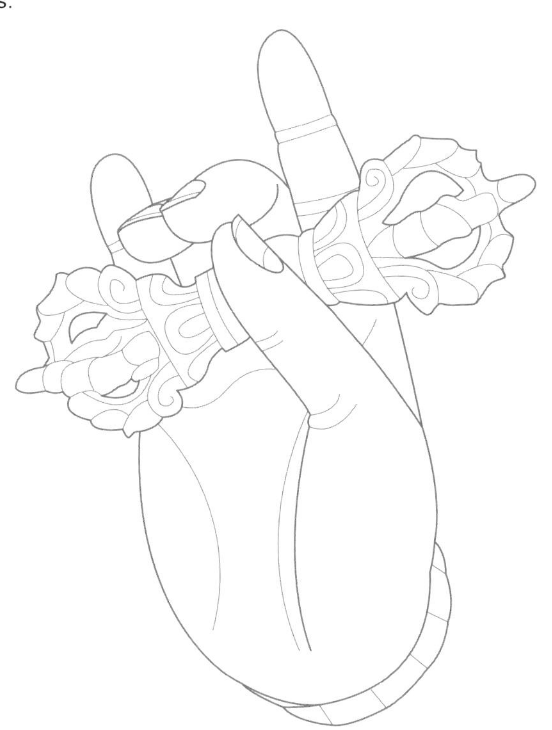

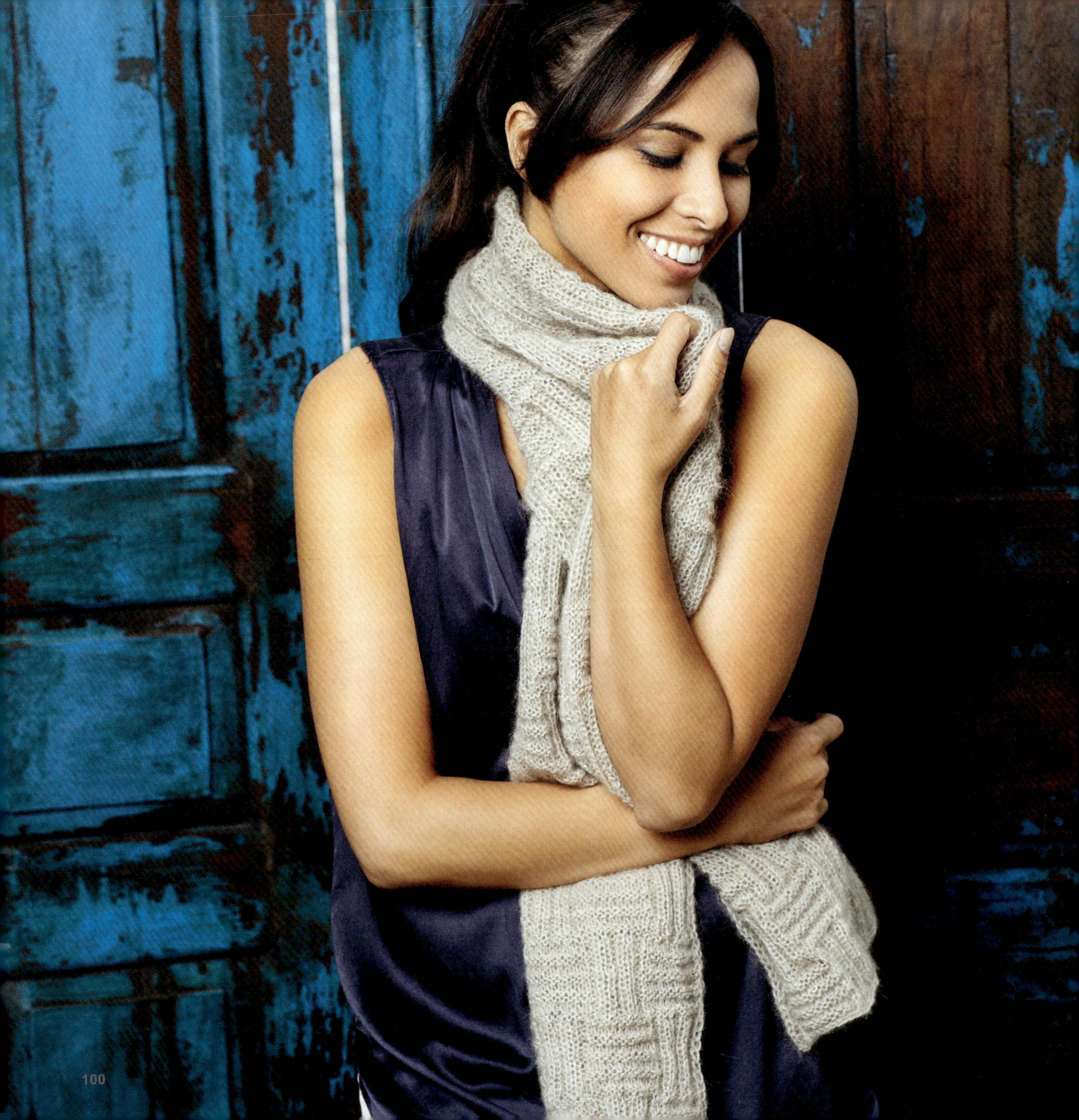

TÜCHER

Die weißen Tücher sind für erwachsene Männer obligatorisch, wenn sie heilige oder offizielle Orte betreten. Es wird über der einen Schulter getragen – natürlich nach ganz bestimmten Regeln. Zuerst wird das eine Ende dreimal in der Hand gefaltet, dann wird es über den Unterarm gelegt – über die Schulter und zurück zum Arm.

Ich habe natürlich gefragt, ob das Tuch nicht stört und manchmal im Weg ist – sie haben mich verständnislos angesehen ...

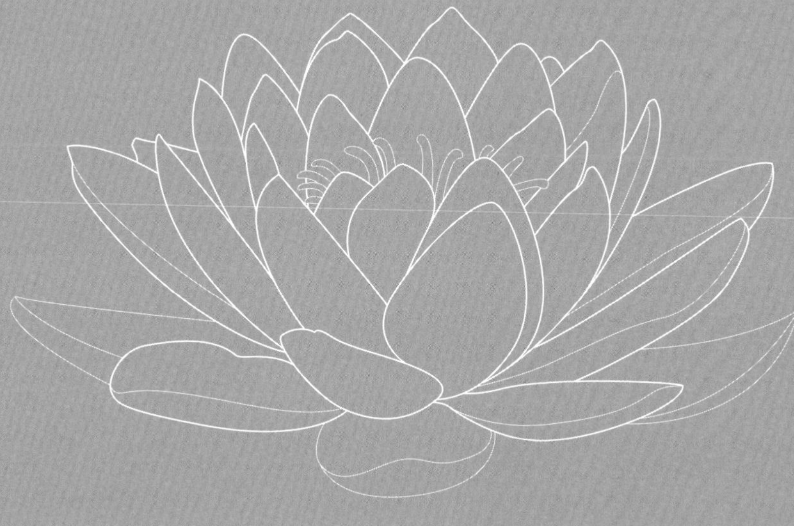

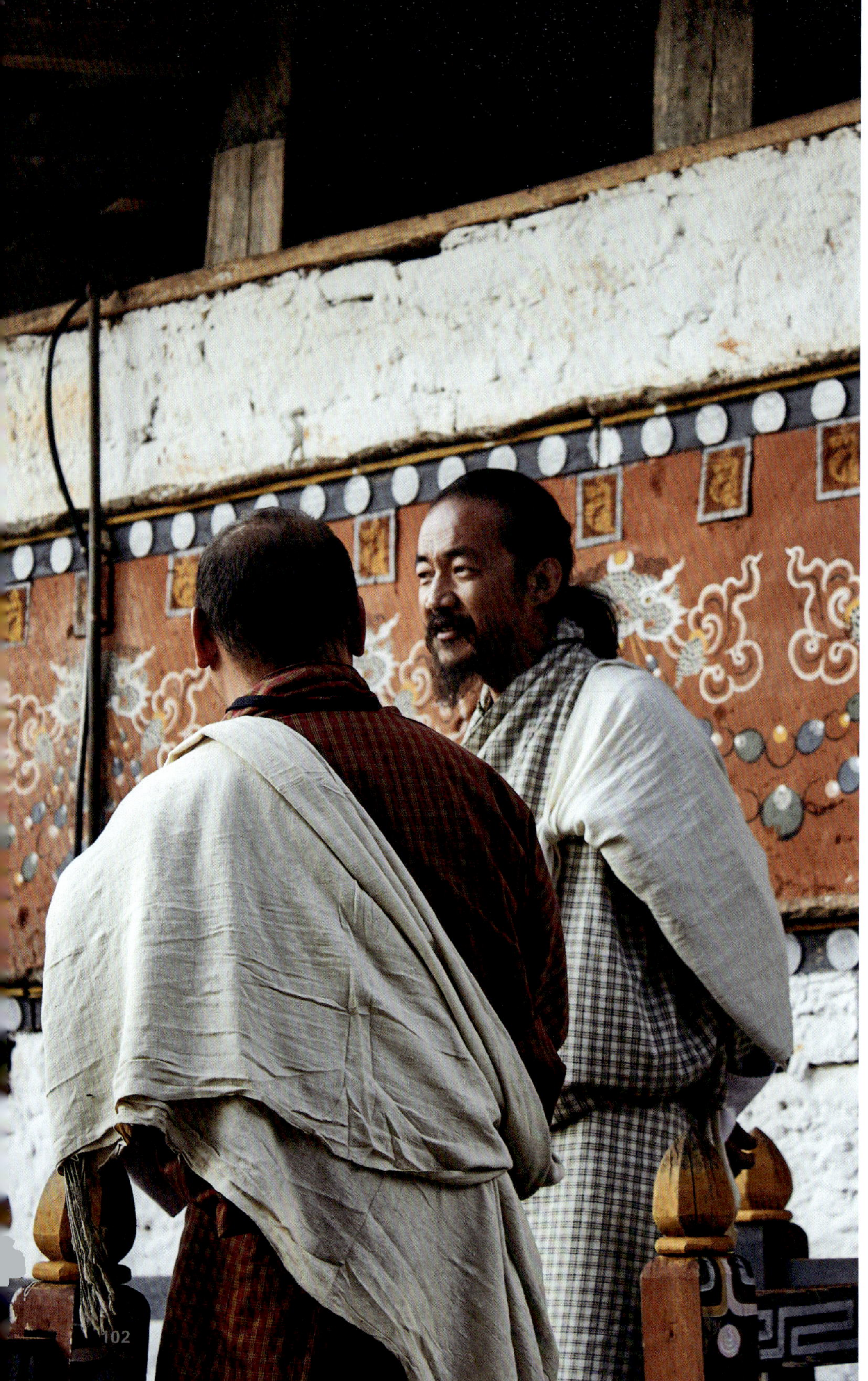

TÜCHER

Gr.: Schmal(Breit)
Breite: 36(56) cm
Länge: ca. 167 cm

MATERIAL

100(150)g Isager Silk Mohair Farbe 6
100(150)g Isager Alpaca 1 Farbe 2s
Mit je 1 Faden beider Qualitäten stricken

Empfohlene Nd Nr. 4

Maschenprobe glatt rechts:
10 cm = 20 M und 26 R

74(114) M mit Nd Nr. 4 und beiden Qualitäten anschl.

In Reihen hin- und herstr. Das Muster laut Diagramm oder folgender Beschreibung str:

Reihe 1 (RückR): 1 M abh, mit dem Faden vor der M = 1Fv – 72(112) li – 1 re.

Reihe 2: 1Fv – 1 re – *10 li – 2 re – 2 li – 2 re – 2 li – 2 re*. Von * bis * wdh. Enden mit 10 li – 2 re.
Reihe 3: 1Fv – 1 li – *10 re – 2 li – 2 re – 2 li – 2 re – 2 li*. Von * bis * wdh. Enden mit 10 re – 1 li – 1 re.
Reihe 4: 1Fv – 13 re – *2 li – 2 re – 2 li – 14 re*. Von * bis * wdh.
Reihe 5: 1Fv – 13 li – *2 re – 2 li – 2 re – 14 li*. Von * bis * wdh. Enden mit 2 re – 2 li – 2 re – 13 li – 1 re.

Reihe 6-13: Wie Reihe 2-5 str.
Reihe 14-15: Wie Reihe 2-3 str.

Reihe 16 (HinR): 1Fv – 73(113) re.
Reihe 17: Wie Reihe 1 str.

Reihe 18: 1Fv – 1 re – *2 re – 2 li – 2 re – 2 li – 2 re – 10 li*. Von * bis * wdh. Enden mit 2 re – 2 li – 2 re – 2 li – 4 re.
Reihe 19: 1Fv – 1 li – *2 li – 2 re – 2 li – 2 re – 2 li – 10 re*. Von * bis * wdh. Enden mit 2 li – 2 re – 2 li – 2 re – 3 li – 1 re.

Reihe 20: 1Fv – 3 re – *2 li – 2 re – 2 li – 14 re*. Von * bis * wdh. Enden mit 2 li – 2 re – 2 li – 4 re.
Reihe 21: 1Fv – 3 li – *2 re – 2 li – 2 re – 14 li*. Von * bis * wdh. Enden mit 2 re – 2 li – 2 re – 3 li –1 re.

Reihe 22-29: wie Reihe 18-21 str.
Reihe 30-31: wie Reihe 18-19 str.
Reihe 32: wie Reihe 16 str.

Reihe 1-32 insg 15-mal str.
Reihe 1-16 str.
Alle M in der RückR li abk.

FERTIGSTELLUNG

Die Fäden vernähen.

DIAGRAMM

▨ = in den HinR re und in den RückR li str

☐ = in den HinR li und in den RückR re str

■ = 1. M in allen R abh, mit dem Faden vor der M – die letzte M in jeder R re str

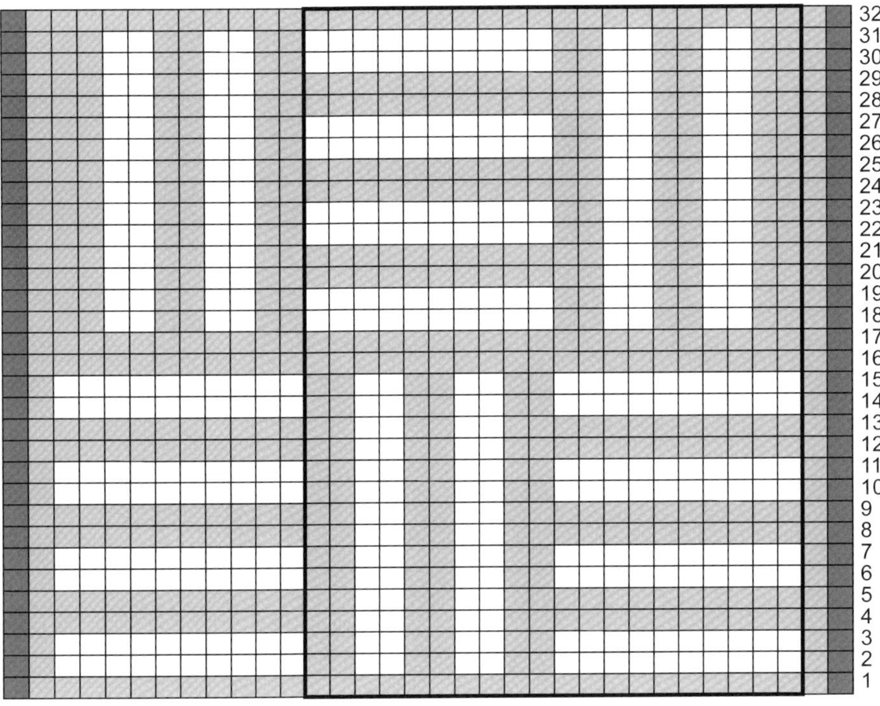

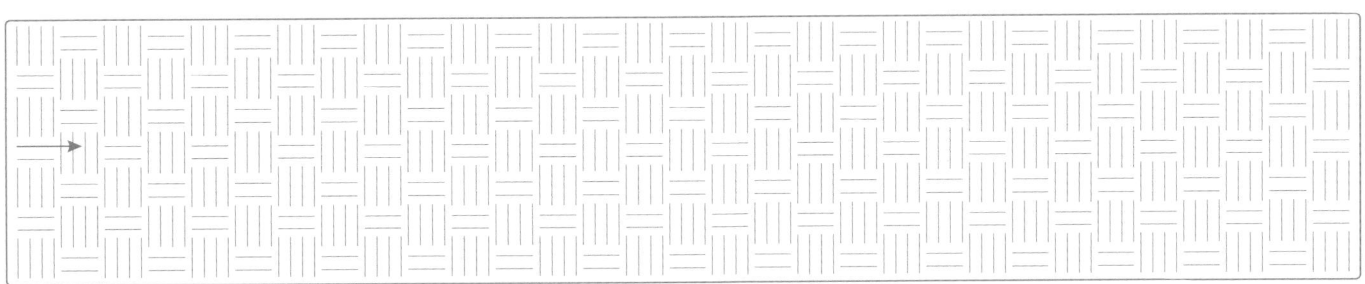

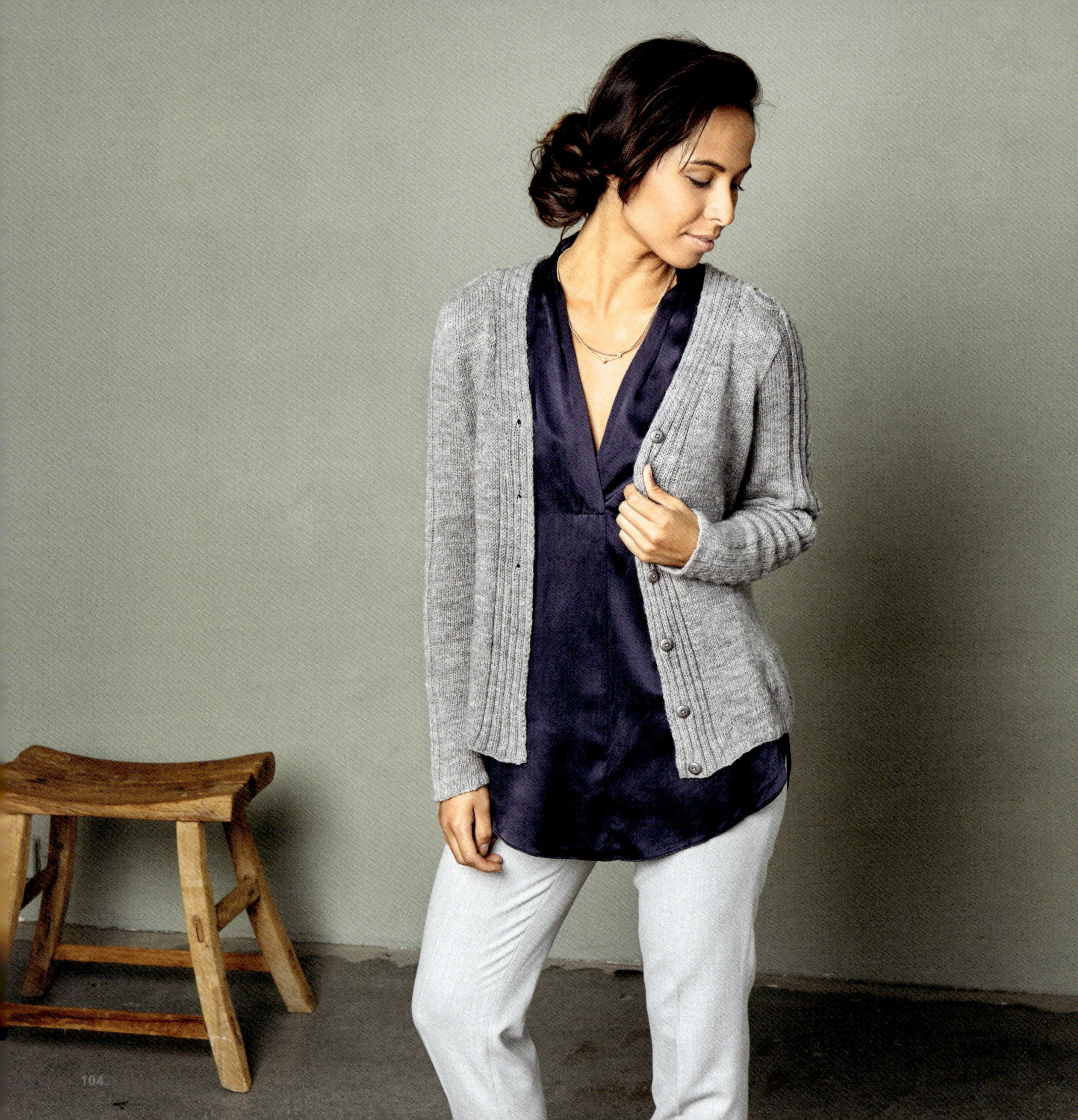

SANSKRIT

Sanskrit ist eine alte Sprache aus Indien, die über Jahrhunderte sowohl in buddhistischen wie auch hinduistischen heiligen Schriften verwendet wurde. Daher wird sie auch „die Sprache der Götter" genannt. Noch heute verwenden wir Wörter aus dem Sanskrit: Karma, Mantra oder Nirvana. Das geschriebene Alphabet ist wunderschön mit runden, geschwungenen und weichen Formen. Es muss einfach nachgestrickt werden.

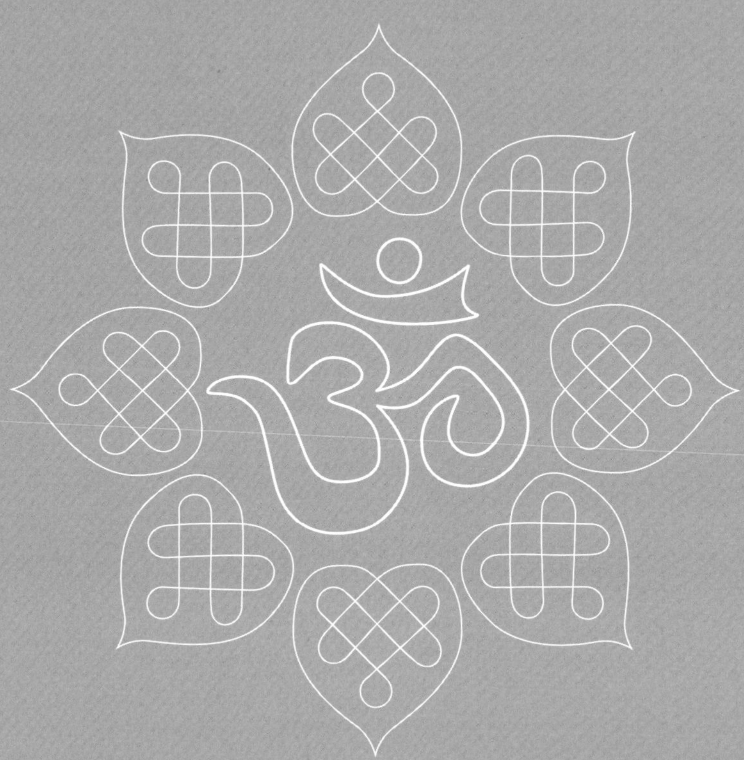

SANSKRIT

Gr.: S(M)L(XL)XXL

Halbe Oberweite: 48(52)56(60)64 cm
Länge: 56(56)56(58)58 cm
Innere Ärmellänge: 44(43)43(42)41 cm

MATERIAL

300(300)300(350)350g Isager Merilin Farbe 41

6 Knöpfe

Empfohlene Rund- und Strumpfnadeln Nr. 3½

Maschenprobe glatt rechts: 10 cm = 24 M und 30 R

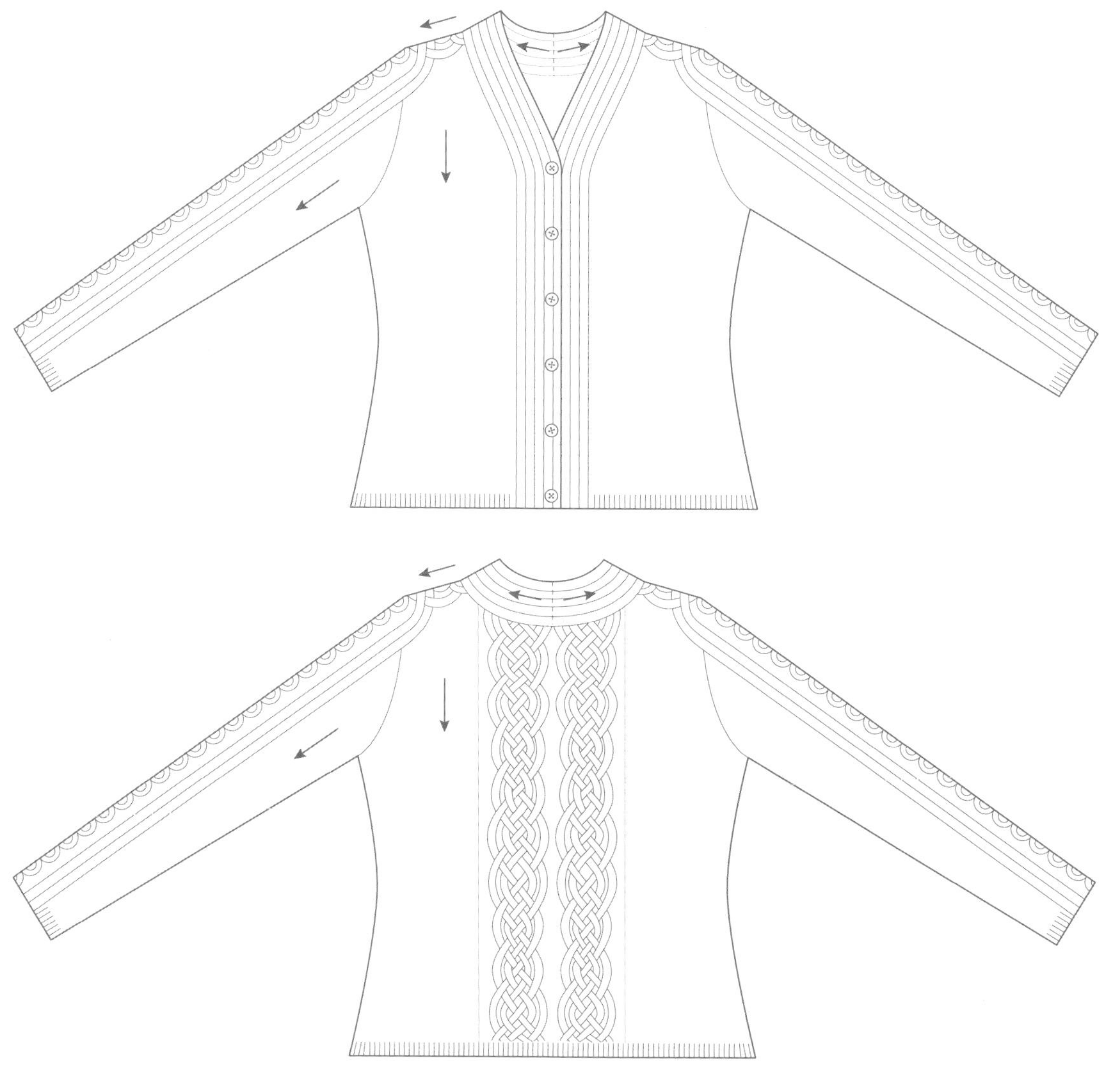

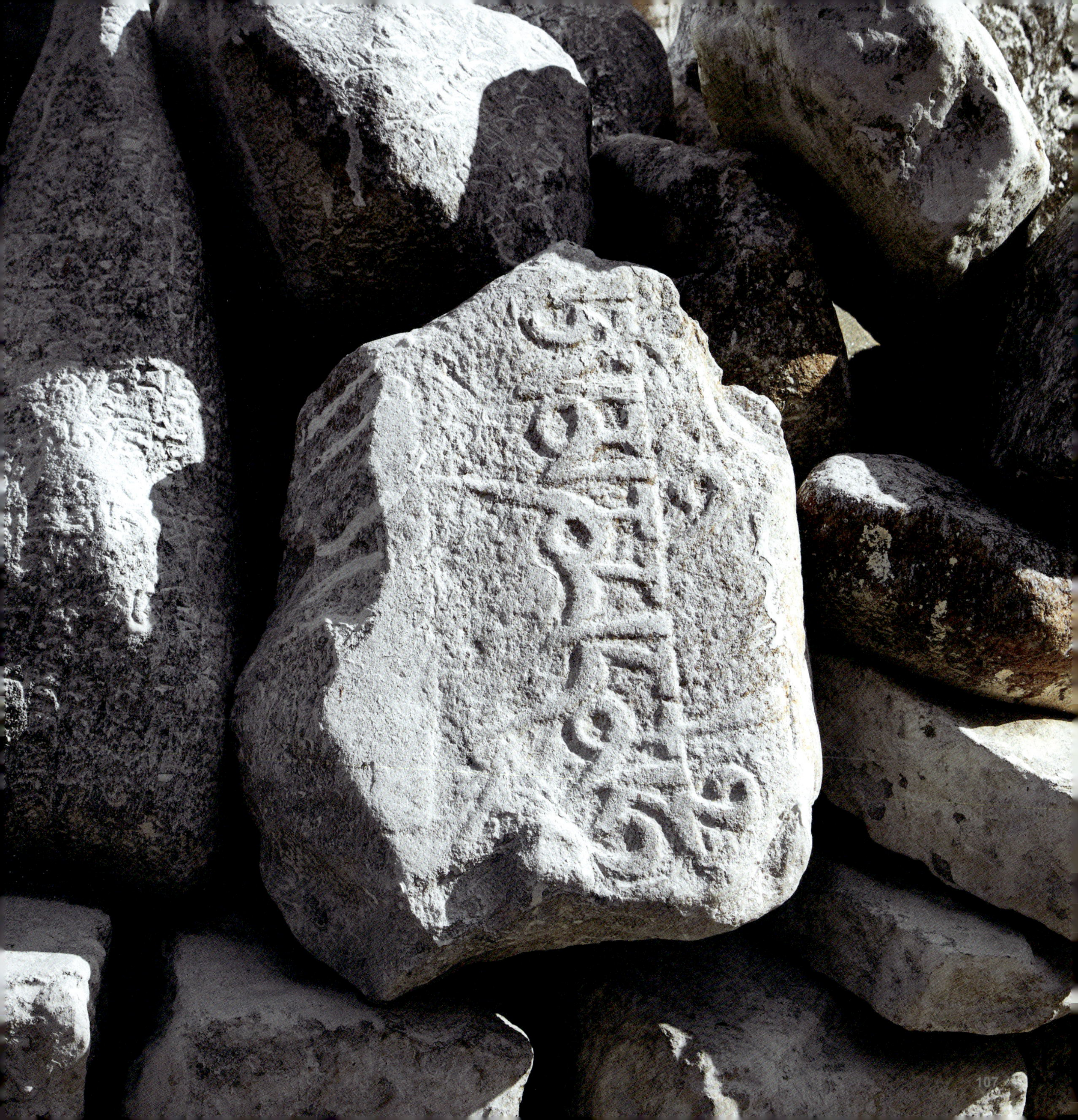

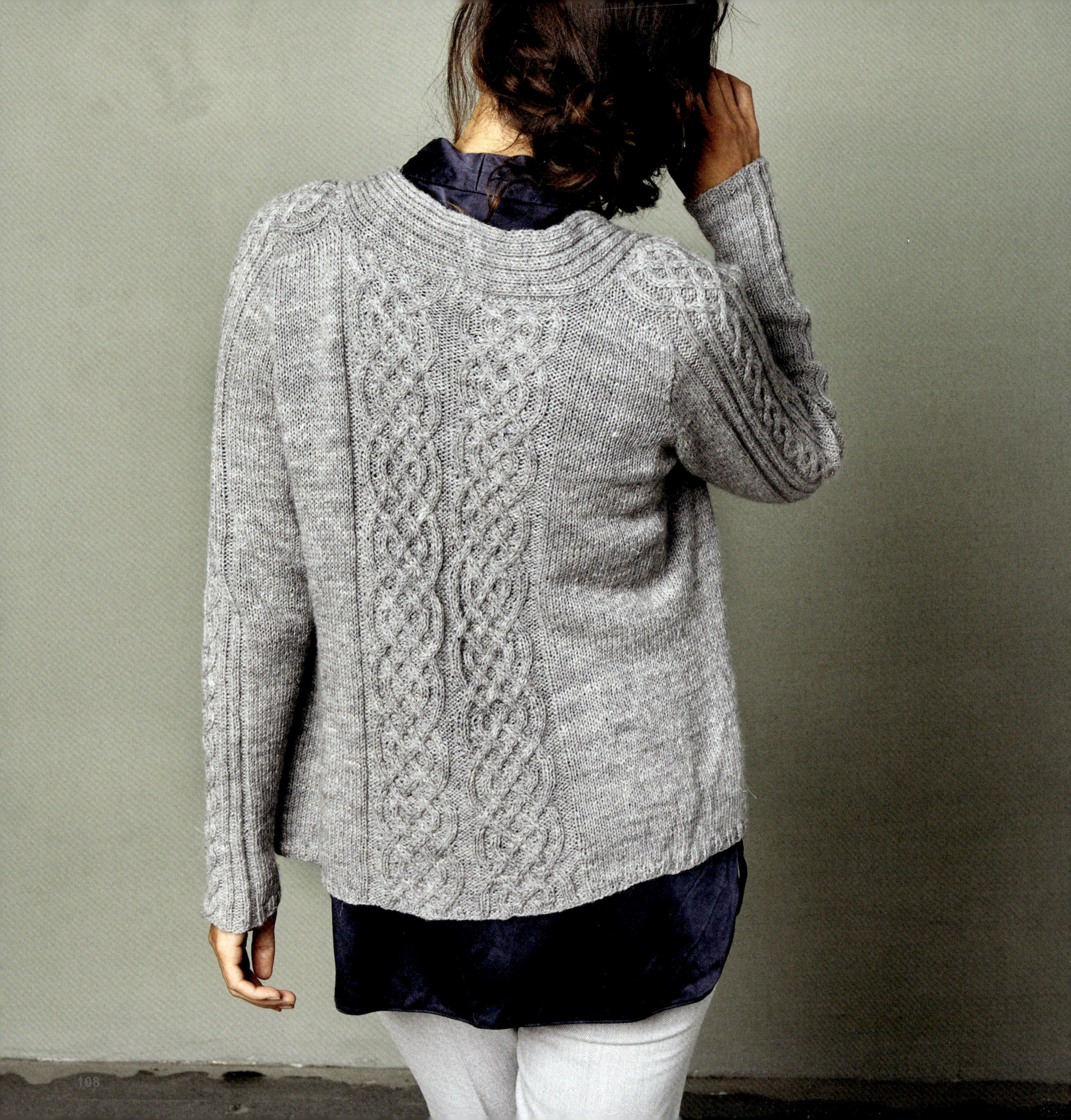

Die Jacke wird von oben nach unten gestrickt.

RECHTE SCHULTER

32 M mit Nd Nr. 3½ anschl.
Laut Diagramm 1 str.
Reihe 1 (RückR): 1 re – DiagrammR 1 str – 1 re.
Reihe 2: 1 re – DiagrammR 2 str – 1 re.
Insg 21(25)25(29)31 DiagrammR str.
An beiden Seiten eine Markierung setzen.

ARMKUGEL

Weiter laut Diagramm 1 str.
Reihe 1 (HinR): 1 re – Diagramm str – 1 re – 2 neue M am Ende der R anschl = 34 M.
Reihe 2: 1 re – 2 li – Diagramm str – 1 li – 2 neue M am Ende der R anschl = 36 M.
Reihe 3: 3 re – Diagramm str – 3 re – 2 neue M am Ende der R anschl = 38 M.
Reihe 4: 1 re – 4 li – Diagramm str – 3 li – 2 neue M am Ende der R anschl = 40 M.

Laut Diagramm weiter str und nun Zun für die Armkugel str.
Sind alle 32 DiagrammR einmal gestrickt, werden die R 25 - 32 über den restlichen Ärmel ständig wdh.

ZUNAHME

An jeder Seite noch 0(1)2(3)5-mal 2 M am Ende der R anschl = 40(44)48(52)60 M.
Die neuen M in den HinR re und in den RückR li str.
Die erste und letzte M in allen R re str.

In den nächsten Reihen in jeder letzten M Zun mit 2aus1M str, dafür erst 1 M aus dem vorderen, dann 1 M aus dem hinteren Maschenschenkel str.
Beidseitig insg 16(15)15(15)15-mal in der letzten M 2aus1M str = 72(74)78(82)90 M.

Beidseitig 1(2)3(2)2-mal 2 M am Ende der R anschl = 76(82)90(90)98 M.
Beidseitig 1(1)1(2)2-mal 3 M am Ende der R anschl = 82(88)96(102)110 M.
Die Armkugel ist nun fertig.
Den Faden nicht abschneiden.

ÄRMEL

Die Arbeit nun zur Runde schließen.
Eine Markierung an den RdBeginn setzen.

6 Rd im Muster mit Zöpfen, Rippen und glatten M wie bisher str.
1. Abnahme str: 1 re – 2 re zus – im Muster bis zu den letzten 3 M str – 2 re verschr zus – 1 re = 80(86)94(100)108 M.
Die Abn in jeder 8.(8.)8.(6.)4. Rd insg. 15(4)4(15)25-mal str = 52(80)88(72)60 M.

Gr. (M)L(XL):
Danach die Abn in jeder (6.)6.(4.) Rd noch insg (14)14(6)-mal str = (52)60(60) M.

Weiter str, bis der Ärmel nach der Armkugel ca. 43(42)42(41)40 cm misst.

3 Rd Rippen str: 1 li – *2 re – 2 li*.
Von * bis * insg 2(2)3(3)-mal str.
2 re – Diagramm – *2 re – 2 li* str.
Von * bis * insg 2(2)3(3)3-mal str.
Enden mit 2 re – 1 li.

Im Muster alle M abk.

Den linken Ärmel genauso str.

RÜCKEN

M mit Nd Nr. 3½ entlang der Schultern herausstr.
Die Ärmel vor sich hinlegen, sodass die Anschlagreihen beider Schultern einander zugewandt sind.

18(20)20(22)24 M von außen entlang der linken Schulter ab der Markierung in Richtung Anschlag herausstr – 57 neue M anschl – 18(20)20(22)24 M von außen aus der rechten Schulter ab dem Anschlag bis zu der Markierung herausstr = 93(97)97(101)105 M.

Laut Diagramm 2 str.
In den RückR das Diagramm von links nach rechts str.
In den HinR das Diagramm von rechts nach links str.
Reihe 1 (RückR): 1 re – 17(19)19(21)23 li – DiagrammR 1 str – 17(19)19(21)23 li – 1 re.
Reihe 2: 18(20)20(22)24 re – DiagrammR 2 str – 18(20)20(22)24 re.

Alle 16 R laut Diagramm 2 str.
Noch einmal R1 – R5(5)5(9)9 str.

Diagramm 2 weiterhin wdh und gleichzeitig Zun str: Beidseitig insg 6-mal in der letzten M Zun mit 2aus1M str = 105(109)109(113)117 M.

Beidseitig 4(4)5(4)4-mal 2 M am Ende der R anschl = 121(125)129(129)133 M.
Beidseitig 1(2)3(5)6-mal 3 M am Ende der R anschl = 127(137)147(159)169 M.

Der Rücken misst ab der Schulter ca. 15(15)17(19)21 cm.
Den Faden abschneiden und die M stilllegen.

KRAGEN RECHTE SEITE

22 M mit Nd Nr. 3½ anschl.
Reihe 1 mit Kettrand (RückR):
1 M abh mit dem Faden vor der Arbeit = 1Fv – *2 li – 2 re*. Von * bis * wdh. Enden mit 1 re.
Reihe 2: 1 re – *2 li – 2 re*. Von * bis * wdh. Enden mit 1 re.
Eine Markierung an die Seite mit dem Kettrand setzen.

Reihe 1-2 wdh, bis die Arbeit 18 cm misst.
Nach einer Reihe 1 enden.
Den Faden abschneiden.

RECHTES VORDERTEIL

18(20)20(22)24 M von außen mit Nd Nr. 3½ aus der rechten Schulter ab der Markierung bis zum Anschlag herausstr – weiter über die 22 KragenM str: 2 li zus – 1 li – *2 re – 2 li*.
Von * bis * wdh.
Enden mit 3 re = 39(41)41(43)45 M.

Reihe 1 (RückR): 1Fv – *2 li – 2 re*.
Von * bis * insg 5-mal str – 17(19)19(21)23 li – 1 re.
Reihe 2: 18(20)20(22)24 re – *2 li – 2 re*.
Von * bis * insg 5-mal str – 1 re.
Reihe 3: Wie Reihe 1 str.
Reihe 4 mit Zun für den Ausschnitt: 17(19)19(21)23 re – 1 neue re, dafür den Querfaden vor der nächsten M re verschr str – 1 re – *2 li – 2 re*. Von * bis * insg 5-mal str – 1 re = 40(42)42(44)46 M.

Weiter mit glatten M, Rippen und Zun str, bis für den Ausschnitt insg 5(5)5(6)6-mal Zun in jeder 4. R gestr sind = 44(46)46(49)51 M.
Direkt nach der letzten Zun enden.

Wie bisher weiter str und die Zun in jeder 4. R wdh.
GLEICHZEITIG 6-mal in den RückR in der letzten M Zun mit 2aus1M str = 52(54)54(57)59 M.

Wie bisher weiter str und die Zun in jeder 4. R wdh.
GLEICHZEITIG 4(4)5(5)5-mal am Ende der RückR 2 M anschl = 62(64)67(70)72 M.

Gr. S(M)L:
Wie bisher weiter str und die Zun in jeder 4. R wdh.
GLEICHZEITIG 1(2)3-mal am Ende der RückR 3 M anschl = 66(71)78 M.
Den Faden abschneiden und die M stilllegen.

Gr. (XL)XXL:
Das Muster wie bisher str, aber keine weiteren Zun für den Ausschnitt str.
GLEICHZEITIG (4)5-mal am Ende der RückR 3 M anschl = (82)87 M.
Den Faden abschneiden und die M stilllegen.

KRAGEN LINKE SEITE

22 M von außen mit Nd Nr. 3½ aus dem Kragenanschlag der rechten Seite herausstr.

Reihe 1 (RückR): 3 re – *2 li – 2 re*.
Von * bis * wdh. Enden mit 2 li – 1 re.
Reihe 2 mit Kettrand: 1Fv – *2 re – 2 li*.
Von * bis * wdh. Enden mit 1 re.

Reihe 1-2 wdh, bis die Arbeit 18 cm misst.
Nach einer Reihe 1 enden.

LINKES VORDERTEIL

Über den Kragen str: 1Fv – *2 re – 2 li*.
Von * bis * wdh. Enden mit 2 re – 1 li – 2 li zus – weitere 18(20)20(22)24 M von außen aus der linken Schulter ab Anschlag bis zur Markierung herausstr = 39(41)41(43)45 M.
Darauf ACHTEN, dass der Kragen nicht verdreht wird.

Reihe 1 (RückR): 1 re – 17(19)19(21)23 li – *2 re – 2 li* str. Von * bis * insg 5-mal str – 1 re.
Reihe 2: 1Fv – *2 re – 2 li*.
Von * bis * insg 5-mal str – 18(20)20(22)24 re.
Reihe 3: Wie Reihe 1 str.
Reihe 4 mit Zun für den Ausschnitt: 1Fv – *2 re – 2 li*. Von * bis * insg 5-mal str – 1 re – 1 neue re – 17(19)19(21)23 re = 40(42)42(44) 46 M.

Weiter mit glatten M, Rippen und Zun str, bis für den Ausschnitt insg 4(4)4(5)5 Zun in jeder 4. R gestrickt sind = 43(45)45(48)50 M.
Nach der letzten Zun noch 3 R str.

Wie bisher weiter str und die Zun in jeder 4. R wdh.
GLEICHZEITIG insg 6-mal in den HinR 2 M aus der letzten M str = 52(54)54(57)59 M.

Wie bisher weiter str und die Zun in jeder 4. R wdh.
GLEICHZEITIG 4(4)5(5)5-mal am Ende der HinR 2 M anschl = 62(64)67(70)72 M.

Gr. S(M)L:
Wie bisher weiter str und die Zun in jeder 4. R wdh.
GLEICHZEITIG 1(2)3-mal am Ende der HinR 3 M anschl = 66(71)78 M.
Nach der letzten Zun noch 1 R str.

Gr. (XL)XXL:
Das Muster wie bisher str, aber keine weiteren Zun für den Ausschnitt str.
GLEICHZEITIG (4)5-mal am Ende der HinR 3 M anschl = (82)87 M.
Nach der letzten Zun noch 1 R str.

KÖRPER

Rücken und Vorderteil wieder auf eine Nd heben.

Nun in der HinR alle Teile zusammenfügen und gleichzeitig das 1. Knopfloch str: 66(71)78(82)87 M über das linke Vorderteil str – 6 neue M anschl – 127(137)147(159)169 M über den Rücken mit dem Zopfmuster laut Diagramm str – 6 neue M anschl – 55(60)67(71)76 M über das rechte Vorderteil str – 2 re zus – 2 neue anschl – 2 li zus – 7 M = 271(291)315(335)355 M.

Keine weiteren Zun am Vorderrand str.
Nach dem Zusammenfügen insg 13(13)13(11)11 R im Muster str.

1. Taillenabnahme (HinR): 62(67)74(78)83 M – 2 re verschr zus – 10 re – 2 re zus – 119(129)139(151)161 M – 2 re verschr zus – 10 re – 2 re zus – 62(67)74(78)83 M = 267(287)311(331)351 M.

7(7)5(5)5 R im Muster str.
2. Knopfloch str: Bis zu dem 2. Knopfloch im Muster str - enden mit 2 re zus – 2 neue anschl – 2 li zus – 7 M im Muster.
1(1)3(3)3 R im Muster str.

2. Abnahme (HinR): 61(66)73(77)82 M – 2 re verschr zus – 10 re – 2 re zus – 117(127)137(149)159 M – 2 re verschr zus – 10 re – 2 re zus – 61(66)73(77)82 M =

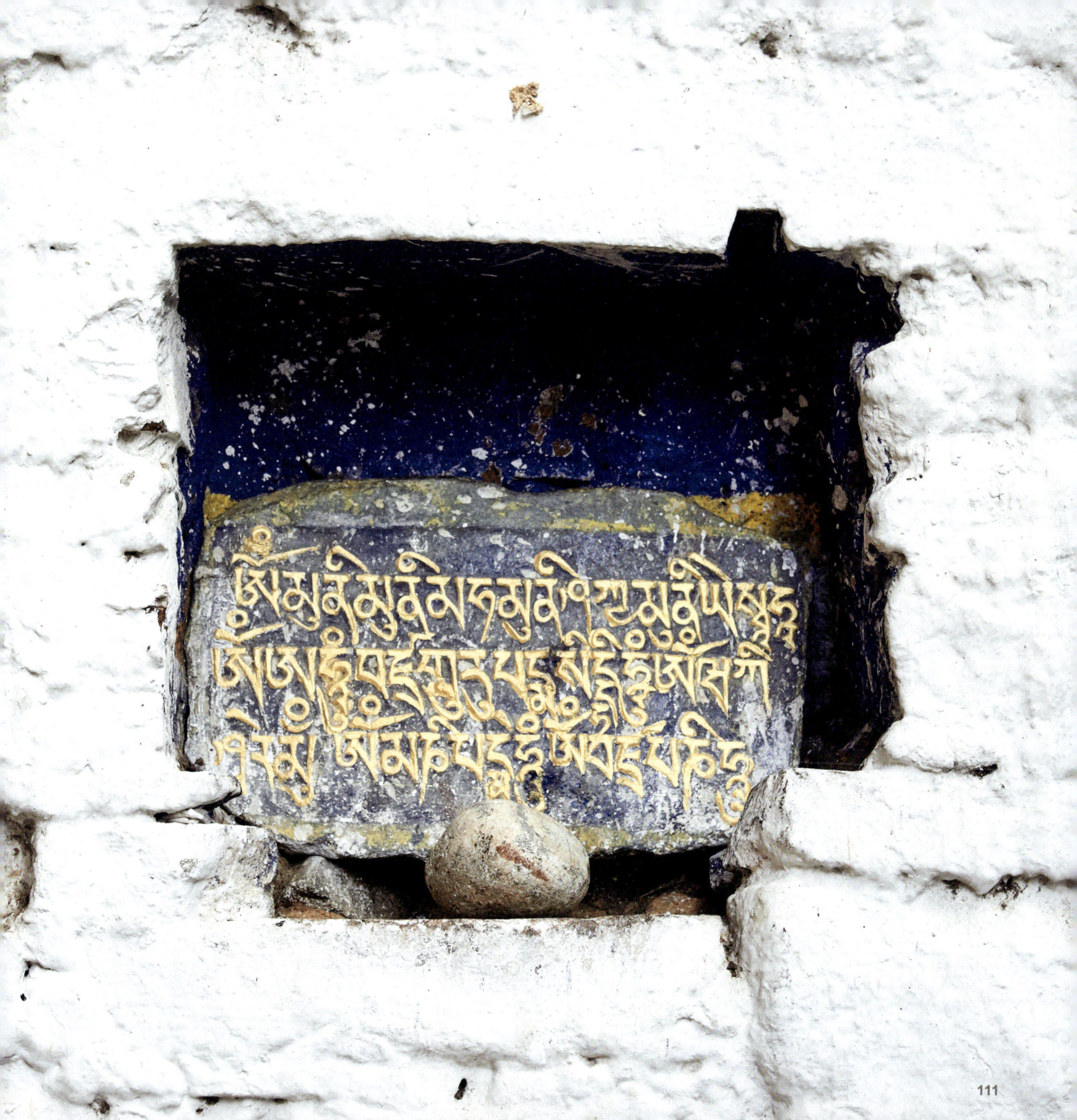

263(283)307(327)347 M.

Die Abn an jeder Seite der 10 M unter den Armausschnitten insg 5-mal in jeder 10. R str = 251(271)295(315)335 M.
Das Knopfloch in jeder 22.(22.)20.(20.)20. R wdh, bis insg 6 Knopflöcher gestr sind.

Nach der letzten Abn noch 9(9)7(7)5 R im Muster str.

1. Taillenzunahme (HinR): 59(64)71(75)80 M – 1 neue re – 10 re – 1 neue re – 113(123)133(145)155 M – 1 neue re – 10 re – 1 neue re – 59(64)71(75)80 M = 255(275)299(319)339 M.

7 R im Muster str.
2. Zunahme (HinR): 60(65)72(76)81 M – 1 neue re – 12 re – 1 neue re – 115(125)135(147)157 M – 1 neue re – 12 re – 1 neue re – 60(65)72(76)81 M = 259(279)303(323)343 M.

Auf diese Weise insg 5(6)6(5)5-mal in jeder 8. R zun = 271(295)319(335)355 M.

Nach der letzten Zun noch 14(6)2(12)12 R str.
Die Jacke misst ab Nacken ca. 51(51)51(53)53 cm.
Mit einer HinR enden.

Rippen str.
Reihe 1 (RückR): 1Fv – 2 li – *2 re – 2 li*. Von * bis * bis zum Diagramm in der Rückenmitte wdh.
Laut Diagramm str. *2 li – 2 re* str.
Von * bis * wdh. Enden mit 2 li – 1 re.
Reihe 2: 1Fv – 2 re – *2 li – 2 re*.
Von * bis * bis zum Diagramm str.
Laut Diagramm str – *2 re – 2 li* str.
Von * bis * wdh. Enden mit 3 re.
Reihe 3: wie Reihe 1 str.

In der HinR alle M im Muster abk.

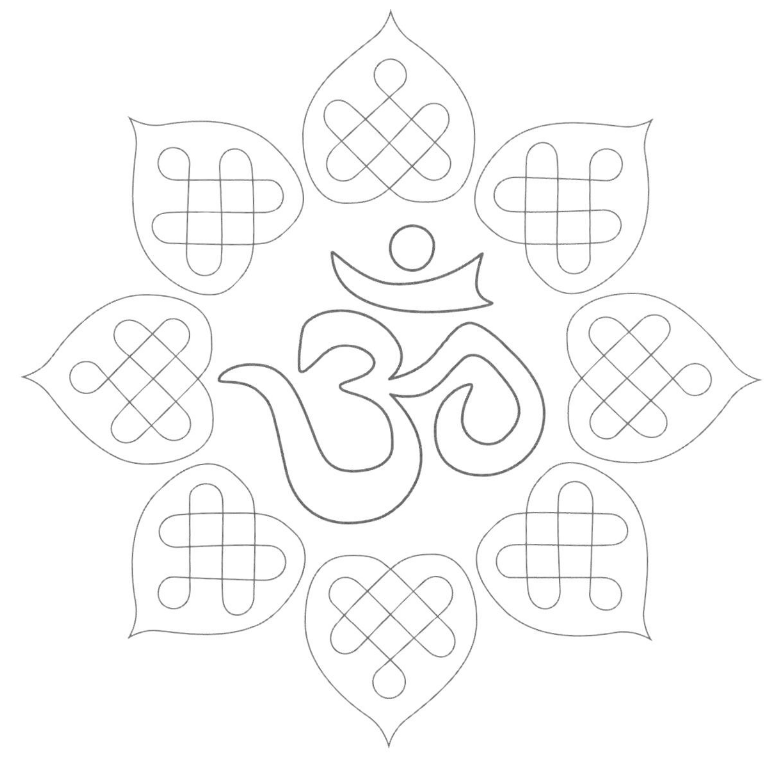

FERTIGSTELLUNG

Den Kragen an den Halsausschnitt nähen. Vor dem Einnähen die Ärmel mit Nadeln in die Armausschnitte heften. Von außen einnähen. Die Fäden vernähen und die Knöpfe annähen.

DIAGRAMM 1

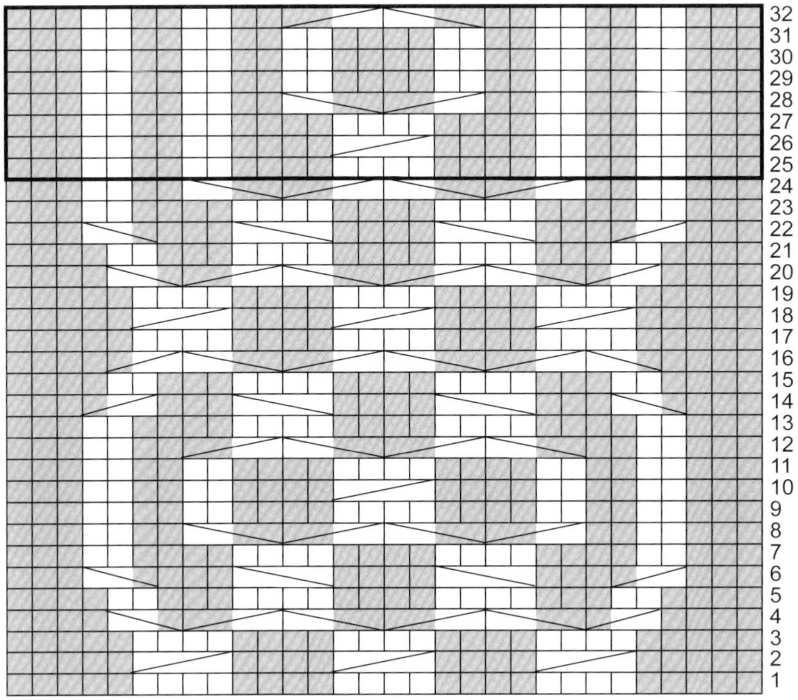

= li in den HinR – re in den RückR

= re in den HinR – li in den RückR

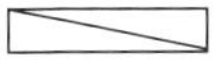

= 2 M auf HilfsNd vor die Arbeit legen – 2 re str – 2 M von HilfsNd re str

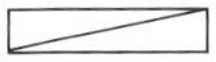

= 2 M auf HilfsNd hinter die Arbeit legen – 2 re str – 2 M von HilfsNd re str

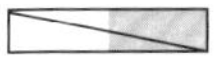

= 2 M auf HilfsNd vor die Arbeit legen – 2 li str – 2 M von HilfsNd re str

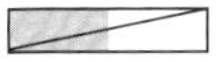

= 2 M auf HilfsNd hinter die Arbeit legen – 2 re str – 2 M von HilfsNd li str

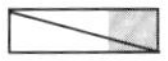

= 2 M auf HilfsNd vor die Arbeit legen – 1 li str – 2 M von HilfsNd re str

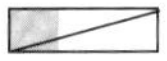

= 1 M auf HilfsNd hinter die Arbeit legen – 2 re str – 1 M von HilfsNd li str

DIAGRAMM 2

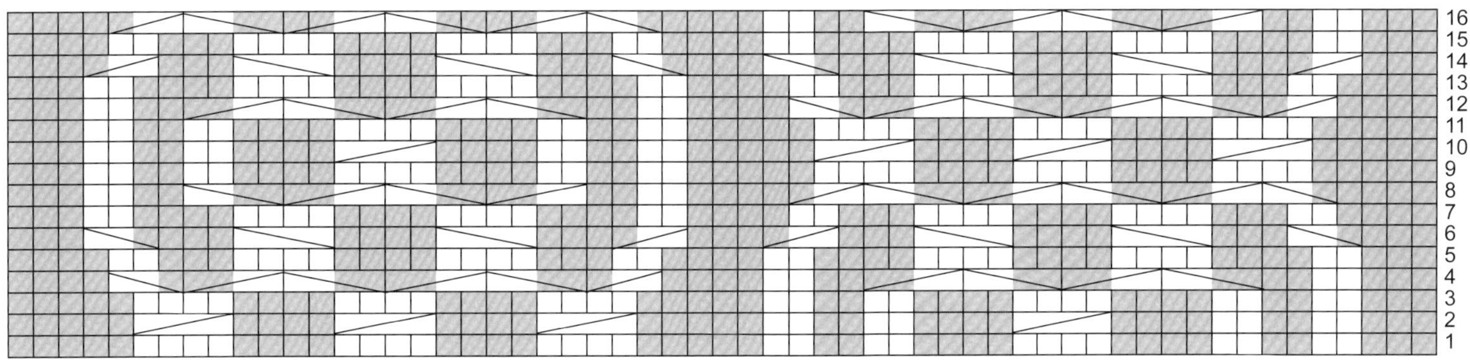

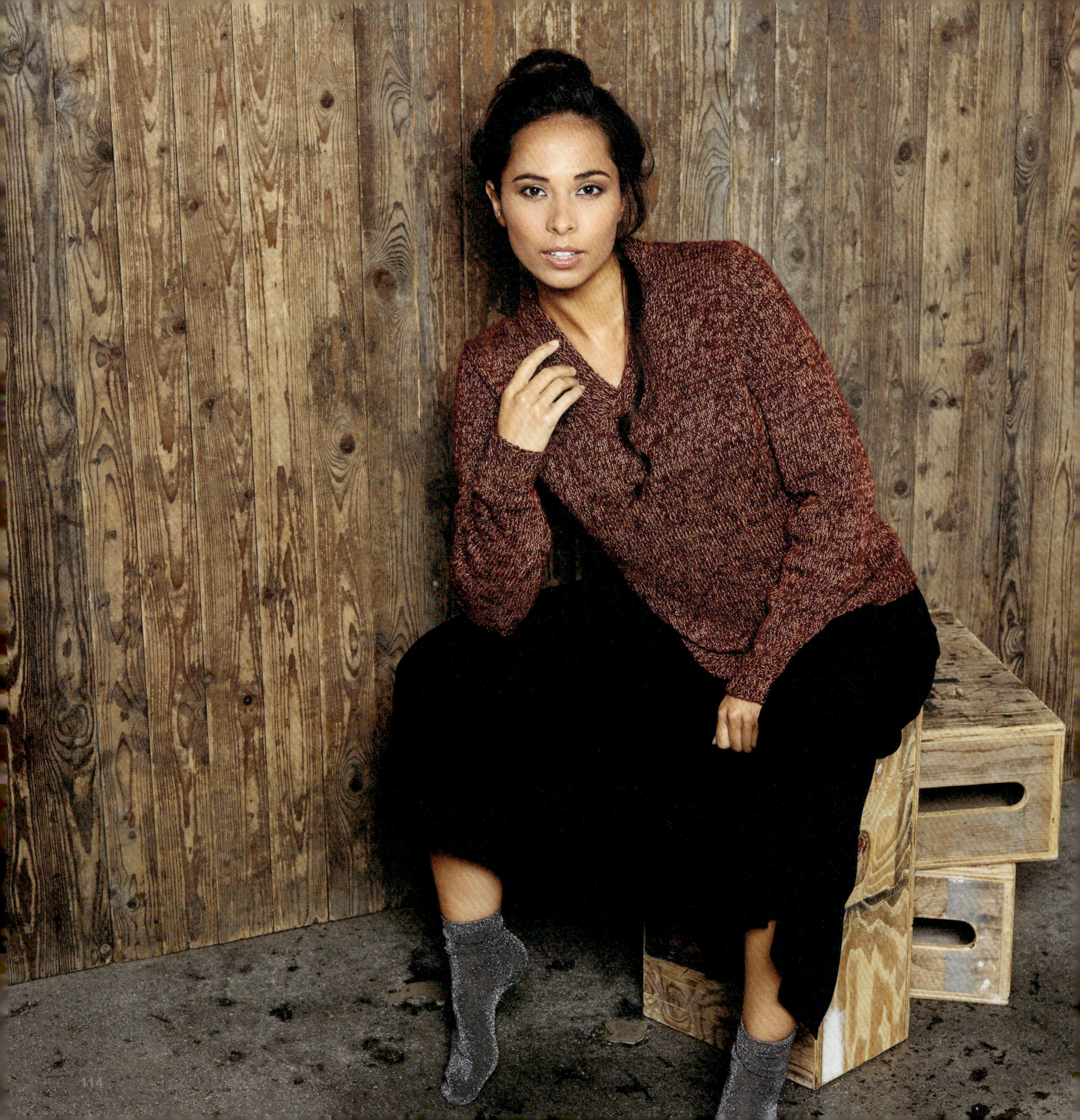

VOLKSTRACHT

Viele Dinge in Bhutan sind per Gesetz bestimmt. Dies gilt auch für die Volkstracht. Man muss sie nicht im Alltag tragen, aber die meisten tun es trotzdem. Wenn man einen Tempel oder ein offizielles Gebäude betritt, ist sie ein Muss. Die Schuluniform ist identisch mit der Volkstracht. Die Frauen tragen eine Kira; dies ist eine kurze Wickeljacke aus Seide über einem Sarong, der bis zu den Knöcheln reicht. Die Männer tragen ein Gho – ein knielanges Wickelkleid, einen Gürtel, der alles zusammenhält, lange weiße Manschetten an den Armen und dazu schwarze Kniestrümpfe.

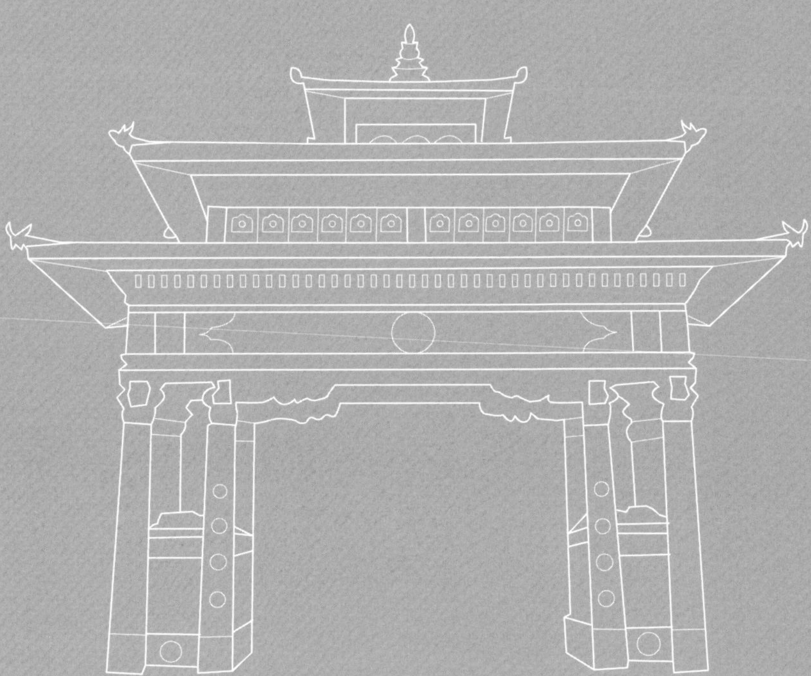

VOLKSTRACHT

Gr.: S(M)L(XL)XXL

Halbe Oberweite: 48(51)55(59)65 cm
Länge: 57 cm
Innere Ärmellänge: 44(43)42(42)41 cm

MATERIAL

200(200)200(250)250g Isager Tvinni Farbe 33s
150(200)200(200)250g Isager Trio Farbe Nougat
Mit je 1 Faden beider Qualitäten stricken

Empfohlene Rund- und Strumpfnadeln Nr. 3 und 3½

Maschenprobe glatt rechts mit Nd Nr. 3½: 10 cm = 21 M und 28 R

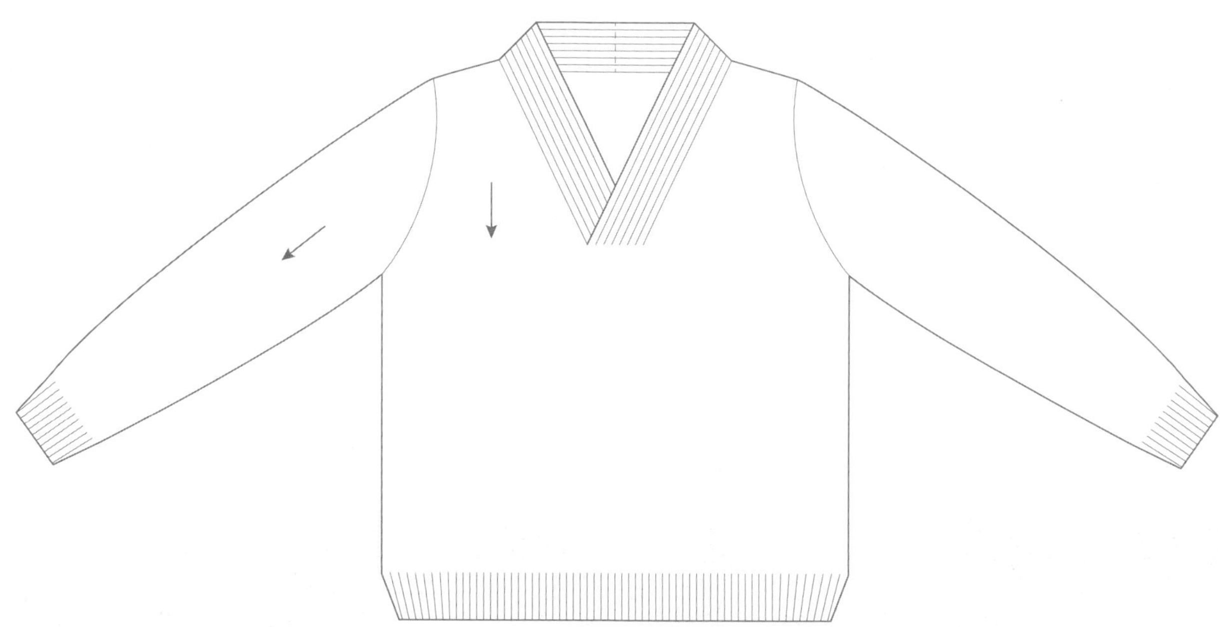

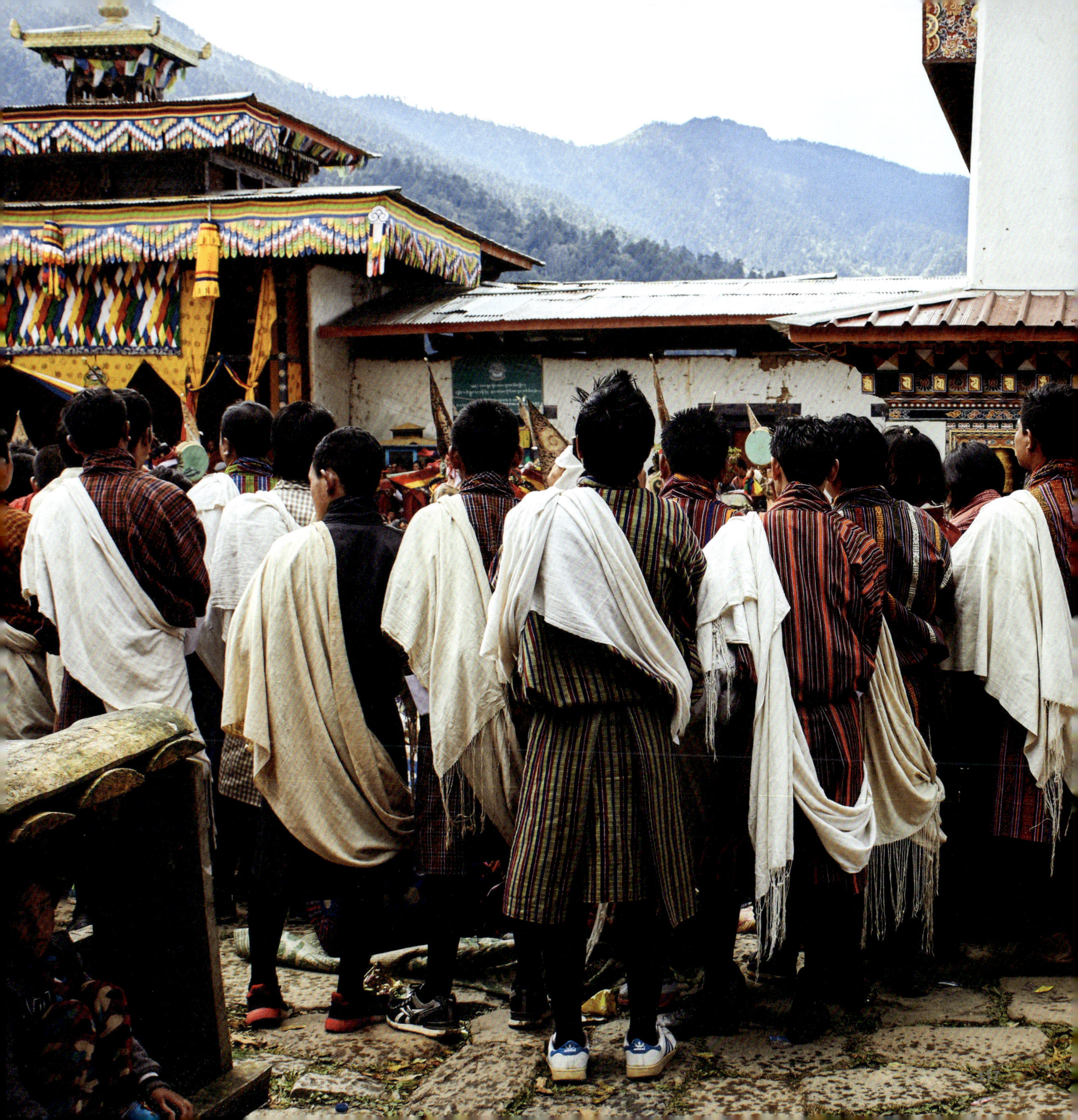

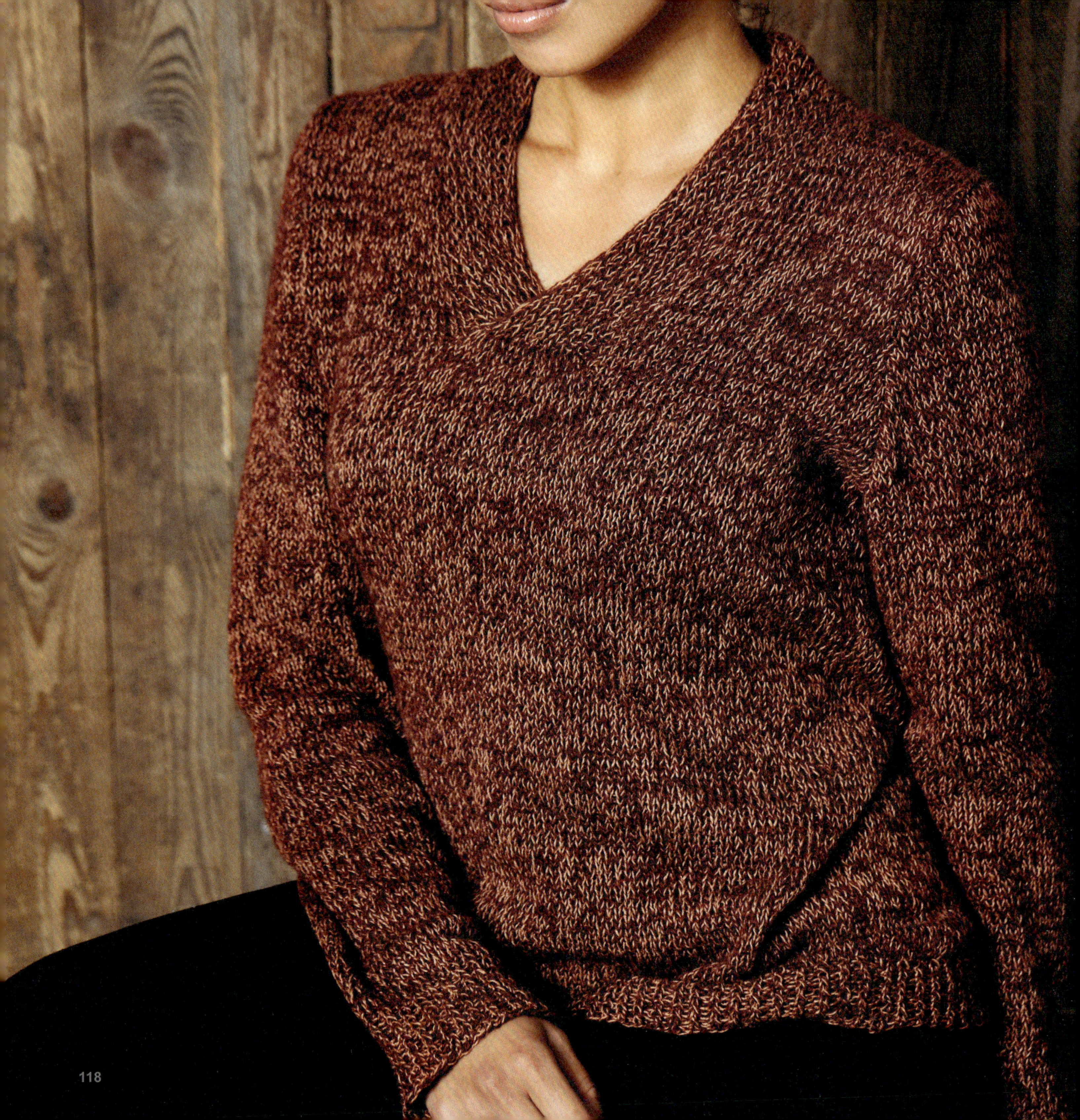

RECHTE KRAGENSEITE

17 M mit beiden Qualitäten und Nd Nr. 3½ für den Kragen anschl.

Reihe 1 (RückR): Die 1. M abh, mit dem Faden vor der Arbeit = 1Fv – *1 re verschr – 1 li*. Von * bis * wdh. Enden mit 1 re verschr – 1 re.
Reihe 2: 1Fv – *1 li – 1 re verschr*.
Von * bis * wdh. Enden mit 1 li – 1 re

Reihe 1-2 wdh, bis 24(26)28(28)28 R gestr sind.
Nun das Vorderteil str.

RECHTES VORDERTEIL

Reihe 1 (RückR): 1Fv – *1 re verschr – 1 li*.
Von * bis * wdh. Enden mit 1 re verschr – 1 li.
4(4)5(6)6 neue M anschl = 21(21)22(23)23 M.
Reihe 2: 5(5)6(7)7 re – *1 li – 1 re verschr*.
Von * bis * wdh. Enden mit 1 li – 1 re.
Reihe 3: 1Fv – *1 re verschr – 1 li*.
Von * bis * insg 8-mal str. 4(4)5(6)6 li str.
4(5)5(5)5 neue M anschl = 25(26)27(28)28 M.
Reihe 4: 9(10)11(12)12 re – *1 li – 1 re verschr*.
Von * bis * wdh. Enden mit 1 li – 1 re.

Reihe 5: 1Fv – *1 re verschr – 1 li*.
Von * bis * insg 8-mal str.
8(9)10(11)11 li str. 5 neue M anschl = 30(31)32(33)33 M.
Reihe 6: 14(15)16(17)17 re – *1 li – 1 re verschr*.
Von * bis * wdh. Enden mit 1 li – 1 re.
Reihe 7: 1Fv – *1 re verschr – 1 li*.
Von * bis * insg 8-mal str. 13(14)15(16)16 li str.
5 neue M anschl = 35(36)37(38)38 M.
Reihe 8: 19(20)21(22)22 re – *1 li – 1 re verschr*.
Von * bis * wdh. Enden mit 1 li – 1 re.

7 R wie bisher str; die erste M mit 1Fv abh, die KragenM in Rippen und die neu angeschl M glatt rechts str. Die äußerste der neuen M in allen R re str.

Zunahmen für den Halsausschnitt str (HinR):
18(19)20(21)21 re – 1 neue M re, dafür den Querfaden vor der nächsten M re verschr str – 1 re – die KragenM in Rippen str = 36(37)38(39)39 M.
Wie bisher weiter str und die Zun insg 5(6)6(7)7-mal in jeder 6. R str = 40(42)43(45)45 M.
Die neuen M glatt str.

In der nächsten RückR für den Armausschnitt in der letzten M mit 2aus1M zun, dafür erst 1 M aus dem vorderen, dann 1 M aus dem hinteren Maschenschenkel str = 41(43)44(46)46 M.

Die Zun für den Halsausschnitt in jeder 6. R str und GLEICHZEITIG die Zun für den Armausschnitt in jeder 2. R insg 4(2)2(2)2-mal str = 45(44)45(47)47 M.

Weiterhin die Zun für den Halsausschnitt in jeder 6. R str und nun am Ende der RückR insg 3(3)3(2)2-mal 2 neue M anschl = 52 M.

Weiterhin die Zun für den Halsausschnitt in jeder 6. R str und nun am Ende der RückR insg 2(3)3(3)5-mal 3 neue M anschl = 58(61)62(62)68 M.

Gr. L(XL)XXL:
Am Ende der RückR insg 1(2)2-mal 4 neue M anschl = 66(70)76 M.

Alle Gr.:
Das Vorderteil misst ca. 21(23)23(25)27 cm.
Die Fäden abschneiden und die M stilllegen.

LINKE KRAGENSEITE

Mit beiden Qualitäten und Nd Nr. 3½ von außen 17 M aus dem Anschlag der rechten Kragenseite herausstr.

Die ersten 25(27)29(29) R wie die rechte Kragenseite str.
Die letzte R ist eine RückR.

LINKES VORDERTEIL

Reihe 1 (HinR): 1Fv – *1 li – 1 re verschr*.
Von * bis * wdh. 4(4)5(6)6 neue M anschl = 21(21)22(23)23 M.
Reihe 2: 1 re – 4(4)5(6)6 li – *1 re verschr – 1 li*. Von * bis * wdh. Enden mit 1 re verschr – 1 re.
Reihe 3: 1Fv – 1 li – *1 re verschr – 1 li*.
Von * bis * insg 7-mal str. 5(5)6(7)7 re str.
4(5)5(5)5 neue M anschl = 25(26)27(28)28 M.
Reihe 4:1 re – 8(9)10(11)11 li – *1 re verschr – 1 li*. Von * bis * wdh.
Enden mit 1 re verschr – 1 re.

Reihe 5: 1Fv – 1 li – *1 re verschr – 1 li*.
Von * bis * insg 7-mal str.
9(10)11(12)12 re. 5 neue M anschl = 30(31)32(33)33 M.
Reihe 6: 1 re – 13(14)15(16)16 li – *1 re verschr – 1 li*. Von * bis * wdh.
Enden mit 1 re verschr – 1 re.
Reihe 7: 1Fv – 1 li – *1 re verschr – 1 li*.
Von * bis * insg 7-mal str.
14(15)16(17)17 re str. 5 neue M anschl = 35(36)37(38)38 M.
Reihe 8: 1 re – 18(19)20(21)21 li – *1 re verschr – 1 li*. Von * bis * wdh.
Enden mit 1 re verschr – 1 re.

6 R wie bisher str; die erste M mit 1Fv abh, die KragenM in Rippen und die neu angeschl M glatt rechts str. Die äußerste der neuen M in allen R re str.

Zunahmen für den Halsausschnitt str (HinR):
16 KragenM in Rippen wie bisher – 1 re – 1 neue re – 18(19)20(21)21 re = 36(37)38(39) 39 M.
Die Zun in jeder 6. R wdh, bis insg 4(5)5(6)6 Zun gestr sind = 39(41)42(44)44 M.
5 R wie bisher str.

GLEICHZEITIG mit der 5.(6.)6.(7.)7. Zun für den Halsausschnitt die erste Zun für den Armausschnitt in der letzten M mit 2aus1M str = 41(43)44(46)46 M.

Die Zun für den Halsausschnitt wie bisher fortsetzen und gleichzeitig die Zun für den Armausschnitt insg 4(2)2(2)2-mal in jeder 2. R str. Danach am Armausschnitt insg 3(3)3(2)2-mal am Ende jeder HinR 2 neue M anschl.
Dann insg 2(3)3(3)5-mal 3 neue M anschl.

Gr. L(XL)XXL:
1(2)2-mal am Ende der HinR 4 neue M anschl.

Alle Gr.:
Mit einer RückR enden – die letzte M li str.
Es sind nun 58(61)66(70)76 M auf der Nd.
Die Fäden abschneiden und die M stilllegen.

RÜCKEN

Mit beiden Qualitäten und Nd Nr. 3½ str.
18(19)20(21)21 M von außen aus der linken Vorderteil-Schulter herausstr.
Dann 30(32)34(34)34 neue M gleichmäßig verteilt aus dem Kragenrand herausstr – weitere 18(19)20(21)21 M aus der rechten Vorderteil-Schulter herausstr.
Es sind insg 66(70)74(76)76 RückenM auf der Nd.

23(29)29(29)29 R glatt rechts str, dabei die erste und letzte M in allen R re str.

Für die Armausschnitte am Ende jeder R Zun str.
Beidseitig insg 8(7)6(9)9-mal aus der letzten M 2aus1M str = 82(84)86(94)94 M.
Beidseitig 3-mal 2 neue M anschl = 94(96)98(106)106 M.
Beidseitig 1(2)3(3)5-mal 3 neue M anschl = 100(108)116(124)136 M.

Der Rücken misst ca. 17(19)19(21)23 cm.
Die Fäden nicht abschneiden.

KÖRPER

Alle Strickteile zusammenfügen.
In der nächsten HinR die 100(108)116(124)136 RückenM re str – 42(46)50(54)60 rechte VorderteilM re str – die letzten 16 KragenM auf eine HilfsNd setzen und hinter die ersten 16 KragenM des linken Vorderteils legen. Die gegenüberliegenden KragenM re zusstr, sodass es nun zusammen 16 M sind – 42(46)50(54)60 linke VorderteilM re str.

Es sind insg 200(216)232(248)272 M auf der Nd.

In Runden weiter str.
25(20)20(15)15 Rd über alle M re str.

1. Abnahmen str: *6 re – 2 re zus – 84(92)100(108)120 re – 2 re verschr zu – 6 re*.
Von * bis * wdh = 196(212)228(244)268 M.

9(9)9(9)7 Rd re str.
2. Abnahmen str: *6 re – 2 re zus – 82(90)98(106)118 re – 2 re verschr zus – 6 re*.
Von * bis * wdh = 192(208)224(240)264 M.

Die Abnahmen insg 4-mal in jeder 10. Rd str = 184(200)216(232)256 M.

9(9)9(9)7 Rd re str.
1. Zunahme str: *6 re – 1 neue M re, dafür den Querfaden vor der nächsten M re verschr str – 80(88)96(104)116 re – 1 neue re – 6 re*.
Von * bis * wdh = 188(204)220(236)260 M.

7 Rd re str.
2. Zunahme str: *7 re – 1 neue re – 80(88)96(104)116 re – 1 neue re – 7 re*.
Von * bis * wdh = 192(208)224(240)264 M.

7 Rd re str.
3. Zunahme str: *8 re – 1 neue re – 80(88)96(104)116 re – 1 neue re – 8 re*.
Von * bis * wdh * = 196(212)228(244)268 M.

9 Rd re str.
4. Zunahme str: *9 re – 1 neue re – 80(88)96(104)116 re – 1 neue re – 9 re*.
Von * bis * wdh = 200(216)232(248)272 M.

Ohne weitere Zun gerade weiter str, bis die Arbeit ab dem Nacken (unterhalb des Kragens) ca. 54 cm misst.

Zu RundNd Nr. 3 wechseln und Rippen str.
Rd 1: *1 re verschr re – 1 li*. Von * bis * wdh.
Rd 2: *1 re – 1 re verschr li*. Von * bis * wdh.
Insg 4 cm str.
Im Rippenmuster abk.
Die Fäden abschneiden.

ÄRMEL

Den Ärmel von oben nach unten str.
Für die Schulter 12 M mit beiden Qualitäten und Nd Nr. 3½ anschl.

Reihe 1 (RückR): 1 re – 11 li – 3 neue M anschl = 15 M.
Reihe 2: 15 re – 3 neue M anschl = 18 M.
Reihe 3: 1 re – 17 li – 3 neue M anschl = 21 M.
Reihe 4: 21 re – 3 neue M anschl = 24 M.

Glatt rechts weiter str.
Am Ende der nächsten 4(4)6(8)10 R 2 neue M anschl = 32(32)36(40)44 M.

Danach in jeder R aus der letzten M Zun str:
Beidseitig 16-mal 2aus1M str = 64(64)68(72)76 M.

Danach am Ende der nächsten 2(4)4(6)6 R 2 neue M anschl = 68(72)76(84)88 M.

Dann am Ende der nächsten 2(2)2(2)4 R 3 neue M anschl = 74(78)82(90)100 M.
Nun ist die Armkugel fertig.

Die Arbeit zur Runde schließen und mit StrumpfNd weiter str.
4 Rd re str.
Abnahmen str: Die ersten 2 M re zusstr – re

weiter str – die letzten 2 M re verschr zusstr = 72(76)80(88)98 M.
Die Abn in jeder 8.(7.)6.(5.)4. Rd wdh, bis 46(48)48(52)52 M auf der Nd sind.
Weiter str, bis der Ärmel nach der Armkugel ca. 40(39)38(38)37 cm misst.

Zu StrumpfNd Nr. 3 wechseln und Rippen str.
Runde 1: *1 re verschr – 1 li*. Von * bis * wdh.
Runde 2: *1 re – 1 li verschr*. Von * bis * wdh.

Runde 1-2 wdh, bis das Bündchen 5 cm misst.
Im Rippenmuster abk.
Die Fäden abschneiden.

Den zweiten Ärmel genauso str.

FERTIGSTELLUNG

Vor dem Einnähen die Ärmel mit Nadeln in den Armausschnitt heften.
Die Ärmel von außen einnähen.
Die Öffnung am unteren Bündchen schließen.
Die Fäden vernähen.

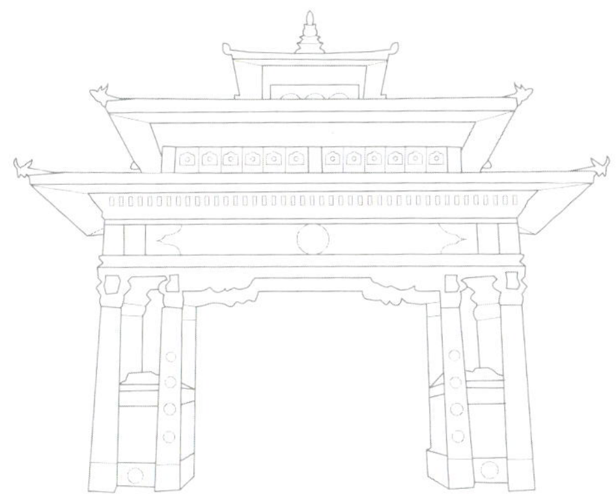

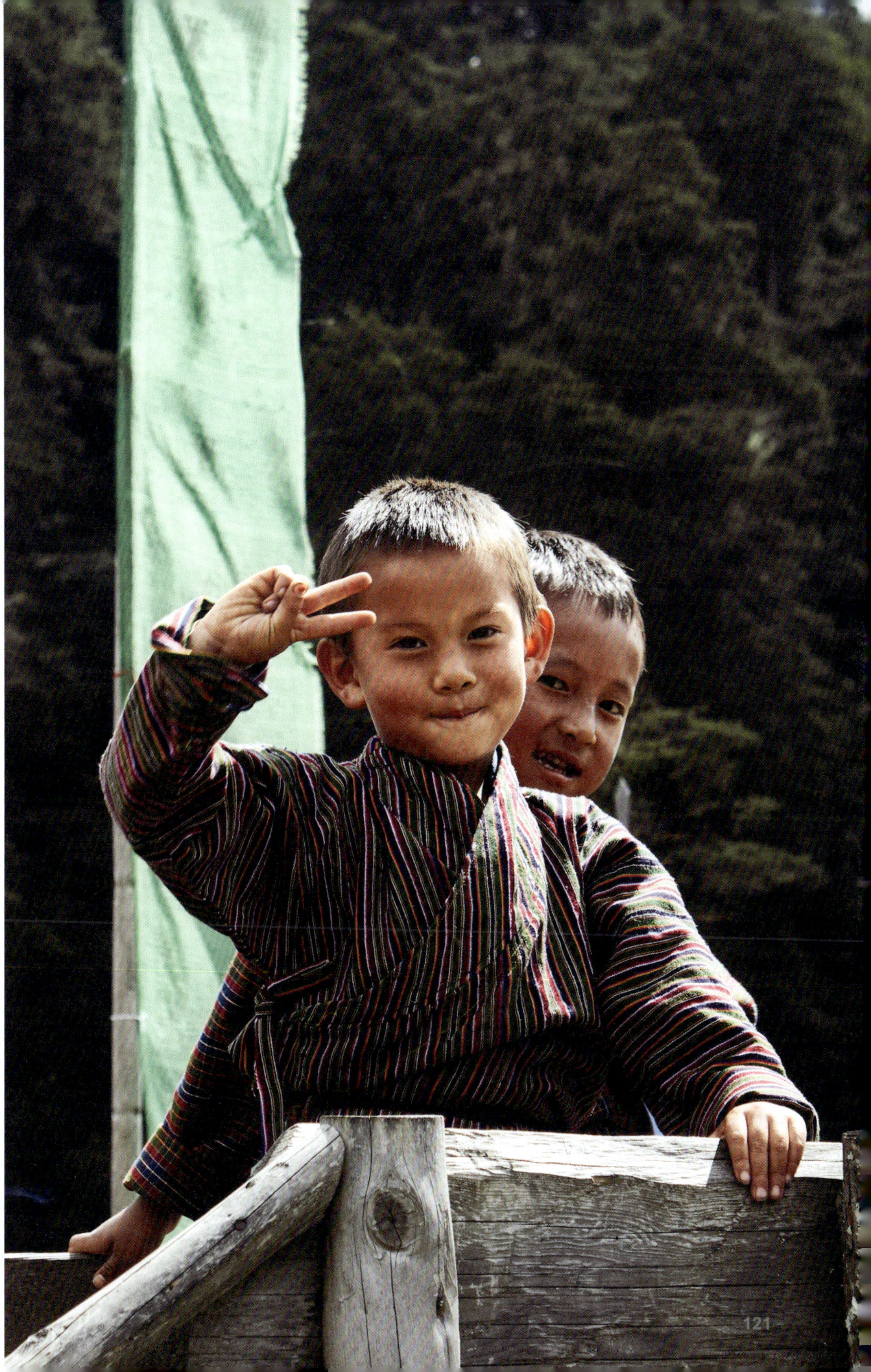

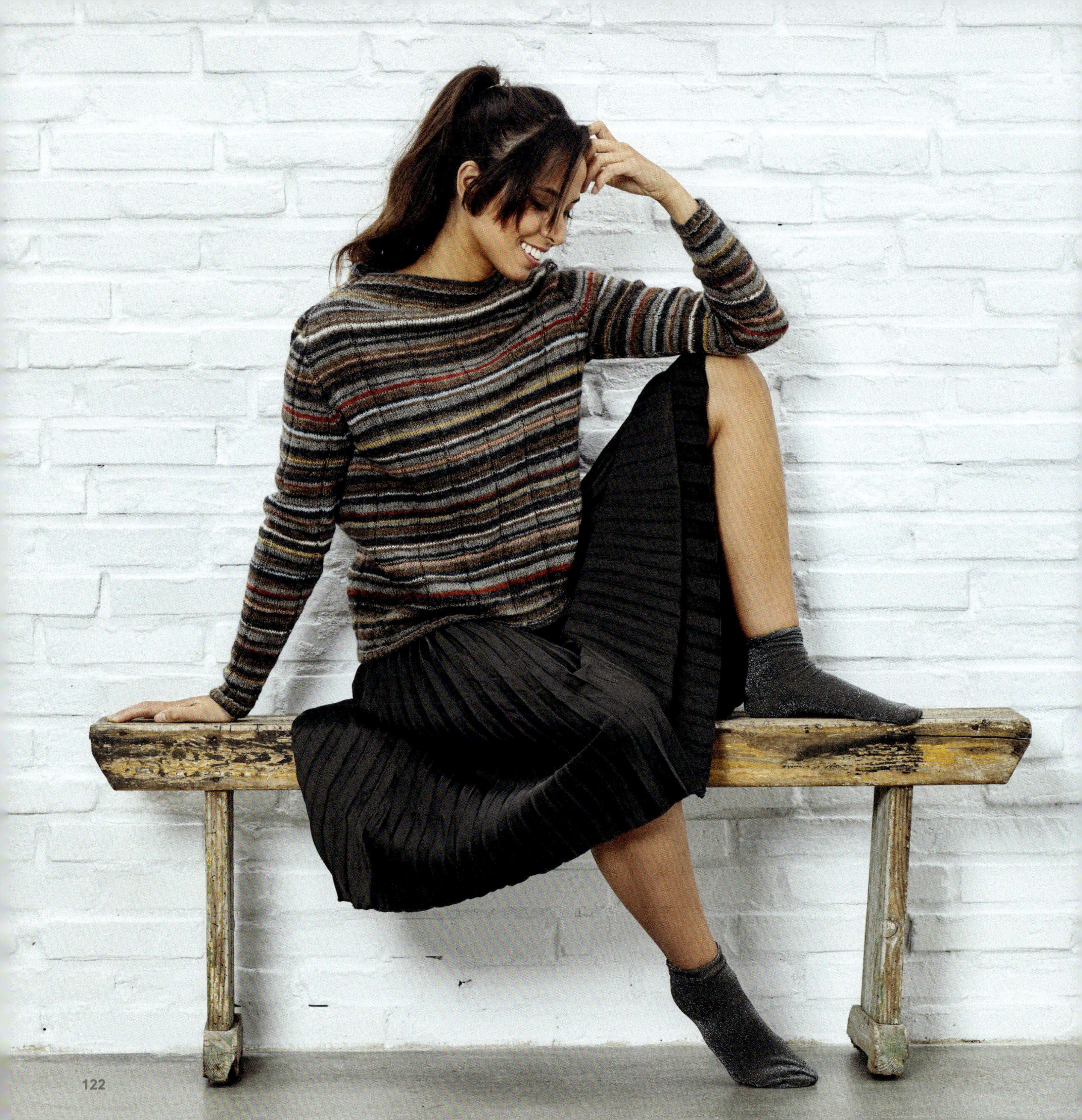

YAKOCHSE

Am ersten Tag unserer vielen langen Autotouren durch Bhutan hat mich mein Guide Tashi gefragt, was ich gerne alles sehen möchte. Er wusste, dass ich für ein Strickbuch fotografiere. „Ein Yak“ antwortete ich. „Das ist nicht möglich“, sagte Tashi „die sind zu dieser Zeit weit oben in den Bergen. Aber nur zwei Stunden später wurde die Straße von einer Herde Yakochsen versperrt! Das sind wirklich große Tiere mit langen Hörnern. Ich muss gestehen, dass ich nicht als Erste aus dem Auto sprang und froh war über das lange Objektiv der Kamera ... später hat Tashi mich angesehen und sich erkundigt „Und was willst du jetzt sehen?“, „Yeti“, antwortete ich, aber ihn habe ich leider nicht getroffen – den unheimlichen Schneemenschen.

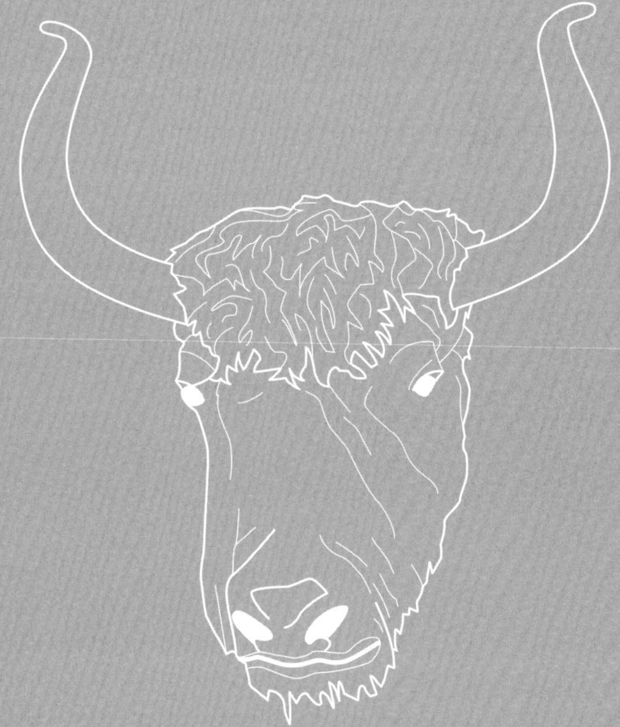

YAKOCHSE

Gr.: S(M/L)XL(XXL)

Halbe Oberweite: 49(55)61(69) cm
Länge: 55(58)60(60) cm
Innere Ärmellänge: 43(41)39(38) cm

MATERIAL

A: 100g Isager Tvinni Farbe 4s
B: 100g Isager Tvinni Farbe 8s
C: 100g Isager Tvinni Farbe 13s
Effektfarben: Kleine Reste von 5 verschiedenen Farben – in diesem Modell wurde Isager Tvinni Farbe 10, 28s, 39s und Isager Alpaca 2 Farbe 59 und 0 verwendet

Empfohlene Strumpf- und Rundnadel Nr. 3

Maschenprobe glatt rechts: 10 cm = 27 M und 36 R

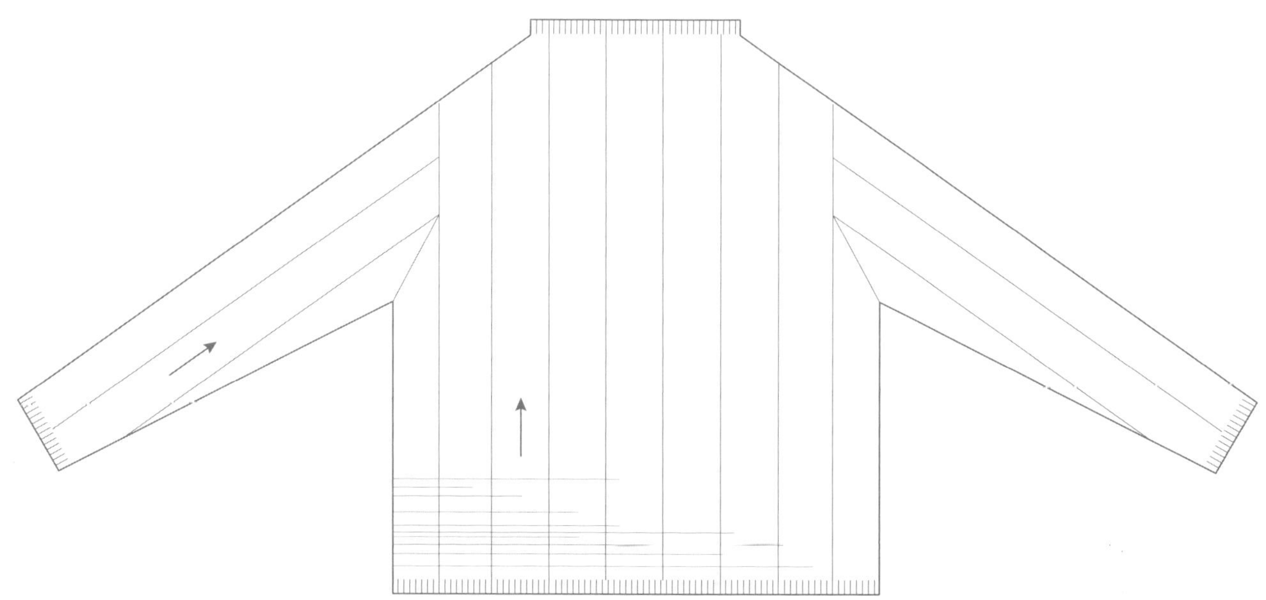

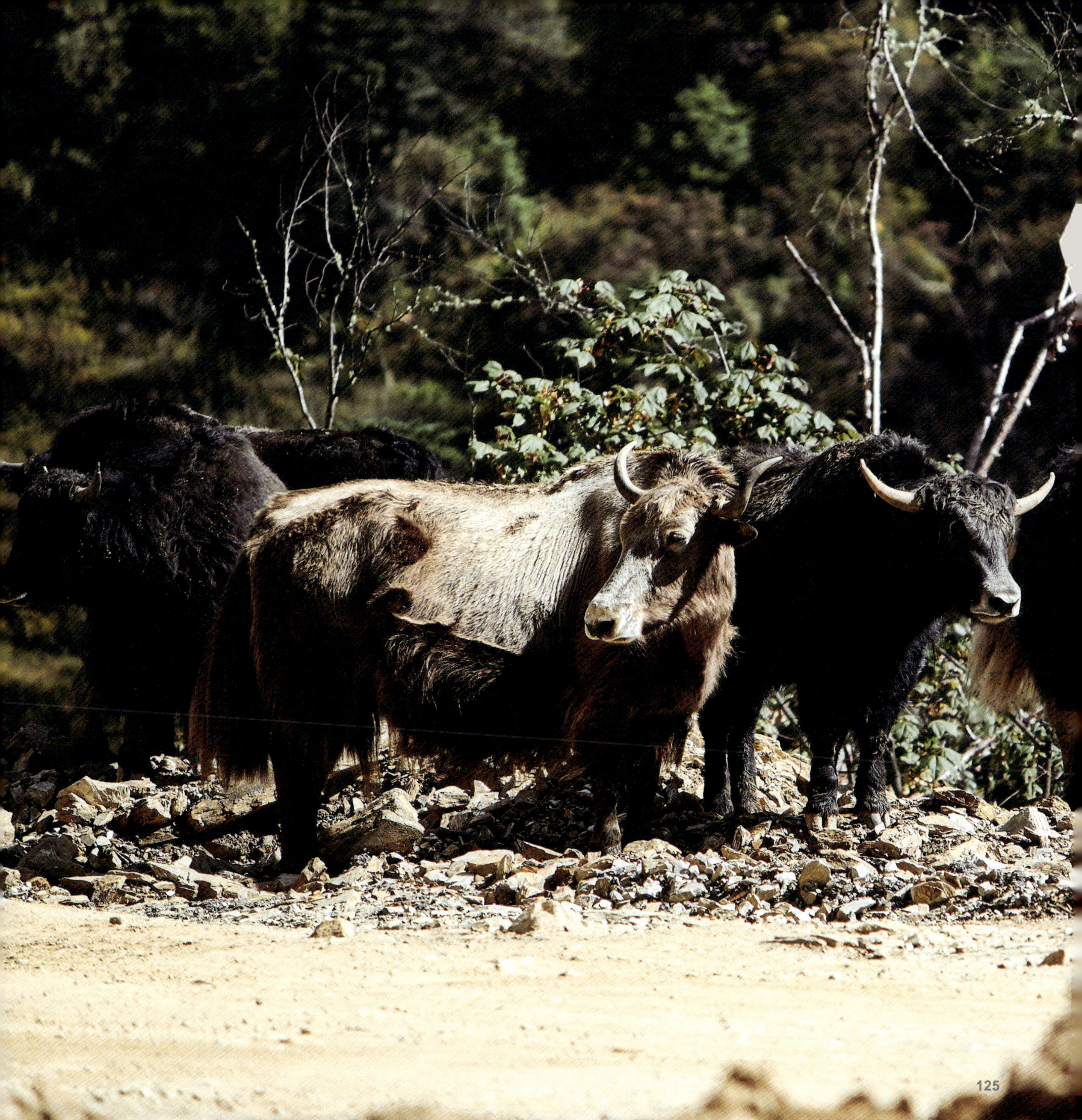

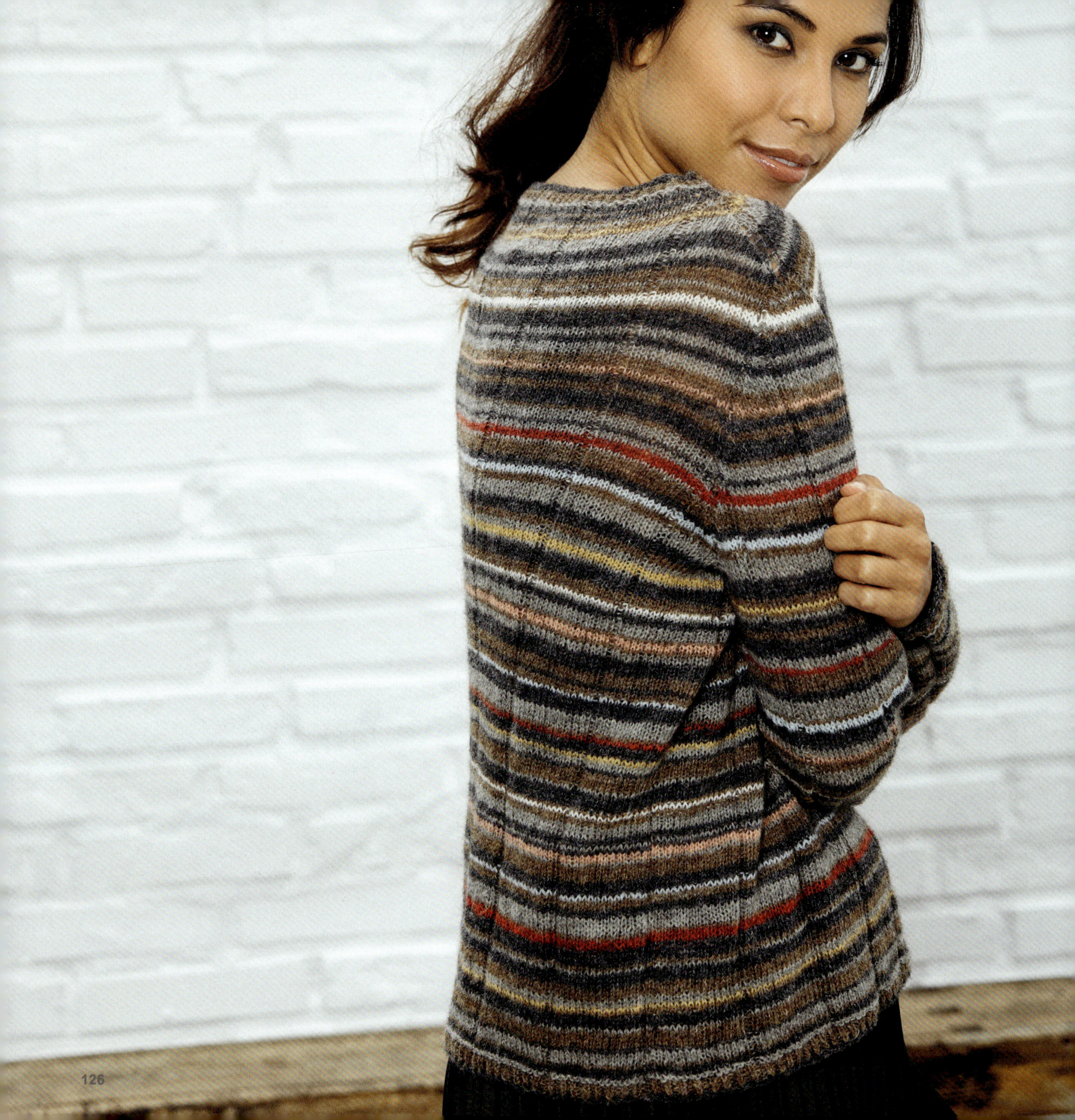

KÖRPER

272(306)340(374) M mit RundNd Nr. 3 und A anschl.
1 R re str (RückR).

Zu B wechseln.
Die M zu Runde schließen.
Rd 1-4: *1 li – (1 re verschr – 1 li) insg 8-mal str*. Von * bis * wdh.

Zu C wechseln.
Rd 5: 1 li – *15 re – 2 li*.
Von * bis * wdh. Enden mit 15 re – 1 li.
Rd 6: Alle M li str.

Im Muster wie in Rd 5 weiter str.
Beginnen mit:
2 Rd A.
1 Rd B.
3 Rd C.
1 Rd A.
4 Rd B.
1 Rd C.
Dann mit frei gewählten Streifen in A, B, C und D weiter str, aber höchstens 4 Rd mit derselben Farbe str.
Nach ca. 5 cm die erste Effektfarbe einstricken.

Die Effektfarben nach frei gewählten Abständen einsetzen, bis die Arbeit 36(34)32(29) cm misst.

Für den Armausschnitt abk:
Die ersten 6(8)12(16) M abk – 124(137)146(155) M im Muster str (die erste M ist bereits auf der Nd) – 12(16)24(32) M abk – 124(137)146(155) M im Muster str (die erste M ist bereits auf der Nd) – die letzten 6(8)12(16) M abk.
Den Faden abschneiden.
Die M stilllegen.

ÄRMEL

45(50)55(62) M mit einer StrumpfNd Nr. 3 und A anschl.
1 R re str (RückR).

Zu B wechseln.
Die M zur Runde schließen.
Rd 1-4: (1 re verschr – 1 li) insg 7(4)1(7)-mal str – *1 li – die ( ) insg 8-mal str*.
Von * bis * 0(1)2(1)-mal wdh. Enden mit 1 li – die ( ) insg 6(3)0(6)-mal str – 1 re verschr.

Zu C wechseln.
Rd 5: 13(7)1(13) re – 2 li – (15 re – 2 li) insg 1(2)3(2)-mal str. Enden mit 13(7)1(13) re.
Rd 6: alle M li str.

BEACHTE: Soll der Ärmel dieselbe Farbabfolge wie der Körper haben, müssen die ersten 7 cm Streifen nach freier Fantasie gestr werden, bevor der Farbverlauf des Körpers wdh wird.
Die Zun beg nach den nächsten 2 Rd.

2 Rd im Muster wie in Rd 5 str.
Rd 3 mit Zunahme: 1 re – 1 neue re, dafür den Querfaden vor der nächsten M re verschr str – das Muster bis zu der letzten M fortsetzen – 1 neue re – 1 re = 47(52)57(64) M.

In jeder 7.(5.)4.(3.) Rd insg 3(9)15(3)-mal zun = 51(68)85(68) M.
Um das Muster beizubehalten, werden nach 15 rechten M die Zun li gestr, dafür den Querfaden vor der nächsten M verdreht auf die li Nd heben und li str – GLEICHZEITIG die erste und letzte M li str.
Danach die Zun wieder mit 1 neue re str und GLEICHZEITIG die erste und letzte M wieder re str.

Bei der 20.(26.)32.(20.) Zun die erste und letzte M li str.
Es sind insg 85(102)119(102) M auf der Nd.

Gr. XXL:
Die Zun in jeder 4. Rd insg 37-mal str.
Es sind insg 136 M auf der Nd.
Weiter str, bis der Ärmel ca. 43(41)39(38) cm misst.

Alle Gr.:
Für den Armausschnitt abk:
Die ersten 6(8)12(16) M abk – 73(86)95(104) M im Muster str (die erste M ist bereits auf der Nd) – die letzten 6(8)12(16) M abk.
Den Faden abschneiden.
Die M stilllegen.

Den zweiten Ärmel genauso str.
Die M nicht stilllegen.

PASSE

Die KörperM und die M des ersten Ärmels wieder auf die Nd setzen.

Mit Streifen weiter str.
Das Muster in Runden str.
Bei den RückenM beg: 1 li – 122(135)144(153) M im Muster – 1 li.
Weiter über den ersten Ärmel str: 1 li – 71(84)93(102) M im Muster – 1 li.
Weiter über das Vorderteil str: 1 li – 122(135)144(153) M im Muster – 1 li.
Weiter über den zweiten Ärmel str: 1 li – 71(84)93(102) M im Muster – 1 li.
Insg sind 394(446)482(518) M auf der Nd.

Abnahmen str: *1 li – 2 re zus – 118(131)140(149) M im Muster – 2 re verschr zus – 2 li – 2 re zus – 67(80)89(98) M im Muster – 2 re verschr zus – 1 li*.
Von * bis * wdh = 386(438)474(510) M.

Die Abn in jeder 2. Rd insg 8(6)2(8)-mal str = 330(398)466(454) M.

In den nächsten 2 AbnahmeR die M li zusstr = 314(382)450(438) M.
In der nächsten AbnahmeR die M wieder wie zuvor re zus und re verschr zusstr = 306(374)442(430) M.

Gr. XL:
Noch 7-mal in jeder 2. Rd Abn wie zuvor re zusstr = 386 M.

Alle Gr.:
Nach der letzten Abn noch 1 Rd im Muster str. Jeder Ärmel hat 51(68)71(82) M.

2 Rd ohne Abn am Körper, jedoch mit Abn an den Ärmeln str.
1 Rd ohne Abn am Körper und ohne Abn an den Ärmeln str = 298(366)378(422) M.

Diese 3 Rd wdh, bis die Abn ausschließlich an den Ärmeln insg 23(32)33(39)-mal gestr sind = 214(246)254(274) M.

An den Ärmeln sind noch 5(4)5(4) M übrig.
In der nächsten Rd die ÄrmelM 2 re verschr zus – 3(2)3(2) M re zusstr.
In der nächsten Rd die zwei letzten ÄrmelM an beiden Seiten mit den äußersten KörperM li zusstr, sodass keine ÄrmelM mehr übrig sind. Es sind 204(238)244(266) M auf der Nd.

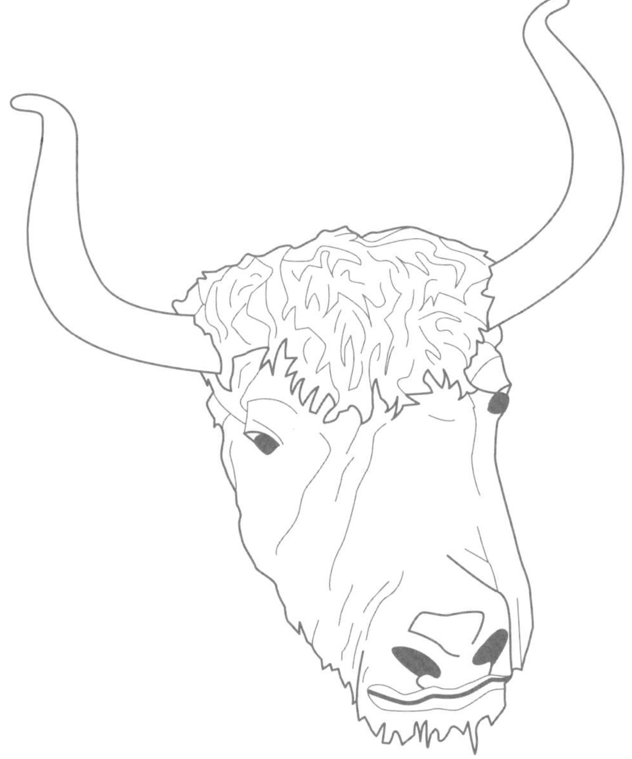

Der RdBeginn ist nun direkt über dem Ärmel. Die 2 M am Übergang von Rücken und Vorderteil li str.

SCHULTER

Nun in jeder Rd an beiden Seiten dieser 2 linken M insg 17(25)27(32)-mal Abn str = 136(138)136(138) M.

Gr. (M/L)(XXL):
1 Rd ohne Abn str, jedoch die 2 li M über den Ärmeln re zusstr.
Bei der Abn am Ende der Rd wird die letzte M mit der ersten M aus der nächsten Rd zusgestr = (136)(136) M.

Alle Gr.:
3(2)3(2) Rd ohne Abn str.

HALSRAND

Gr. S, XL:
Zu C wechseln.
Rd 1: 1 li – *15 re – 2 li*.
Von * bis * wdh. Enden mit 15 re – 1 li.
Rd 2: Alle M li str.
C abschneiden und mit B str.
Rd 3-6: *1 li – (1 re verschr – 1 li) 8-mal str*.
Von * bis * wdh.
B abschneiden und mit A str.
Wie Rd 1-2 str.
Die Strickarbeit wenden.
Von der Innenseite re abk.

Gr. (M/L)(XXL):
Zu C wechseln.
Rd 1: *7 re – 2 li – 8 re*. Von * bis * wdh.
Rd 2: Alle M li str.
C abschneiden und mit B str.
Rd 3-6: *(1 re verschr – 1 li) 4-mal str – 1li – die ( ) 4-mal str*. Von * bis * wdh.
B abschneiden und mit A str.
Wie Rd 1 str.
Die Strickarbeit wenden.
Von der Innenseite re abk.

FERTIGSTELLUNG

Die Ärmel in die Armausschnitte einnähen.
Die Fäden vernähen.

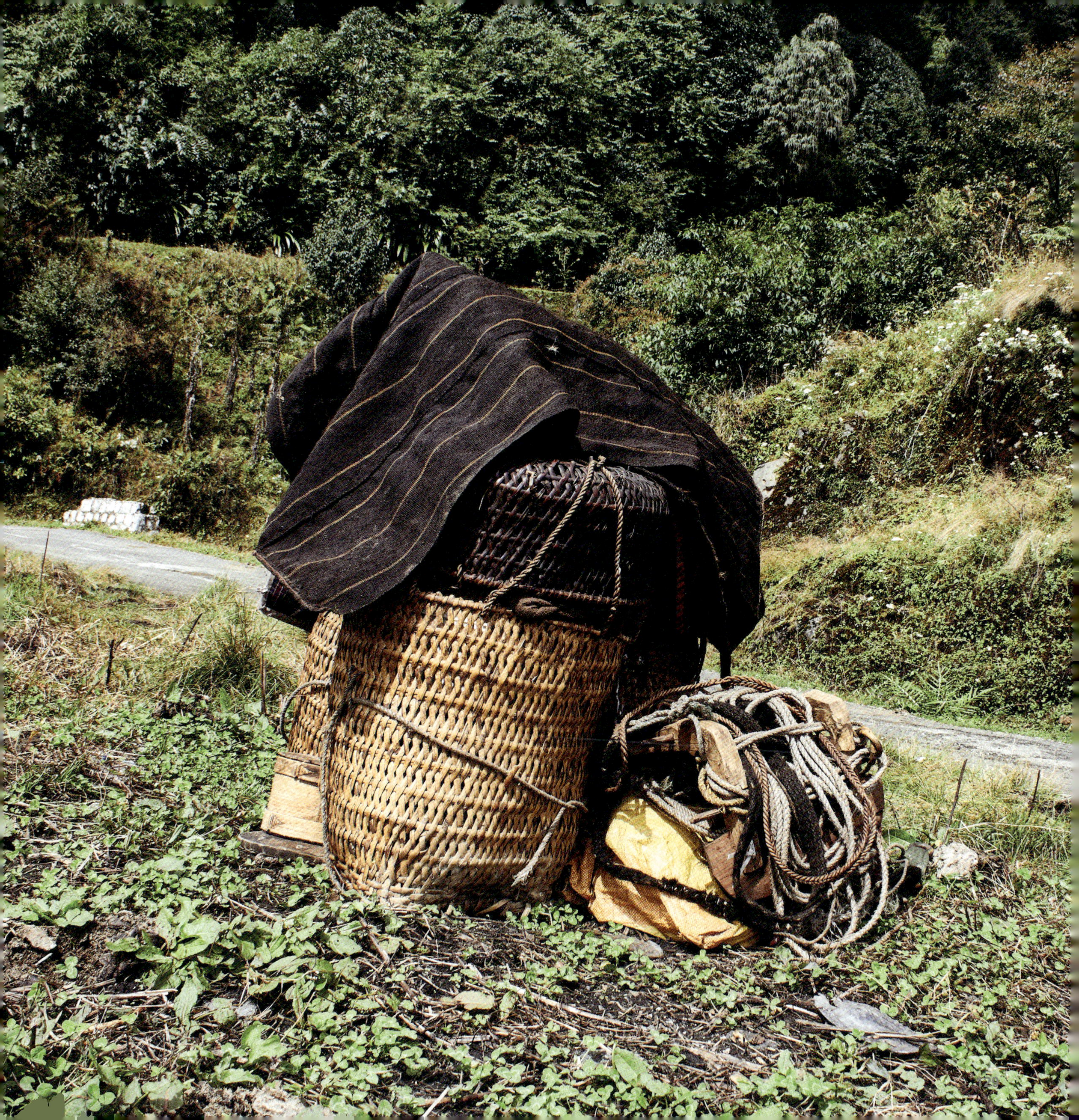

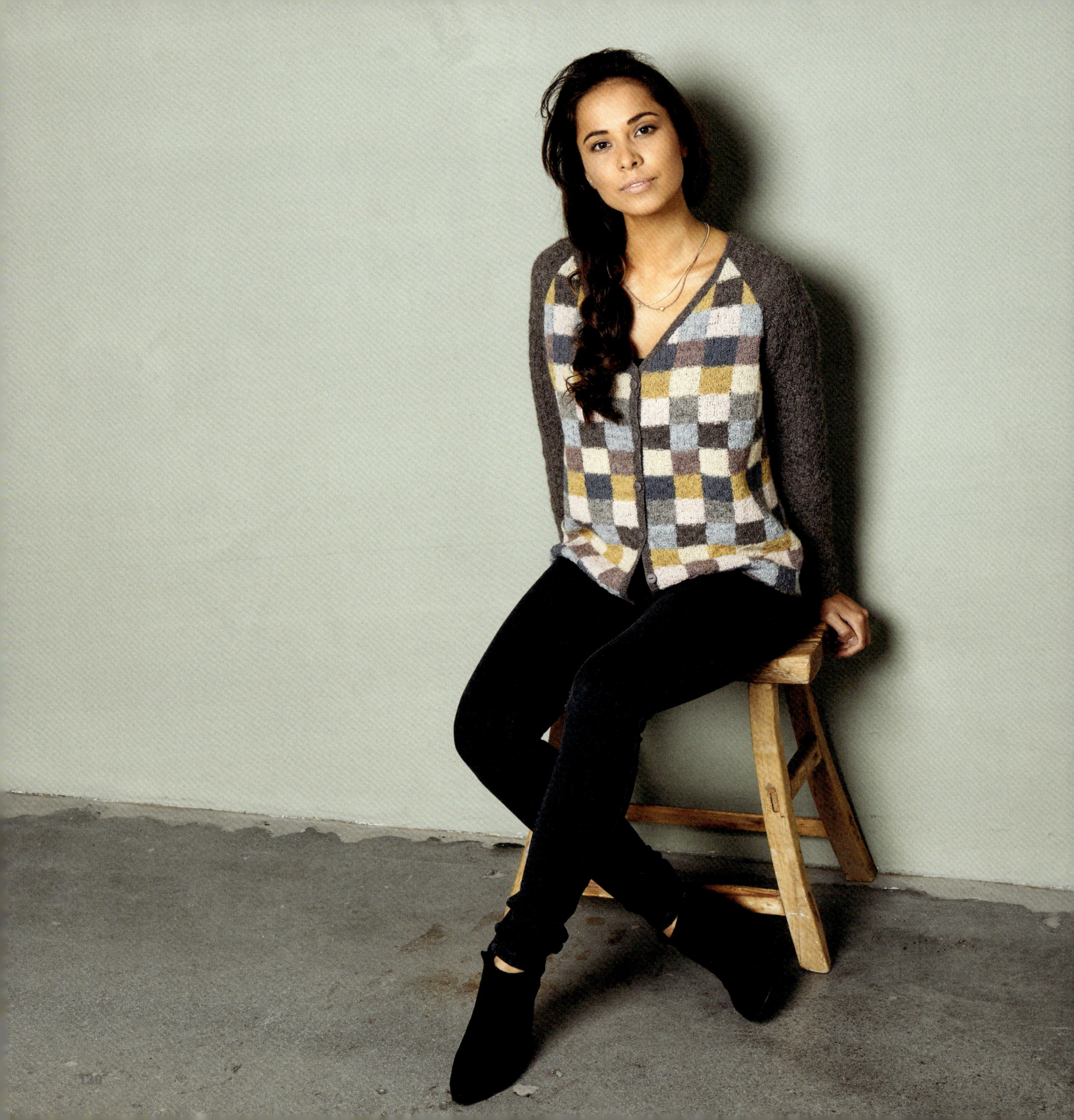

DORF

Das Gesetz in Bhutan bestimmt ganz genau, wie man dort bauen darf. Es gibt Regeln, die die Anzahl der Stockwerke eines Gebäudes bestimmen. Es gibt Regeln, wie Türen und Fenster aussehen sollen. Und nicht zuletzt gibt es Regeln dafür, welche Ausschmückungen das Gebäude in welchen Farben erhalten soll. Das Resultat ist eine schöne, einzigartige Gestaltung der Dörfer. Wir würden es als Eingriff in unsere persönliche Freiheit sehen. Bhutaner sehen dies nicht so. Sie lieben ihre Traditionen, ihre Bautradition und empfinden persönliche Freiheit an allen anderen Orten als an ihren Fenstern.

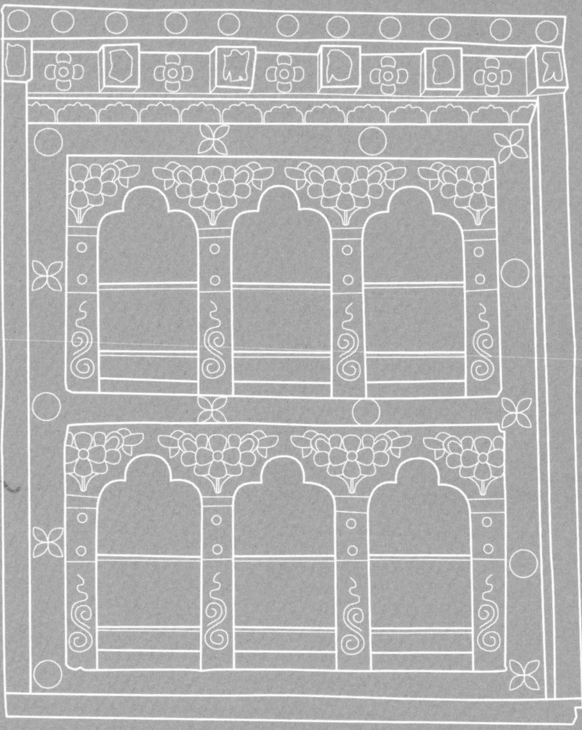

DORF

Gr. S(M)L(XL)XXL

Halbe Oberweite: 48(52)56(60)65 cm
Länge: 61 cm
Ärmellänge: 43(42)42(41)40 cm

MATERIAL

A: 150(150)150(200)200g Isager Alpaca 2 Farbe 4s
B: 25(50)50(50)50g Isager Tvinni Farbe 10s
C: 25g Isager Tvinni Farbe 42
D: 25g Isager Alpaca 2 Farbe Sky
E: 25(25)50(50)50g Isager Tvinni Farbe 61
F: 25(25)50(50)50g Isager Tvinni Farbe 58
G: 25g Isager Alpaca 2 Farbe 59
H: 25g Isager Tvinni Farbe 13s

5 Knöpfe

Empfohlene Rundnadeln Nr. 2½ und 3

Maschenprobe glatt rechts: 10 cm = 28 M und 36 R
Maschenprobe im Muster: 10 cm = 28 M und 42 R

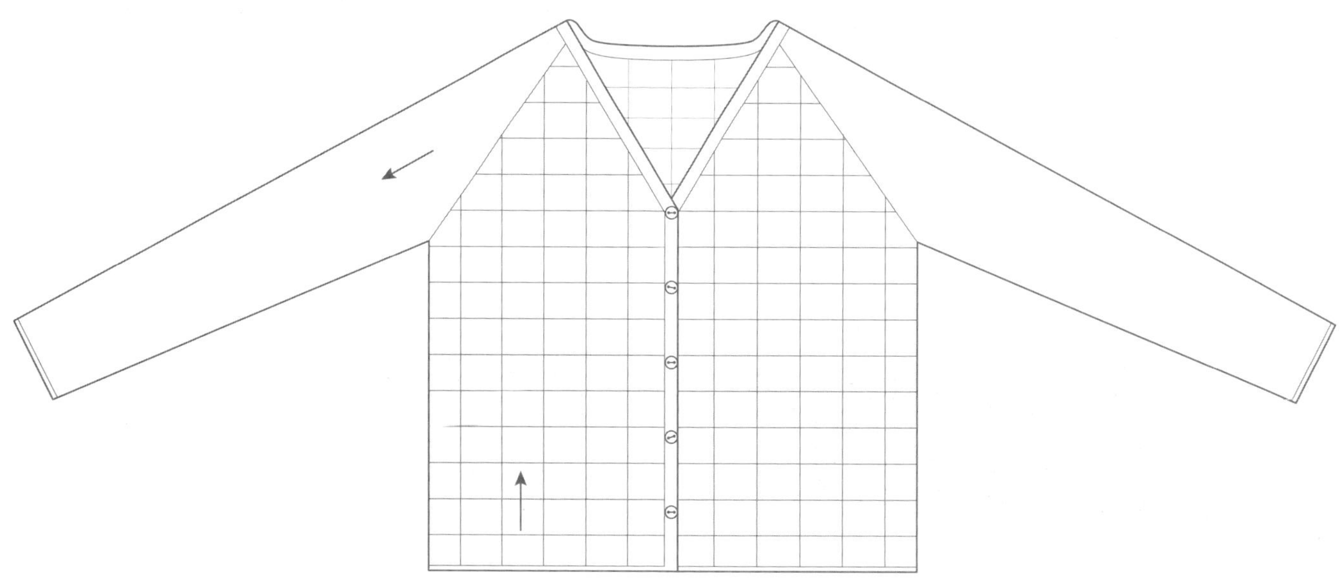

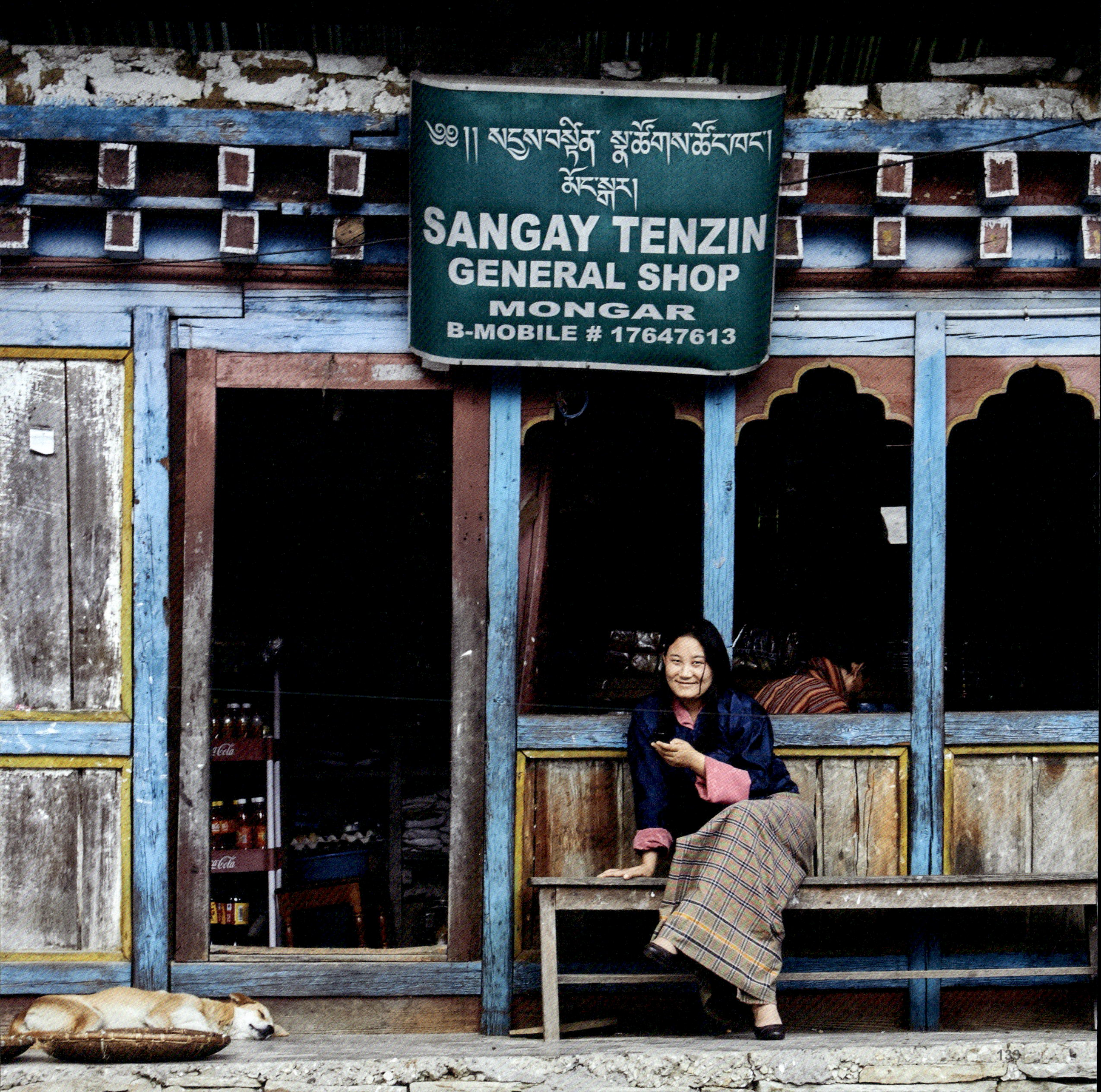
SANGAY TENZIN
GENERAL SHOP
MONGAR
B-MOBILE # 17647613

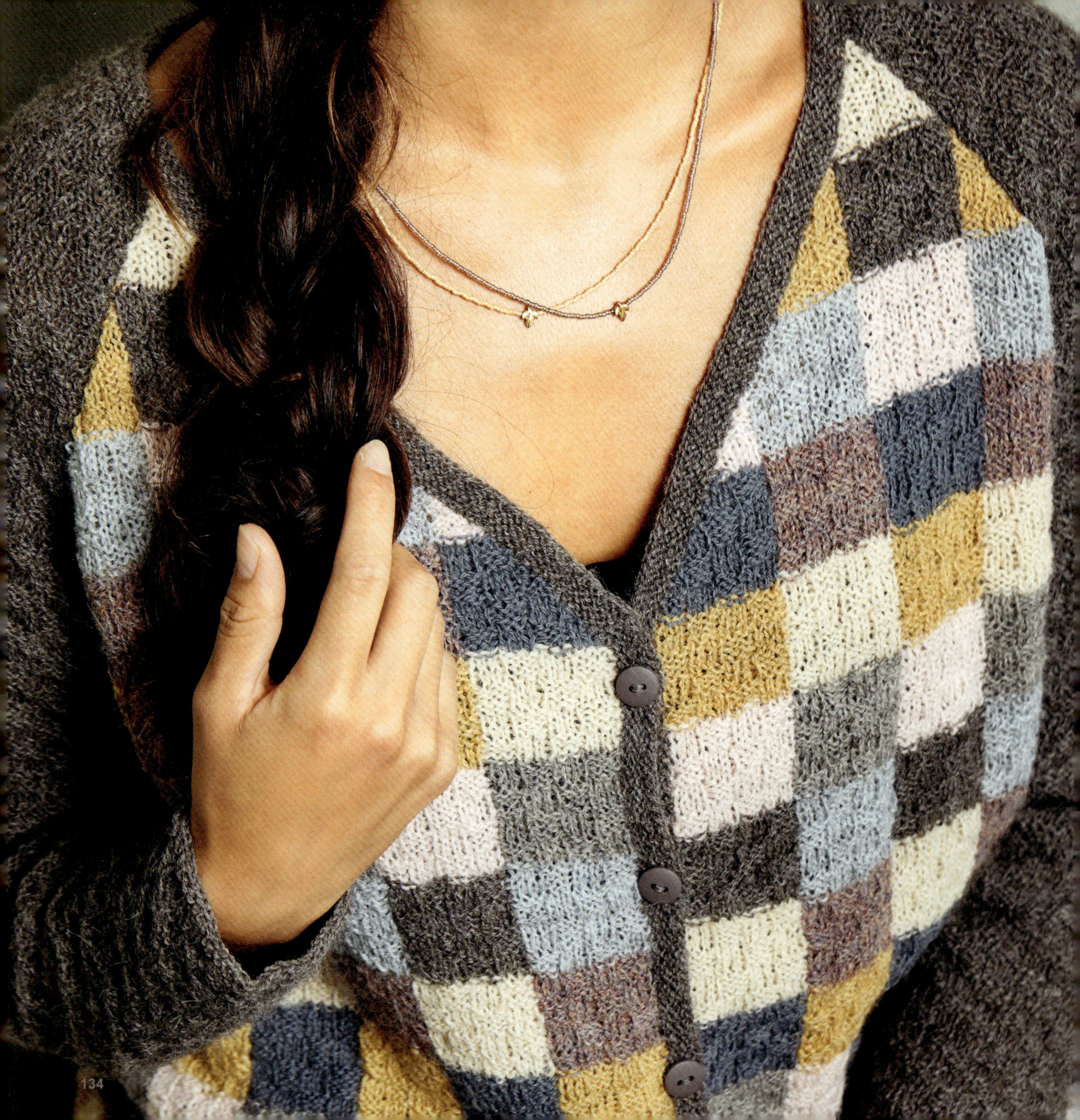

KÖRPER

266(290)314(338)362 M mit A und Nd Nr. 3 anschl.
1 RückR re str.
A abschneiden.

11(12)13(14)15 kleine Garndoggen mit B und 11(12)13(14)15 kleine Garndoggen mit C à 3,2 m wickeln.

MUSTER
Reihe 1 (HinR): Mit B str: 1 re – *3 re – 3 li*.
Von * bis * wdh. Es sind nun 13 M gestr.
Zu C wechseln. 12 M str: *3 re – 3 li*.
Von * bis * wdh.
Zu neuer B-Dogge wechseln. 12 M str: *3 re – 3 li*. Von * bis * wdh.
Zu neuer C-Dogge wechseln. 12 M str: *3 re – 3 li*. Von * bis * wdh.
Insg 22(24)26(28)30 Quadrate abwechselnd mit B und C str.
Enden mit 1 re mit C.

Reihe 2: Mit C str: 1 re – *3 re – 3 li*.
Von * bis * wdh. Es sind nun 13 M gestr.
Zu B wechseln. Beim Farbwechsel die Fäden auf der Innenseite der Arbeit einmal umeinander drehen. So werden Löcher beim Farbwechsel vermieden.
12 M str: *3 re – 3 li*. Von * bis * wdh.
Die R mit Farbwechseln zu Ende str.

Reihe 3: Wie Reihe 1.
Reihe 4: Wie Reihe 2.

Reihe 5: Mit B str: 1 re – *3 li – 3 re*.
Von * bis * wdh. Es sind nun 13 M gestr.
Zu C wechseln. 12 M str: *3 li – 3 re*.
Von * bis * wdh.
Im Muster zu Ende str.
Enden mit 1 re mit C.
Reihe 6: Mit C str: 1 re – *3 re – 3 li*.
Von * bis * wdh. Es sind nun 13 M gestr.
Zu B wechseln. 12 M str: *3 re – 3 li*.
Von * bis * wdh.
Im Muster fortsetzen. Enden mit 1 re mit B.
Reihe 7: Wie Reihe 5
Reihe 8: Wie Reihe 6.
Reihe 1-8 wdh.

B und C mit D und E austauschen.
Wieder 16 R wie bisher str.

Der Farbabfolge laut Diagramm folgen.

Weiter str, bis 9 Quadrate in der Höhe gestr sind.
15(15)7(7)7 R des 10. Quadrats str.
In der nächsten R des 10. Quadrats für die Armausschnitte abk:
61(61)67(67)67 M im Muster str – 12(24)24(36)48 M abk – 120(120)132(132)132 M im Muster str –12(24)24(36)48 M abk – 61(61)67(67)67 M im Muster str.

Die Arbeit misst 38(38)36(36)36 cm.
Jedes Strickteil für sich fertig str.

RECHTES VORDERTEIL

Das Muster über die 61(61)67(67)67 rechten VorderteilM fortsetzen.

2 R im Muster ohne Abn str.
1. Abnahme str: 2 re zus – im Muster str – die letzten 2 M re zusstr.
Die Abn in jeder 3. R wdh, bis noch 3 M übrig sind.
1 R im Muster über diese 3 M str.
Die M abk.
Den Faden abschneiden.

LINKES VORDERTEIL

Wie das rechte Vorderteil str.

RÜCKEN

Wie das rechte Vorderteil str, bis noch 60(60)72(72)72 M übrig sind.
Nach dem 15. Quadrat enden.
Die Fäden abschneiden.
Die M stilllegen.

ÄRMEL

Den Ärmel von oben nach unten str.
23 M mit A anschl.

Reihe 1 (RückR): 1 re – *3 re – 3 li*.
Von * bis * wdh. Enden mit 4 re.
Reihe 2: 1 re – *3 li – 3 re*.
Von * bis * wdh. Enden mit 3 li – 1 re.
Reihe 3 mit Zunahme: Die erste M mit 2aus1M str, dafür erst 1 M aus dem vorderen, dann 1 M aus dem hinteren Maschenschenkel str - *3 re – 3 li*. Von * bis * wdh.
Enden mit 3 re – 2aus1M str = 25 M.
Reihe 4: 2 re – *3 li – 3 re*. Von * bis * wdh.
Enden mit 3 li – 2 re.

Reihe 5: 2 re – *3 li – 3 re*.
Von * bis * wdh. Enden mit 3 li – 2 re.
Reihe 6 mit Zunahme: 2aus1M str – 1 li – *3 re – 3 li*. Von * bis * wdh.
Enden mit 3 re – 1 li – 2aus1M str = 27 M.
Reihe 7: 3 re – *3 li – 3 re*. Von * bis * wdh.
Reihe 8: 1 re – 2 li – *3 re – 3 li*. Von * bis * wdh.
Enden mit 3 re – 2 li – 1 re.

Das Muster fortsetzen.
Am Anfang und Ende jeder 3. R Zun str, bis 75(75)81(81)81 M auf der Nd sind.
Die neuen M in das Muster einfügen.
Nach der letzten Zun noch 3(3)2(2)2 R str.

1 R im Muster str und am Ende 12(24)24(36)48 neue M anschl = 87(99)105(117)129 M.
Nun zur Rd schließen.
In der nächsten Rd 81(87)93(99)105 M str und eine Markierung für den RdBeginn setzen.

6 Rd im Muster str.
Abnahmen str: 2 M im Muster zusstr – im Muster str – 2 M verschr im Muster zusstr.
In jeder 12.(8.)8.(6.)6. Rd insg 8(22)22(28)16-mal abn = 71(55)61(61)97 M.

Gr. S:
Noch 8-mal in jeder 10. Rd abn = 55 M.

Gr. XXL:
Noch 15-mal in jeder 4. Rd abn = 67 M.

Alle Gr.:
Weiter str, bis der Ärmel 44(43)43(42)41 cm misst.
Nach einem ganzen Quadrat enden.
1 Rd li str.
Alle M re abk.

Den zweiten Ärmel genauso str.

VORDERRAND

Die RückenM wieder auf eine Nd setzen.
Mit A und Nd Nr. 2½ str.

Aus dem rechten Vorderrand M herausstr:
2 M aus dem unteren Rand str – danach je 9 M aus den ersten 10 Quadraten str.
Je 12 M aus den letzten 5 Quadraten str.
21 M aus dem Ärmelanschlag str.
Über die NackenM str: *2 re zus – 10 re*.
Von * bis * wdh. Enden mit 2 re zus – 8 re – 2 re zus.
21 M aus dem Ärmelanschlag str.
Je 12 M aus den ersten 5 Quadraten str.
Je 9 M aus den letzten 10 Quadraten str – 2 M aus dem unteren Rand str.
Es sind 400(400)411(411)411 M auf der Nd.

3 R re str.
Knopflöcher und Zunahmen str:
14 re – 2 re zus – 2 neue M anschl – 2 re verschr zus. Von * bis * insg 5-mal str. 1 re – 1 neue M re, dafür den Querfaden vor der nächsten M re verschr str – 2 re – 1 neue re – 214(214)225(225)225 re – 1 neue re – 2 re – 1 neue re – 91 re = 404(404)415(415)415 M.
1 R re str.

Zunahmen str: 92 re – 1 neue re – 2 re – 1 neue re – 216(216)227(227)227 re – 1 neue re – 2 re – 1 neue re – 92 re = 408(408)419(419)419 M.

1 R re str.
In der HinR alle M abk.

FERTIGSTELLUNG

Die Ärmelnähte schließen.
Vor dem Einnähen die Ärmel mit Nadeln in die Armausschnitte heften.
Die Ärmel von außen einnähen.
Die Fäden vernähen und die Knöpfe annähen.

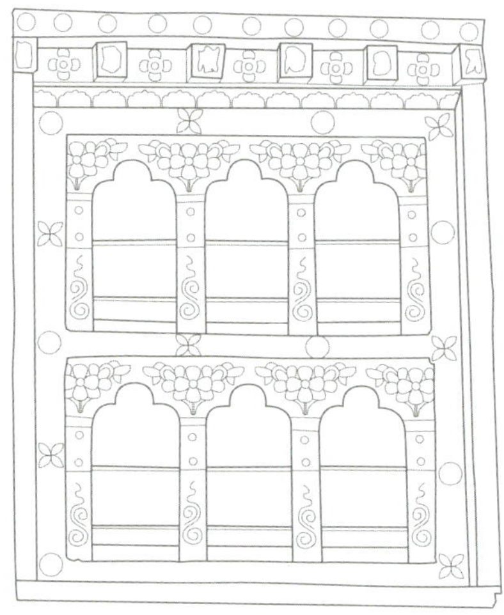

DIAGRAMM

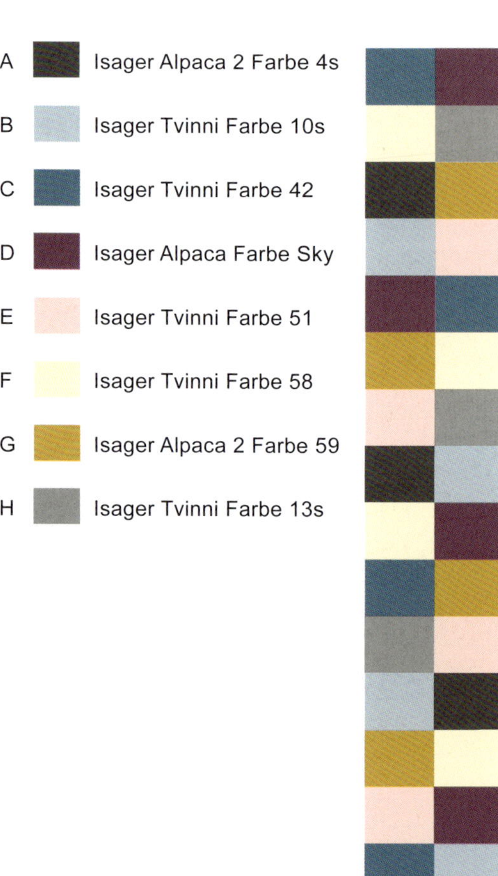

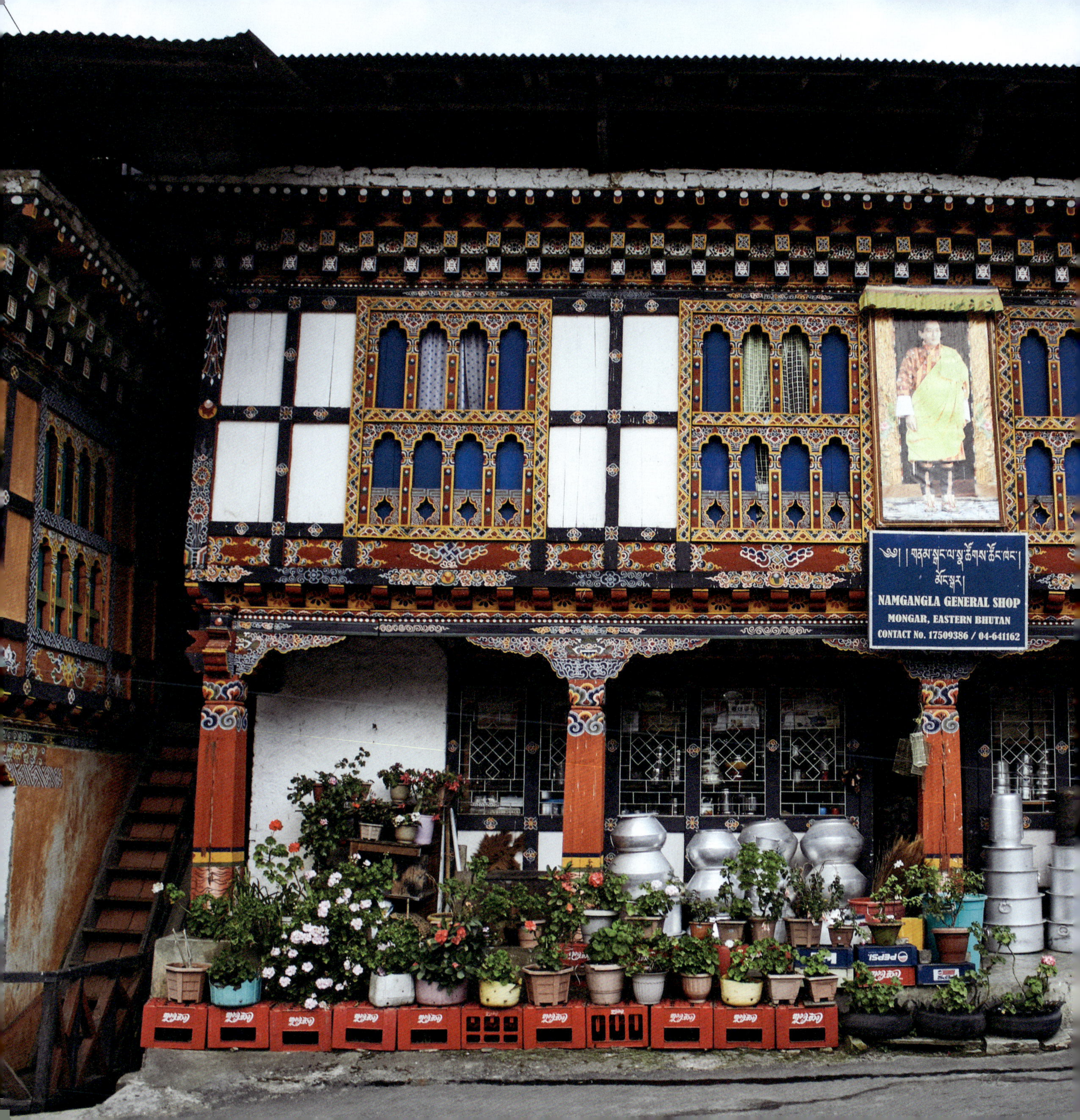
NAMGANGLA GENERAL SHOP
MONGAR, EASTERN BHUTAN
CONTACT No. 17509386 / 04-641162

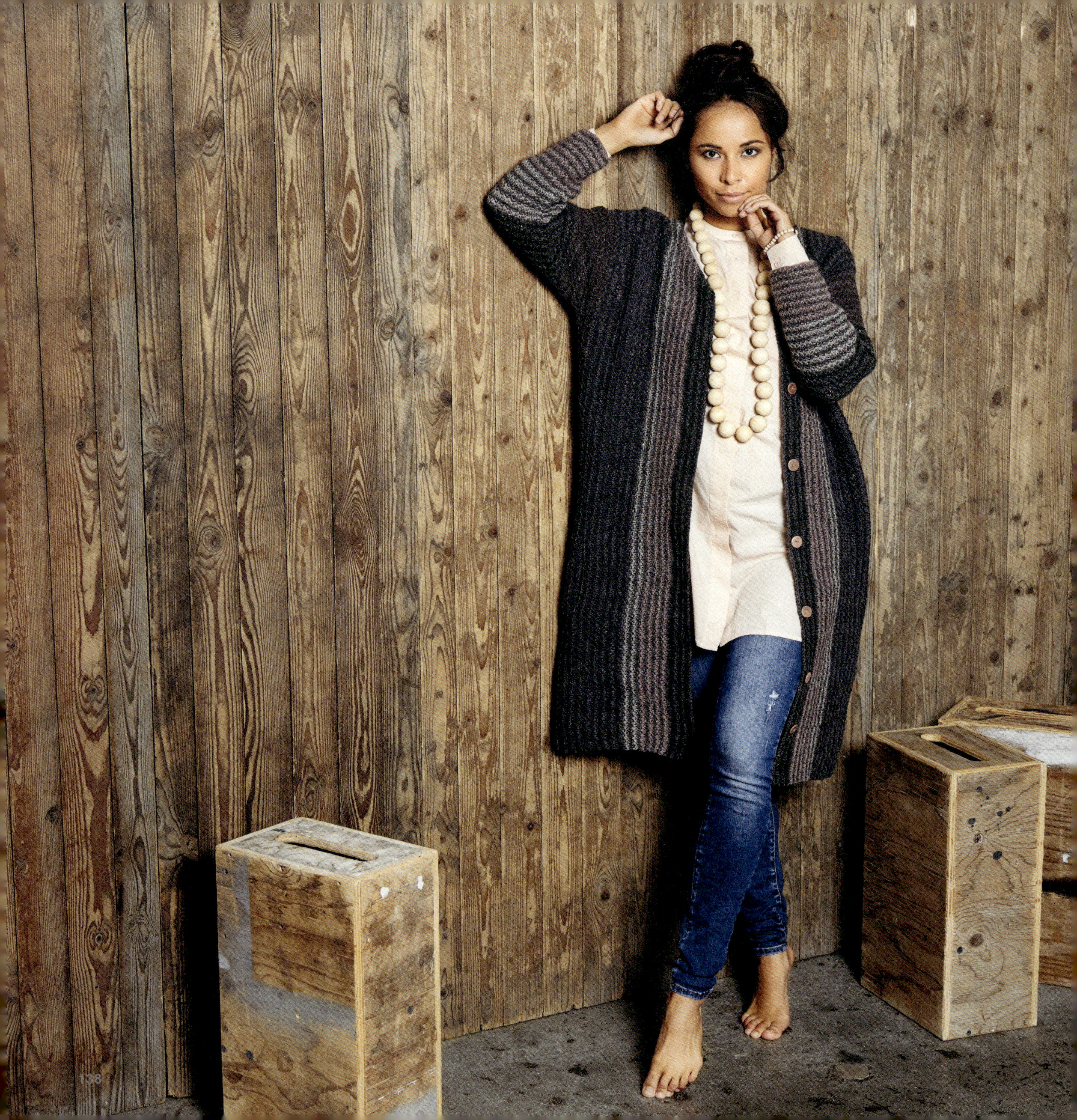

MAGISCHER STEIN

Wenn ein Felsbrocken auffällt – in Form, Farbe oder Struktur –, dann ist er ganz sicher ein Gi. Ein Gi enthält unglaubliche Mengen an Energie, die nicht freigesetzt werden dürfen. Man versetzt einen Gi nicht, - aber wenn es doch einmal nötig ist, muss er an einen besseren Ort gebracht werden, an dem seine Pracht richtig zur Geltung kommt.

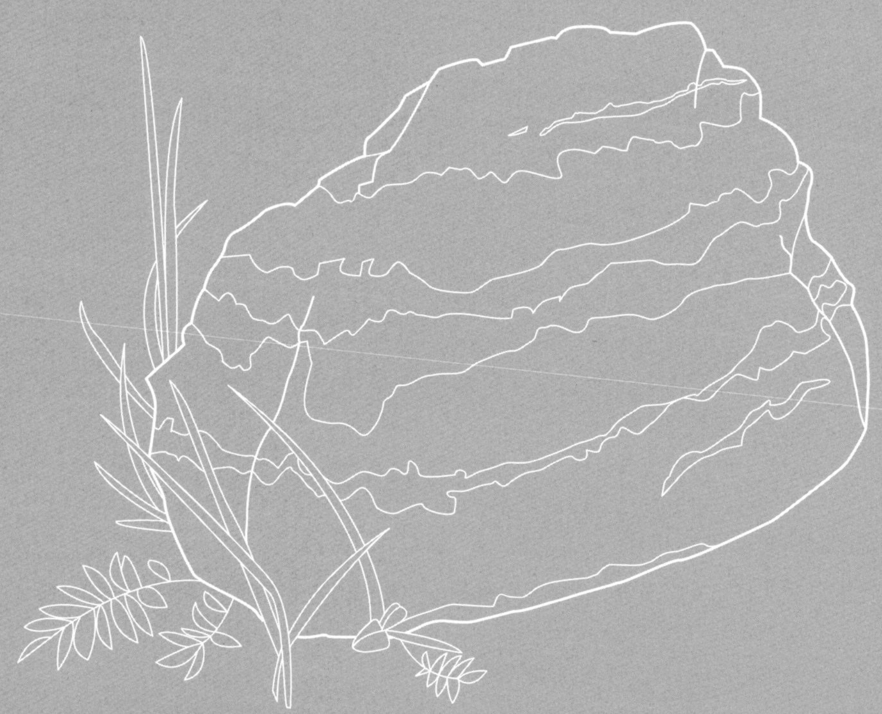

MAGISCHER STEIN

Gr.: S(M/L)XL(XXL)

Rückenbreite: 51(57)63(66) cm
Länge: 80 cm
Innere Ärmellänge: 45(42)42(39) cm

MATERIAL

A: 300(300)350(350)g Isager Tvinni Farbe 4s
B: 50(50)100(100)g Isager Alpaca 2 Farbe Sky
C: 50g Isager Tvinni Farbe 13s
D: 50g Isager Tvinni Farbe 37
E: 50g Isager Tvinni Farbe 60
F: 100g Isager Tvinni Farbe 47
Alle Farben mit doppeltem Faden str

6 Knöpfe

Empfohlene Rundnadel Nr. 4

Maschenprobe im Perlmuster: 10 cm = 19 M und 26 R

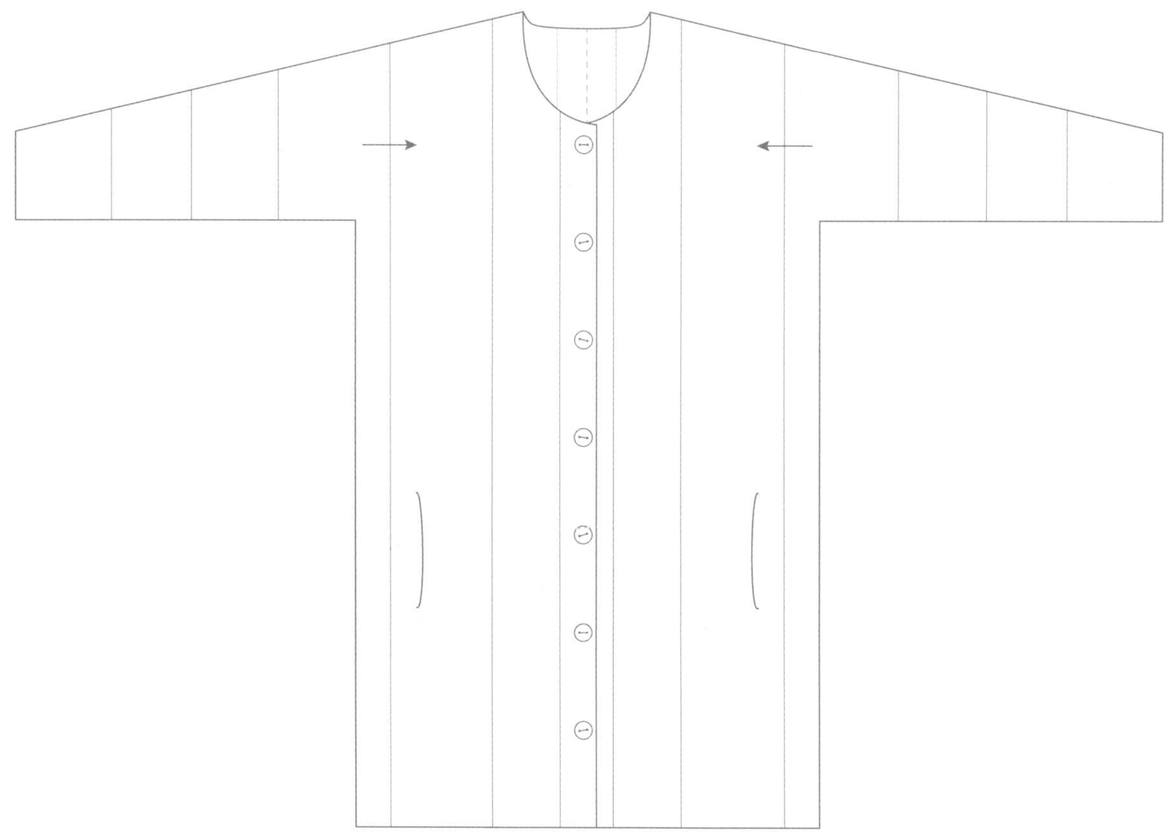

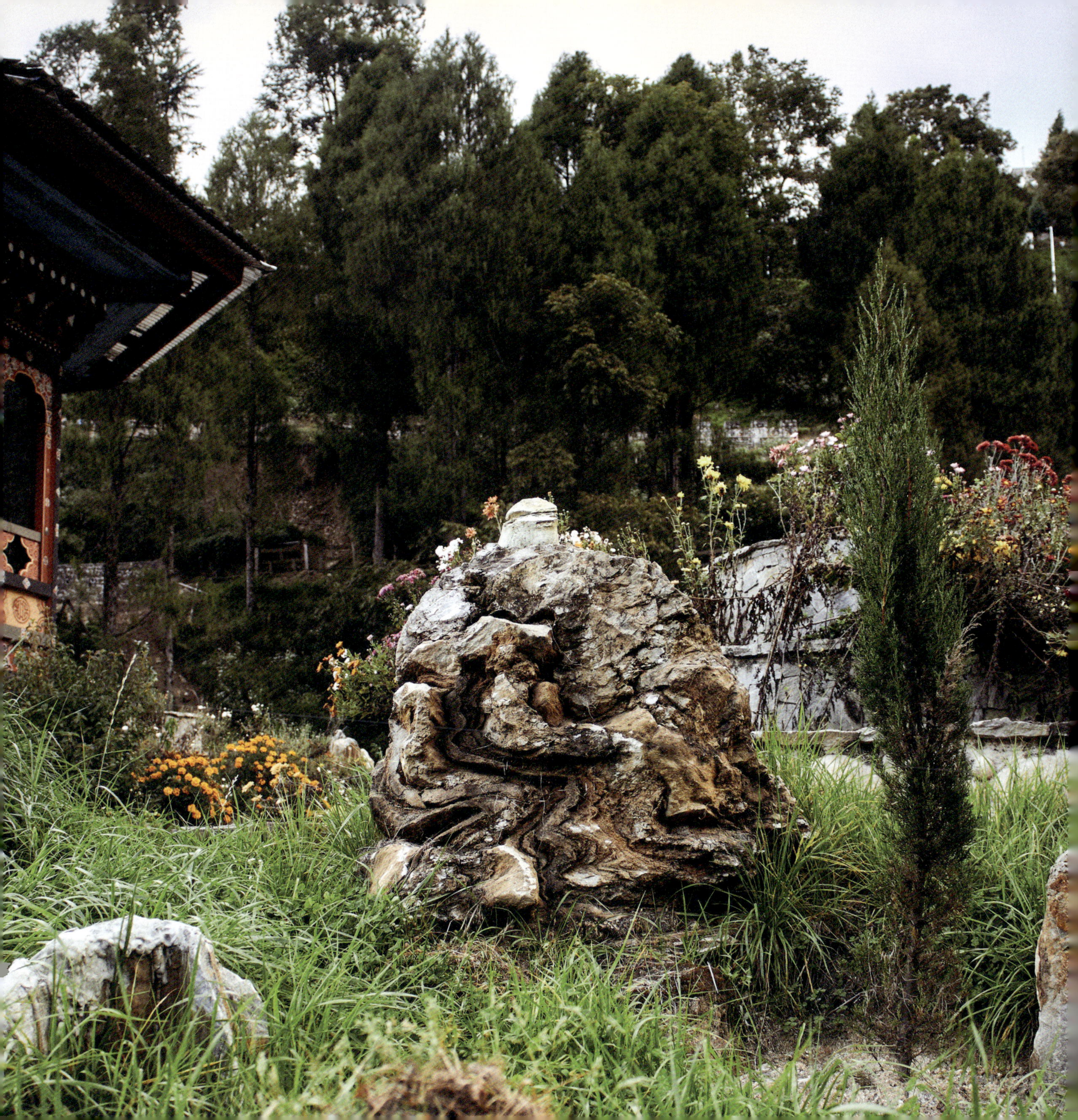

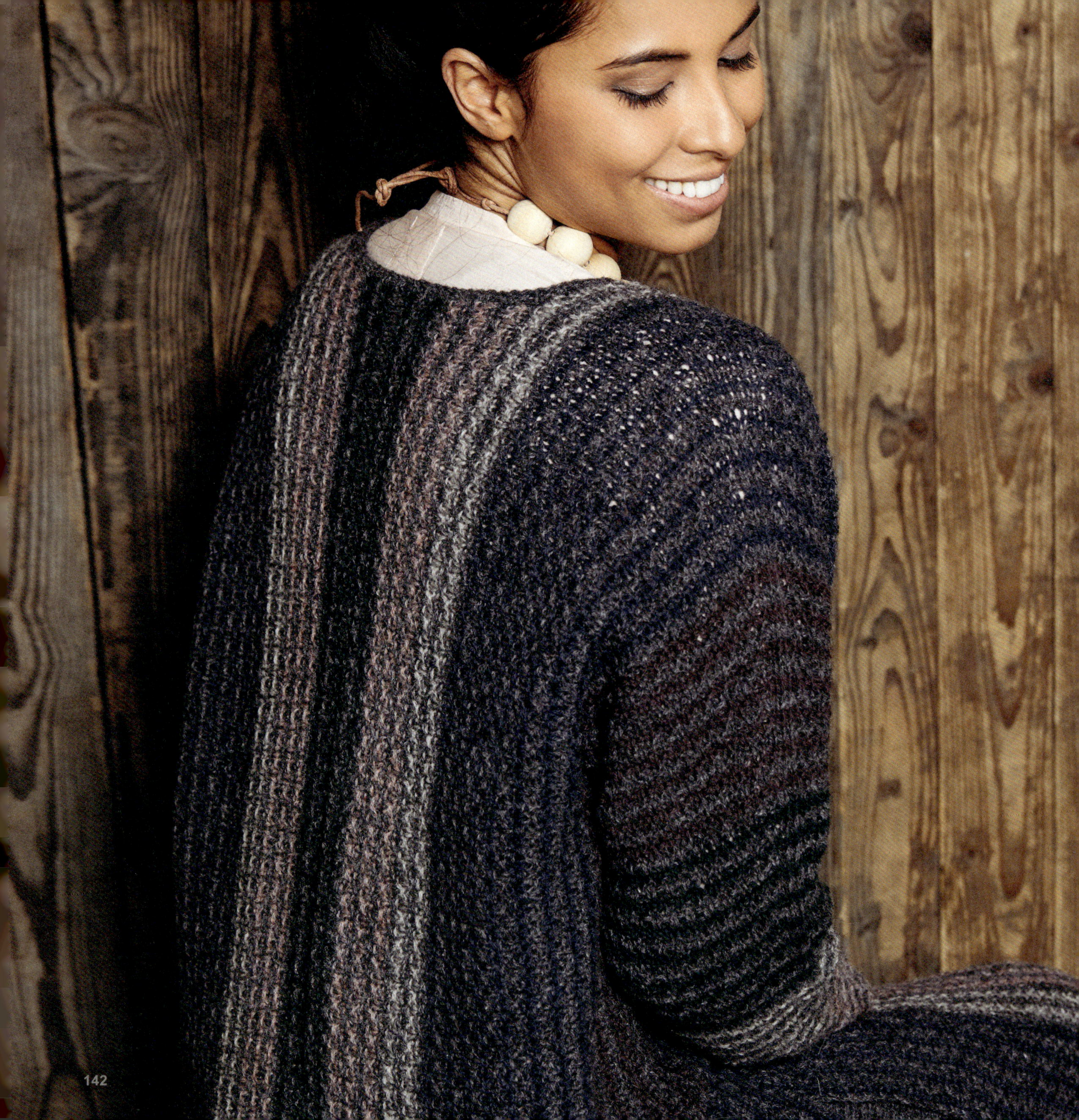

Die Jacke wird von den Ärmelrändern in die Mitte gestrickt.

LINKER ÄRMEL

40(44)48(52) M mit 2 Fäden B und Nd Nr. 4 anschl.
In Reihen hin- und herstr.

Reihe 1 (RückR): 1 re – *1 li – 1 re*.
Von * bis * wdh, bis insg 19(21)23(25) M gestr sind – 2 li – *1 re – 1 li*.
Von * bis * wdh – die letzte M re str.

Zu zwei Fäden A wechseln.
Reihe 2: 1 re – *1 li – 1 re*.
Von * bis * wdh, bis insg 19(21)23(25) M gestr sind – 2 re – *1 re – 1 li*.
Von * bis * wdh – die letzte M re str.
Reihe 3: 1 re – *1 re – 1 li*.
Von * bis * wdh, bis insg 19(21)23(25) M gestr sind – 2 li – *1li – 1 re*.
Von * bis * wdh – die letzte M re str.

Mit 2 Fäden B str.
Reihe 4 mit Zunahme: 1 re – *1 re – 1 li*.
Von * bis * wdh, bis insg 19(21)23(25) M gestr sind – U – 2 re str – U – *1 li – 1 re*.
Von * bis * wdh – die letzte M re str.
Reihe 5: 1 re – *1 li – 1 re*.
Von * bis * wdh, bis insg 19(21)23(25) M gestr sind – den U li verschr str – 2 li – den U li verschr str – *1 re – 1 li*.
Von * bis * wdh – die letzte M re str.

Mit 2 Fäden A str.
Reihe 6: *1 re – 1 li*.
Von * bis * wdh, bis insg 20(22)24(26) M gestr sind – 2 re – *1 li – 1 re* str. Von * bis * wdh.
Reihe 7: 2 re – *1 li – 1 re*.
Von * bis * wdh, bis insg 20(22)24(26) M gestr sind – 2 li – *1 re – 1 li*.
Von * bis * wdh – die letzten 2 M re str.

Mit 2 Fäden B str.
Reihe 8: 2 re – *1 li – 1 re*.
Von * bis * wdh, bis insg 20(22)24(26) M gestr sind – 2 re – *1 re – 1 li*.
Von * bis * wdh – die letzten 2 M re str.
Reihe 9: *1 re – 1 li*.
Von * bis * wdh, bis insg 20(22)24(26) M gestr sind – 2 li – *1 li – 1 re*.
Von * bis * wdh.

Mit 2 Fäden A str.
Reihe 10-11: *wie Reihe 6-7 str.

Mit 2 Fäden B str.
Reihe 12 mit Zunahme: 2 re – *1 li – 1 re*.
Von * bis * wdh, bis insg 20(22)24(26) M gestr sind – U – 2 re str – U – *1 re – 1 li*.
Von * bis * wdh - die letzten 2 M re str.
Reihe 13: *1 re – 1 li*.
Von * bis * wdh, bis insg. 20(22)24(26) M gestr sind – den U re verschr str – 2 li – den U re verschr str – *1 li – 1 re* str.
Von * bis * wdh.

Das Muster mit den Streifen wdh.
Die Zun in jeder 8. R an beiden Seiten der 2 glatt gestr M in der Ärmelmitte wdh. Die neuen M in das Muster einfügen.

Nach 10 B-Streifen, wird B mit C ausgetauscht.
Das Muster und die Zun wie bisher fortsetzen.

6 C-Streifen str. C mit D austauschen.
Das Muster und die Zun wie bisher fortsetzen.

8 D-Streifen str. D mit E austauschen.
Das Muster und die Zun wie bisher fortsetzen.
Insg 6(4)4(2) E-Streifen str.
Es sind 70(72)76(78) M auf der Nd.
E abschneiden.

Der Ärmel misst 45(42)42(39) cm.
Es sind insg 30(28)28(26) Streifen mit B, C, D, E.

LINKE SCHULTER

Das Muster und die Zun wie bisher fortsetzen.
Mit A str.
Reihe 1 (HinR): 70(72)76(78) M im Muster str. 111(109)107(105) neue M für das Vorderteil anschl.
Reihe 2 (RückR): 1(1)2(2) re – *1 li – 1 re*.
Von * bis * bis zu den mittleren 2 linken M auf dem Ärmel wdh – im Muster wie bisher weiter str – 111(109)107(105) neue M für den Rücken anschl = 292(290)290(288) M.

Mit E str.
1(1)2(2) re – *1 li – 1 re* str.
Von * bis * bis zu den mittleren 2 rechten ÄrmelM wdh, diese re str – im Muster wie bisher weiter str.

Das Muster und die Zun wie bisher fortsetzen.
Nach 2(3)3(3) E-Streifen auf der Schulter sind 294(292)292(290) M auf der Nd.
E mit F austauschen.

4(3)5(5) F-Streifen über die Schulter str = 298(296)298(296) M.
Es sind an der Schulter nun 6(6)8(8) Streifen mit E, F gestr.

1 R mit A str.

TASCHE

In der RückR M für die Tasche stilllegen:
44 M im Muster str – die nächsten 24 M stilllegen – 24 neue M anschl – 230(228)230(228) M im Muster str.

Das Muster und die Zun wie bisher fortsetzen, bis 9(9)9(9) F-Streifen gestr sind = 302(302)302(300) M.
F abschneiden.
An der Schulter sind nun insg 11(12)12(12) Streifen mit E, F gestr.

F mit C austauschen.
1(2)3(4) C-Streifen str = 304 M.
Auf der Schulter sind nun insg 12(14)15(16) Streifen mit E, F, C gestr.

C abschneiden.

1 R Muster mit A str.
Für den Halsausschnitt abk (RückR): 149 M im Muster str – die mittleren 6 M li abk – 149 M im Muster str (die erste M ist bereits auf der Nd).

LINKER RÜCKEN

Das Streifenmuster über die letzten 149 M (Rücken) weiter str.
2(2)3(3) B-Streifen str.
B mit D austauschen.
2 D-Streifen str.
1 MusterR mit A str.
Die Fäden abschneiden.
Die Maschen stilllegen.

LINKES VORDERTEIL

Das Muster über die 149 VorderteilM fortsetzen.
Mit einer HinR beginnen, 4 B-Streifen str und gleichzeitig für den Halsausschnitt abk:
1-mal 3 M abk = 146 M.
6-mal 2 M abk = 134 M.

XL(XXL):
Noch 1 B-Streifen str und gleichzeitig für den Ausschnitt 2-mal am Anfang der R 2 M re zus str = 132 M.

Alle Gr.:
Es sind insg 4(4)5(5) B-Streifen gestr.
B mit D austauschen.
Für den Halsausschnitt insg 4(4)2(2)-mal am Anfang der R 2 M re zusstr = 130 M.

Ohne Abn weiter str, bis insg 3 D-Streifen gestr sind.
1 R im Muster mit A str.
In der RückR re abk.

LINKE TASCHE

Die 24 TaschenM wieder auf eine Nd setzen.
24 M mit zwei Fäden A und Nd Nr. 4 anschl – weiter eine RückR über die 24 TaschenM li str = 48 M.
15 cm glatt rechts str. Mit einer HinR re beg.
Alle M abk.

RECHTE SEITE

Bis zu der Tasche wie an der linken Seite str.
Die Maschen für die Tasche in der RückR stilllegen:
230(228)230(228) M im Muster str – die nächsten 24 M stilllegen – 24 neue M anschl – 44 M im Muster str.

Wie an der linken Seite weiter str, bis die mittleren 6 M abgekettet sind.

Das Vorderteil wie an der linken Seite str, bis es 130 M sind.

Gr. S(M/L): 1 R im Streifenmuster wie bisher str.

Gr. XL(XXL): 5 R im Streifenmuster wie bisher str.

Alle Gr.:
In der RückR Knopflöcher str: 2 M im Muster – *2 li zus – 2 neue M anschl – 2 re verschr zus – 16 M im Muster*.
Von * bis * wdh. Enden mit 8 M im Muster.

Das Muster fortsetzen, bis insg 3 D-Streifen gestr sind.
1 MusterR mit A str.
In der RückR re abk.

Den Rücken wie an der linken Seite str, jedoch A am Ende nicht abschneiden.

Den linken Rücken wieder auf eine Nd setzen.
Den Rücken mit A zusstr. Dafür beide Teile mit den Außenseiten aneinanderlegen und mit einer dritten Nd die gegenüberliegenden M zusstr und gleichzeitig dabei abk.

RECHTE TASCHE

Die 24 TaschenM wieder auf eine Nd setzen.
24 M mit zwei Fäden A und Nd Nr. 4 anschl – weiter eine HinR über die 24 TaschenM re str = 48 M.
Mit einer RückR li beg.
Wie die linke Tasche fertig str.

HALSRAND

Mit zwei Fäden A und Nd Nr. 4 Maschen rund um den Halsausschnitt herausstr.
Von außen 31(31)34(34) M aus dem rechten Vorderteil bis zum Nacken str – 22(22)26(26) M aus dem Nacken str – 31(31)34(34) M aus dem linken Vorderteil str = 84(84)94(94) M.
1 R Rippen str: *1 re – 1 li*. Von * bis * wdh.
In der HinR li abk.

FERTIGSTELLUNG

Die Fäden vernähen.
Die Taschen an die Jackeninnenseite nähen.
Die Knöpfe annähen.

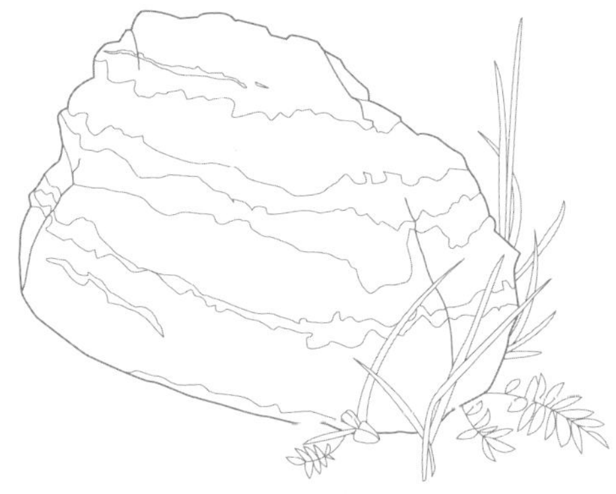

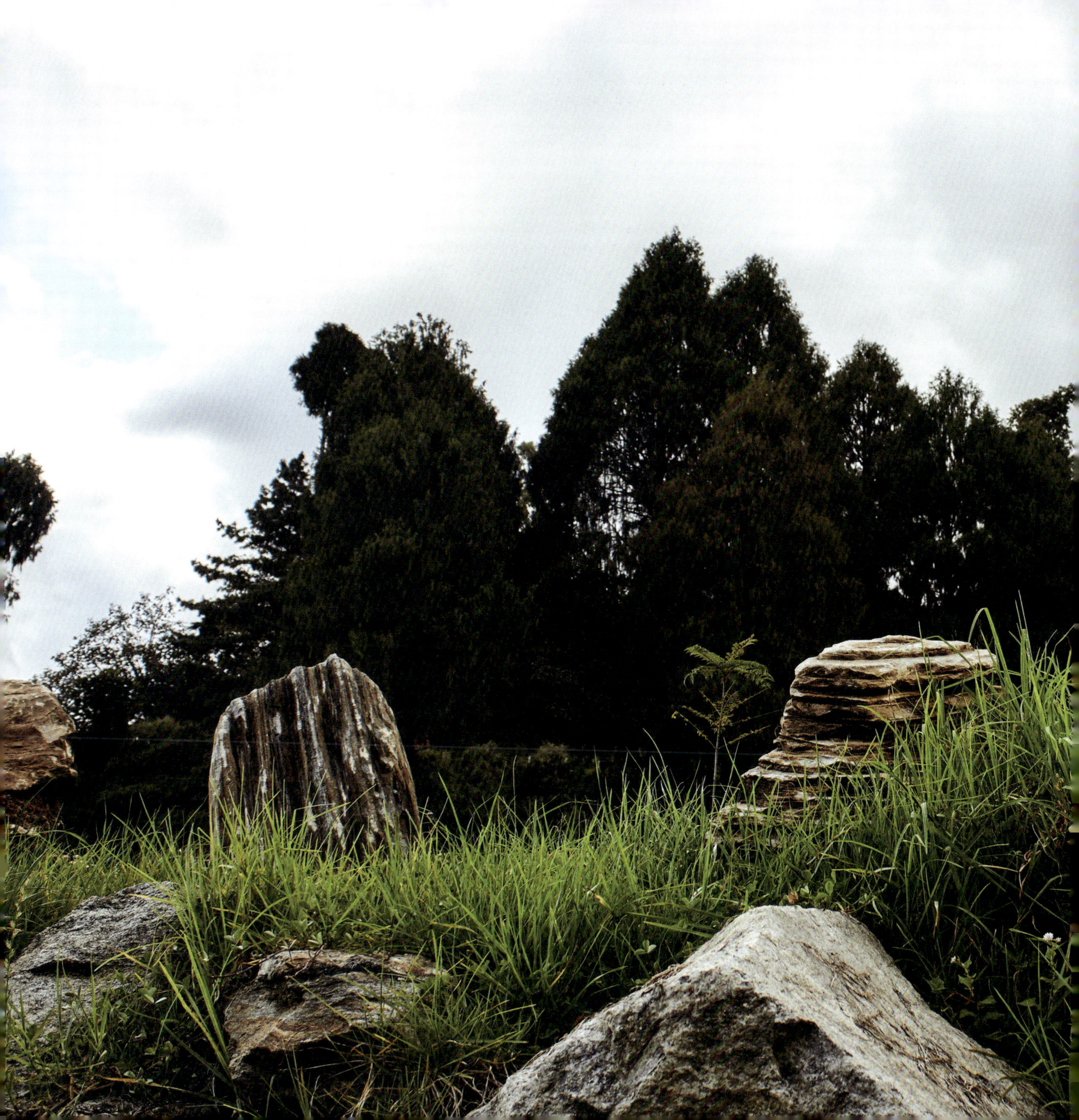

SCHON ENTDECKT?

WEITERE BÜCHER AUS DER BEGEISTERUNGSWERKSTATT ...

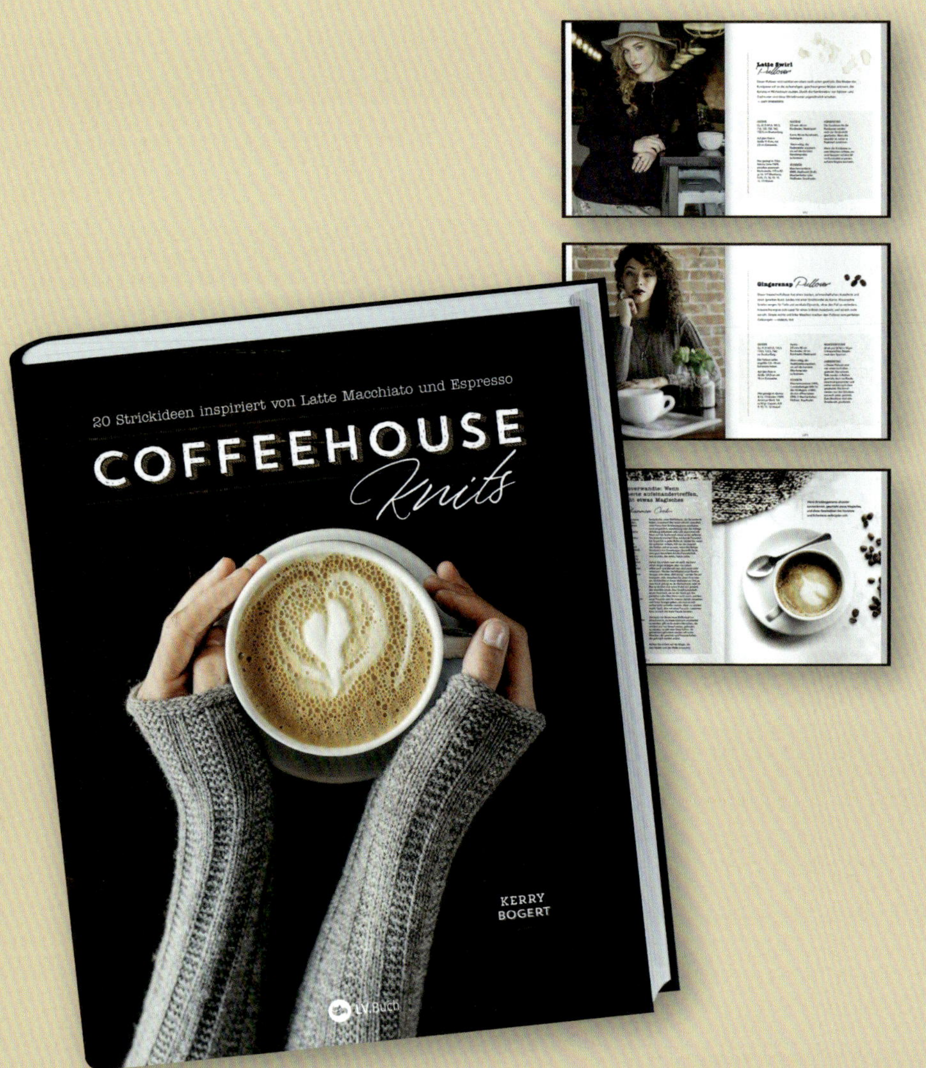

Stricken und Kaffee gehören zusammen

Die Autorin Kerry Bogert hat sich bei „Coffeehouse-Knits" ganz von ihren eigenen Ritualen, die das Stricken umgeben, inspirieren lassen. Ob alleine frühmorgens beim ersten Kaffee oder in geselliger Runde mit Freunden beim Kaffeeklatsch: Dieses Strickbuch lässt Sie teilhaben an der Gemütlichkeit und Entspannung, die entsteht, wenn Stricknadeln klappern!

Enthalten sind Strickanleitungen für Damenpullover, Strickjacken, Mützen und Socken mit Abbildungen und Tipps für eine gelungene Ausführung. Die Designs sind inspiriert von Kaffee und allem, was eine heiße Tasse davon so entspannend macht. Kurze Essays der strickbegeisterten Co-Autorinnen, die über die Entspannung durch Handarbeit philosophieren, machen Lust auf eigene Stricktreffen.

Coffeehouse-Knits

20 Strickideen inspiriert von
Latte Macchiato und Espresso

Kerry Bogert

144 Seiten | 20 x 24,5 cm | Hardcover

ISBN 978-3-7843-5673-0

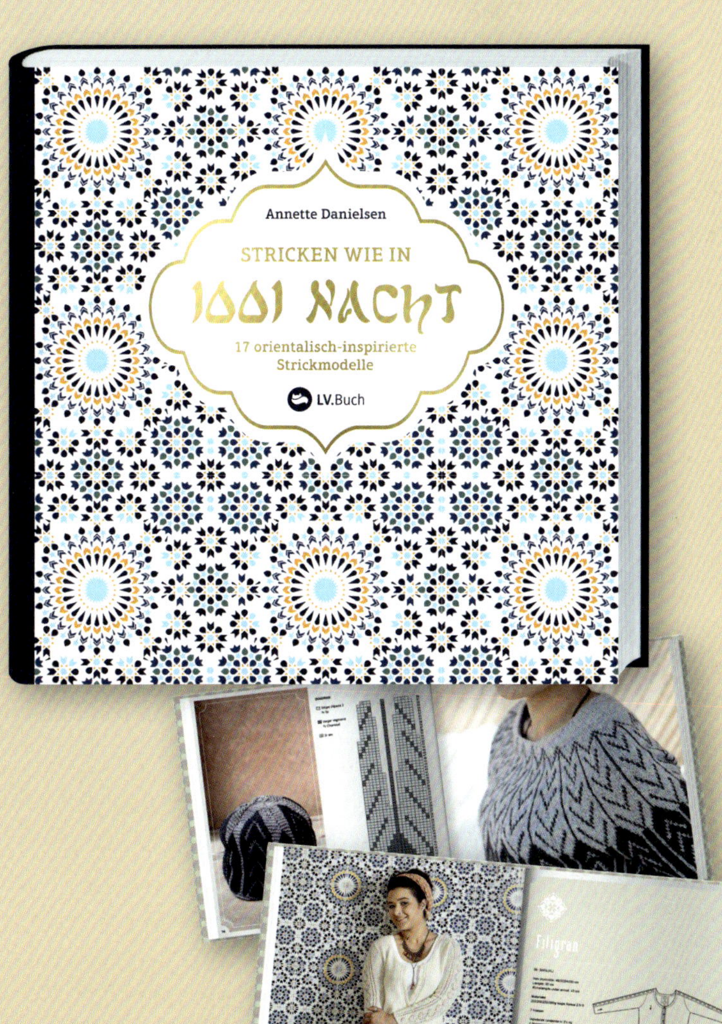

Marokkanische Kultur trifft auf dänisches Design

Annette Danielsen hat sich in ihrem neuen Werk von ihren Reisen inspirieren lassen. Dieses Mal entführt sie uns in die Perle des Orients: nach Marrakesch. Die fernöstliche Atmosphäre fängt sie wunderbar mithilfe von magischen Farben und Formen in ihren 17 Strickmodellen für Frauen ein.

Ob kurze oder lange Strickjacken, Blusen oder Pullover – die einzelnen Anleitungen sind wie immer klar verständlich und sehr übersichtlich. Hier schlägt das Herz orientalischer Kultur.

Stricken wie in 1001 Nacht

17 orientalisch-inspirierte Strickmodelle

Annette Danielsen

128 Seiten | 23 x 23 cm | Hardcover mit Goldfolienprägung

ISBN 978-3-7843-5597-9

„Sich von Fotos, Stimmungen, Märchen oder etwas ganz anderem inspirieren zu lassen, und das in Strick umzusetzen, ist eine große Freude für mich.“

Annette Danielsen

ABKÜRZUNGEN/ ERKLÄRUNGEN

abh	abheben
Fh	abheben mit Faden hinter der Arbeit
Fv	abheben mit Faden vor der Arbeit
abk	abketten
abn/ Abn	abnehmen/ Abnahme(n)
anschl	anschlagen
beg	beginnen
HilfsNd	Hilfsnadel
HinR	Hinreihe = Außenseite
li	links
M	Masche(n)
Nd	Nadel
R	Reihe(n)
Rd	Runde(n)
re	rechts
RückR	Rückreihe = Innenseite
str	stricken
U	Umschlag (den Faden von vorne nach hinten über die rechte Nadel legen)
verschr	verschränkt
wdh	wiederholen
zun/ Zun	zunehmen/ Zunahme(n)
zus	zusammen
zw	zwischen

1 neue re:	den Querfaden vor der nächsten M re verschr str
1 neue li:	den Querfaden vor der nächsten M verdreht auf die li Nd heben und li str
2aus1M str	1 M aus dem vorderen Maschenbogen re str, dann eine 2. M aus dem hinteren Maschenbogen re verschr str

KORREKTUREN: WWW.ANNETTED.DK

Die Korrekturen für die dänische Ausgabe wurden in der deutschen Ausgabe bereits berücksichtigt.

VERWENDETE GARNE

Die Informationen zu den Garnen finden Sie unter: www.isagerstrik.dk. Die Garne und Bücher können bei den dort empfohlenen Isager-Geschäften in Deutschland gekauft werden.

IMPRESSUM

Herausgegeben von Annette D | www.annetted.dk
Originaltitel Yak og Yeti – strik med inspiration fra Bhutan, August 2019

Strickdesign: Annette Danielsen, www.annetted.dk, www.facebook.com/AnnetteDStrik
Übersetzung: Dörte Dietrich, www.wollwerkstatt-kiel.de
Lektorat: Annette Sieverling-Spliedt, Sieke Dietrich
Styling: Gitte Damgaard Nielsen
Modell: Maya Celeste Padillo Olesen
Modellfotos: Sanne Berg | www.sanneberg.dk
Inspirationsfotos: Annette Danielsen
Gestaltung: Randi Schmidt | www.randis.dk
Satz: Anne Gäng, LV MediaPro
Titelgestaltung: LV.Buch im Landwirtschaftsverlag GmbH
Druck: Grafisches Centrum Cuno GmbH&Co. KG, Calbe

ISBN 978-3-7843-5664-8